新时期城市管理执法人员培训教材

数字化城市管理案例汇编（二）

全国市长研修学院
（住房和城乡建设部干部学院）　组织编写

中国城市出版社

图书在版编目（CIP）数据

数字化城市管理案例汇编 . 二／全国市长研修学院（住房和城
乡建设部干部学院）组织编写. —北京：中国城市出版社，2020.2
新时期城市管理执法人员培训教材
ISBN 978-7-5074-3254-1

Ⅰ.①数… Ⅱ.①全… Ⅲ.①数字技术-应用-城市管理-案例-
中国-教材 Ⅳ.①F299.23-39

中国版本图书馆 CIP 数据核字（2020）第 022742 号

本书收集 26 个先进城市的数字城管实践案例，分为综合篇、特色篇、发展篇三个部分，以图片、专家点评和文字解说形式展现，向全国介绍城市管理工作突出的城市先进工作经验和成果，展示现在城市的风貌，供数字城管工作者相互学习和相互交流经验，为其他城市管理工作提供参考。进一步提高全国城市管理水平。

责任编辑：李 慧 李 明
责任校对：张惠雯

新时期城市管理执法人员培训教材
数字化城市管理案例汇编（二）
全国市长研修学院（住房和城乡建设部干部学院） 组织编写

*

中国城市出版社出版、发行（北京海淀三里河路 9 号）
各地新华书店、建筑书店经销
北京科地亚盟排版公司制版
北京圣夫亚美印刷有限公司印刷

*

开本：787×1092 毫米 1/16 印张：19¾ 字数：491 千字
2020 年 5 月第一版 2020 年 5 月第一次印刷
定价：**79.00** 元
ISBN 978-7-5074-3254-1
（904235）

本书编委会

主　　编　崔俊芝

副 主 编　郝　力　高　萍　蒋景瞳

编写组成员（按姓氏笔画排序）

马春莉　王　东　王　芳　王洪深　王海滨　皮定均

刘佳琪　李学东　杨怀亚　吴江寿　吴强华　宋　佐

宋光辉　张凤楼　陈芸华　陈建伟　周冠骅　郑开涛

胡德萍　郭　滨　崔　迪　梁柏清　童　林　曾明波

序

城市是地理空间、自然生态、人类物质文明和精神文明的统一载体，是现代人类社会政治、经济、科技与文化活动的中心，是推动人类社会进步的主结点。城市不仅居住着一半以上的人口，聚集着百分之八十以上的社会财富；而且拥有几乎百分之百的精神文明产品。城市化（或城镇化），仍然是当今社会发展的动力源，特别是对于正在迅速崛起的中国。

城市从其诞生起就伴生了城市管理，最初的城市管理是专制模式，伴随着政治、经济和社会的进步，城市管理经历了漫长的进化，演变到今天的公共治理。

由于城市居民的社会地位、文化素质、职业技能、经济收入、生活方式、宗教信仰和社会需求的巨大差异，由于经济、科技和社会进步而形成的生产方式、经营方式及政策、法规的多样性和复杂性，再加上现代信息技术的广泛应用，特别是互联网、物联网、有线与无线通信、智能终端，融入社会活动的各个角落，使得今天的每座城市都是一个复杂、开放的巨系统；在任何一座城市的任何一个角落发生的任何一个重要事件，都可能迅速传遍全球，形成推动社会进步的动力，或造成社会动荡，招致人、财、物的巨大损失。

现代化城市呼唤着现代化的城市管理，需要科学的规划、合理的决策，人性化的管理，需要将现代社会管理学，特别是城市管理学与现代系统科学、系统工程学、工程管理学相结合，综合集成现代信息技术，创建支持城市规划、建设、管理与服务的体制、机制，技术体系，运行体系，即数字化城市管理模式，以实现精准、实时、高效的社会管理，保证政治、经济、科技、文化和社会的可持续发展，不断提高市民的物质与文化生活水平，构建和谐社会。

在中国，数字化城市管理起源于21世纪初。2004年，北京市东城区区委、区政府为了彻底改变城市管理中条块分割、职能交叉、管理粗放、缺乏监督、效率低下和服务差的状况，创建了融合城市管理与服务于一体的"网格化（数字化）城市管理新模式"。"新模式"的核心内涵是：

在城市管理体制、机制、业务流程方面，建立了监督、指挥和处置既独立，又协调的"双轴心"的管理体制；创建了无缝衔接的城市管理业务流程。

在管理方法上，提出了对城市管理对象精确定位的万米单元网格法，以及相应的城市部件管理法和城市事件管理法，建成了基于 GIS 和万米单元网格的城市部件和事件数据库群，及数据库管理系统。

在管理手段方面，研发了实时实地采集城市管理信息的"城管通"，以及无线与有线的信息传输与集成系统；通过整合资源，建成了一个综合集成现代信息技术的、支持精确、高效、全时段、全方位城市管理的、信息资源共享的支撑平台。

在管理与服务绩效评价方面，建立了针对管理机构和管理者的科学合理、客观公正的绩效考核与评价体系。

"新模式"实现了城市管理由粗放向集约，由滞后向实时的转变，实现了对市政、公用、园林、环卫、建筑、房产等城市基础设施，以及摆摊、烧烤、乞讨、非法小广告、占道经营等管理对象的全时段、全方位的监督和管理，并具有防范和协助处理突发事件的功能。

"数字化城市管理新模式"自诞生之日起，就展现出科学、高效和人性化的管理效能。为了有效地推广"新模式"，住房和城乡建设部及时地组织"新模式"的实践者和专家，编制并发布了数字化城市管理的标准体系，包括建设、验收和运行效果评价的标准、规范和导则等。该标准体系由 9 个标准组成，它们既规范了数字化城市管理建设和运行的行为，也为城市管理者创新、扩展和完善"新模式"留下了充裕的空间，每个标准都对"扩展表示"做出了规定。

住房和城乡建设部于 2005 年 10 月召开专题会议，确定了首批试行数字化城市管理的城市，由此拉开了在全国推行数字化城市管理的帷幕。十多年来，在住房和城乡建设部的大力推动和各城市的共同努力下，数字化城市管理迅速地由大中城市扩展至中小城市。通过十余年的完善和创新，使得数字城市管理的运行实效不断提升，管理内容不断丰富，功能不断扩充，影响力不断扩大；不少城市已经将"数字化城市管理"扩充至文物保护、流动人口、出租房屋、工商执法、社保医疗等社会安全管理与公共服务领域；同时，探索出许多建设和运行数字城市管理的成功经验，例如，监督重心上移，指挥与处置重心下移；政府主导下的市场化运行；城市主管领导重视数字化城市管理的建设和运行等。

值得指出，数字化城市管理在各地取得成功与当地城市领导的重视密不可分。由于数字城市管理涉及城市规划、建设、国土、房产、市政、公安、交通、园林、环保、环卫、工商、技监、药监、卫生、民政、综合执法等数十个政府部门，以及水、电、气、热、通信等众多的专业公司，在建设和运行中必然涉及机构调整、资金投入和资源整合等跨部门、跨企业的困难问题，城市主管领导的指导、协调和政策、法律的支持是"新模式"取得成功的根本保证。实施数字化城市管理的城市领导多数都本着执政为民的理念，积极开拓创新，为数字城市管理的建设和运行做出了重要贡献。总结和传播他们的经验是进一步提升数字化城市管理水平和效益的基础。

综上，数字化城市管理是时代发展的产物，它为城市管理者和全体市民共享和管理城市资源，提供了体制、机制、组织架构、技术平台和标准体系，是城市管理科学与实践的一次革命性飞跃；是城市领导者落实科学发展观，贯彻以人为本、执政为民理念，建设有中国特色的城市管理制度的基础。

2015 年中央召开了城市工作会议，同年 12 月发布了《中共中央国务院关于深入推进城市执法体制改革改进城市管理工作的指导意见》（中发〔2015〕37号），文件明确指出："积极推进城市管理数字化、精细化、智慧化，到2017年年底，所有市、县都要整合形成数字化城市管理平台。基于城市公共信息平台，综合运用物联网、云计算、大数据等现代信息技术，整合人口、交通、能源、建设等公共设施信息和公共基础服务，拓展数字化城市管理平台功能。加快数字化城市管理向智慧化升级，实现感知、分析、服务、指挥、监察"五位一体"，……，综合利用各类监测、监控手段，强化视频监控、环境监测、交通运营、供水—供气—供电、防洪防涝、生命线保障等城市运行数据的综合采集和管理分析，形成综合性城市管理数据库，重点推进城市建筑物数据库建设。强化行政许可、行政处罚、社会诚信等城市管理全要素数据的采集与整合，提升数据标准化程度，促进多部门公共数据资源互联互通和开放共享，建立用数据说话、用数据决策、用数据管理、用数据创新的新机制。"

为了落实中央的新要求，加强数字城市管理的培训工作，全国市长研修学院（住房和城乡建设部干部学院）组织数字城市管理专家组，编制了这套《新时期城市管理执法人员培训教材》，目前已出版的有：

《数字化城市管理理论、技术与实践》

《数字化城市管理标准解读》

《数字化城市管理案例汇编》

《数字化城市管理案例汇编（二）》

这套书是过去十多年我国数字化城市管理的写照，既涵盖了过去十多年数字城市管理的主要经验，也简要介绍了数字城市管理的未来——智慧化城市管理，笔者期待尽早看到年轻的同业者续写出智慧城市管理的新篇章。

这套教材能够如此快地出版，应该感谢全体撰写人员的尽心尽责，感谢全国市长研修学院（住房和城乡建设部干部学院）的同事们的尽力，还应该感谢城市管理行业的同仁无私地奉献了他们的资料。

从数字化到智慧化城市管理是一个只有起点没有终点、与时俱进的事业。伴随着现代化城市的规模扩张、功能扩充，信息技术的发展，以及城市管理者和市民对城市管理和服务需求的提升，需要城市管理者更多地发挥聪明才智，创建适应时代需求的智慧城市管理新模式。

愿此套教材能够点燃城市管理者的创新激情，续写未来城市管理的新篇章！

崔俊芝

（中国工程院院士、数字化城市管理
新模式推广领导小组专家组组长）

前　言

　　近年来，国家政策导向和大数据、物联网等现代信息技术快速发展，推进数字城管向精细化、智慧化方向拓展升级。与此同时，各地数字（智慧）城管中心在建设和应用实践过程中，做出了许多有益的探索，积累了丰富的经验。为贯彻落实《中共中央　国务院关于深入推进城市执法体制改革改进城市管理工作的指导意见》（中发〔2015〕37号）精神，适应城市执法体制和城市管理体制改革的新形势要求和各地城市管理的新需求，全国市长研修学院（住房和城乡建设部干部学院）于2018年组织编写了《数字化城市管理案例汇编》。该书出版发行后，受到了各地城市管理部门、数字（智慧）城管中心及广大学员的一致好评。为进一步总结和推广典型经验，促进数字城管事业健康发展，全国市长研修学院（住房和城乡建设部干部学院）于2019年4月再次启动了《数字化城市管理案例汇编（二）》的编写工作。

　　在继续坚持"求实审慎、客观公正、公开透明、典型示范"原则的基础上，2019年3月初，全国市长研修学院（住房和城乡建设部干部学院）依托全国数字城管专家组，邀请数十名业内知名专家，成立数字城管实践案例教材编写组；2019年4月中旬，组织编组专家在成都召开教材编写第一次工作会议，明确编写工作分工，确立了案例筛选标准，并发出了实践案例征集通知；2019年5月上旬，在西安召开教材编写第二次工作会议，讨论并制定推（自）荐材料的评分标准，并进行了广泛征求意见；2019年6月中旬，在成都召开专题会议，对收集到的城市案例进行评估打分，确定初步入选城市名单，讨论和制订实地考察评估印证工作方案；2019年6月中旬至7月中旬，派出18名专家组成6个考察组，对初步入选的34个城市进行了实地考察评估、核实印证；2019年7月中旬，在太原召开专题会议，听取了六组专家的实地调研情况汇报，分析研判了入围城市的具体情况，选定26个入选案例城市名单，并指导入选案例城市按照要求编写案例。

　　本书共收集26个城市的实践案例，分为综合篇、特色篇、发展篇三个部分，涉及直辖市、副省级城市、省会城市、设区市、县（市、区）。其中，综合案例9篇、特色案例15篇、发展案例2篇。为叙述方便，本书将"数字化城市管理"简称为"数字城管"。

　　本书由案例入选单位供稿，由梁柏清负责统稿主编，陈芸华、马春莉、崔迪、黄燕昕、高萍、王芳等参与了编写工作。在本书编写过程中，得到了各省住房和城乡建设厅、城市管理部门、其他专家的大力支持和帮助，在此表示感谢。由于编者水平有限，难免存在疏漏和不足，请读者提出宝贵意见。期望本书能够为各地数字城管工作提供有益的借鉴和参考。

目　　录

一、综合篇

第一章

许昌市数字城管实践案例

（许昌市数字化城市管理中心　供稿）

专家点评

　　许昌市是河南省唯一一个"数字化城市管理示范城市"。许昌市数字化城市管理中心成立以来，牢固树立"以人民为中心的发展思想"，建立了一整套高位监督指挥和长效管理机制，不断推进城市管理的数字化、精细化、智慧化，实现了城管业务全行业的信息化，为创建"干净、整洁、有序"的宜居之城发挥了重要作用。许昌数字城管已经成为市委市政府管理城市的重要平台，展现了许昌城市建设管理成果和良好城市形象，成为许昌的一张城市名片。

一、基本情况

　　许昌市位于河南省中部，辖2县（鄢陵县、襄城县）2市（禹州市、长葛市）5区（魏都区、建安区、许昌城乡一体化示范区、东城区、经济技术开发区），总面积4996km²，总人口447万；市区建成区面积189km²，人口100万人。

　　2010年6月，许昌市建成并运行数字化城市管理系统，如图1-1、表1-1所示。运行以来，不断加大投入，完善运行机制，问题采集、派遣、处置效率和系统软硬件技术水平持续提升，案件整体结案率达到99%以上，为城市管理效能提升发挥了重要作用，许昌市被评为河南省唯一一个"数字化城市管理示范城市"。2019年，许昌市提出了加快建设"宜居之城"的发展战略，这与"干净整洁有序"的城市管理目标高度契合。作为市委市政府加强城市管理、推进城市创建、改善人居环境的"指挥棒"，许昌数字城管充分发挥发现问题全面、指挥监督有力、解决问题高效的优势，利用智慧城管的科技手段，全力创建干净整洁有序的宜居之城，取得了较好的工作成效。

图 1-1 许昌市数字城管指挥大厅

数字城管基本情况 表 1-1

<table>
<tr><td rowspan="8">基本概况</td><td colspan="2">单位名称</td><td colspan="5">许昌市数字化城市管理中心</td></tr>
<tr><td>单位性质</td><td>事业单位</td><td>单位级别</td><td>副处级</td><td colspan="2">隶属关系</td><td>许昌市城市管理局</td></tr>
<tr><td>人员编制数（总）</td><td>25</td><td>现有人员数（总）</td><td>23</td><td colspan="2">建成投运时间</td><td>2010.6</td></tr>
<tr><td rowspan="5">内设机构名称
（处、室、科等）</td><td colspan="3">办公室</td><td colspan="2">人员编制及现有人员数</td><td>6</td></tr>
<tr><td colspan="3">信息采集科</td><td colspan="2">人员编制及现有人员数</td><td>7</td></tr>
<tr><td colspan="3">指挥派遣科</td><td colspan="2">人员编制及现有人员数</td><td>2</td></tr>
<tr><td colspan="3">绩效评价科</td><td colspan="2">人员编制及现有人员数</td><td>4</td></tr>
<tr><td colspan="3">网络技术科</td><td colspan="2">人员编制及现有人员数</td><td>2</td></tr>
<tr><td>主要职责</td><td colspan="7">拟定城市管理指挥与绩效评价办法，对数字城管责任单位履行职责情况进行信息收集、案件派遣、督导督办、绩效评价，对数字城管系统进行日常维护与管理，对信息采集工作进行绩效考核</td></tr>
</table>

二、主要工作情况

（一）领导重视，为数字城管系统运行提供有力保障

许昌市委市政府高度重视数字化城市管理工作，坚持运用数字城管系统这个重要抓手和平台，来创建干净整洁有序的城市环境。系统运行以来，市政府相继出台了《许昌市数字化城市管理中心运行工作方案》《许昌市数字化城市管理实施办法》《许昌市数字化城市管理监督办法》《许昌市数字化城市管理绩效考评办法》等系列文件，如图 1-2 所示，逐步健全了数字城管的运行机制、体制。

市委市政府主要领导、分管领导经常到数字城管中心调研指导工作，帮助研究解决问题，并对工作提出具体要求；每年参加全市数字城管工作会议，点评工作，部署任务，有效鞭策激励了各单位对数字城管工作的重视程度，案件办理速度、质量不断提升，城市的干净、整洁、有序程度也相应不断提高。

市政府将数字城管的拓展升级列入每年城建重点项目（百城提质建设项目），如图 1-3 所示，持续加大投资力度，对软硬件设备进行更新升级，截至目前，累计投入的建设拓展和日常运营资金超过 1.2 亿元，为数字城管的运行和升级提供了坚强的保障。

许昌市人民政府办公室文件

许政办〔2010〕71号

许昌市人民政府办公室
关于印发许昌市数字化城市管理中心运行
工作方案的通知

各县（市、区）人民政府，经济开发区、东城区管委会，市人民政府有关部门：

《许昌市数字化城市管理中心运行工作方案》已经市政府同意，现印发给你们，请认真贯彻执行。

二〇一〇年四月一日

许昌市人民政府办公室文件

许政办〔2011〕45号

许昌市人民政府办公室
关于印发许昌市数字化城市管理
监督办法（试行）的通知

各县（市、区）人民政府，经济技术开发区、东城区管委会，市人民政府有关部门：

《许昌市数字化城市管理监督办法（试行）》已经市政府同意，现印发给你们，请认真贯彻执行。

二〇一一年四月三日

图 1-2　市政府出台的数字城管运行机制文件

中共许昌市委文件

许发〔2013〕1号

中共许昌市委　许昌市人民政府
关于 2013 年加快推进新型城镇化的实施意见
（2013 年 1 月 5 日）

为深入贯彻落实党的十八大、中央和省委经济工作会议精神，加快推进我市新型城镇化进程，进一步完善城镇基础设施，提升城镇综合承载能力，促进全市经济社会发展，按照"持续促发展、切实转方式、着力惠民生、争创新优势"的总要求，结合我市实际，制定本意见。

一、总体思路

（一）指导思想。坚持以科学发展观为指导，紧紧围绕

—1—

中共许昌市委文件

许发〔2016〕1号

中共许昌市委　许昌市人民政府
关于加快推进 2016 年重大基础设施项目建设的意见
（2015 年 12 月 31 日）

为进一步完善城市功能，优化人居环境，加快新型城镇化建设进程，促进全市经济社会健康持续发展，提出如下意见。

一、总体要求

深入贯彻落实党的十八届五中全会、中央城市工作会议精神，按照"创新、协调、绿色、开放、共享"的发展理念，紧紧围绕"五型许昌"和水生态文明城市建设目标，坚持问题导向、促进民生改善，坚持遵循规律、力争适度超前，坚持区域联动、确保盈亏平衡，坚持整体推进、实施重

—1—

中共许昌市委文件

许发〔2017〕10号

中共许昌市委　许昌市人民政府
关于加快推进中心城区 2017 年百城建设
提质工程的意见
（2017 年 2 月 21 日）

为提高中心城区发展的持续性，加快城镇化进程，不断提升城市环境的宜居性和承载力，促进全市经济社会健康持续发展，现就加快推进中心城区 2017 年百城建设提质工程提出如下意见。

一、总体思路

深入贯彻落实市第七次党代会精神，顺应城市发展新形势、提质提升新要求、人民群众新期待，以实施百城建设提质工程为统领，以提升中心城区首位度，增强承载力、吸引力、

—1—

图 1-3　数字城管拓展升级纳入每年全市城建重点项目

（二）练好内功，推进内部管理规范化

坚持"围绕中心抓党建、抓好党建促发展"的工作思路，科学规范地抓好内部运营，在创建干净整洁有序的城市环境中首先练好内功。深入贯彻习近平新时代中国特色社会主义思想和党的十九大精神，开展主题党日、党员进社区、党员志愿服务、先锋引领行动等党建活动，着力打造"党建＋12319 城市管理服务热线"项目品牌，如图 1-4、图 1-5 所示，推动市民群众所求所盼办理质量的提质升级。

坚持一线工作法，党员干部每天下一线，精细排查，精细采集，精细督导各类城市管理问题。坚持每月到主要平台单位调研，听取意见建议，督导数字城管工作落实。

每月开展信息采集员业务培训，如图 1-6 所示，围绕采集标准、阶段性采集重点、公司管理制度等进行讲解和培训。严格考核奖惩，每天抽查采集员工作情况，兑现奖惩，杜绝脱岗、超时和虚假核查等现象。

图1-4　学习焦裕禄精神

图1-5　"党建＋12319城市管理服务热线"项目品牌

图1-6　信息采集员培训

科学设置指挥大厅接线员岗位，见表1-2所列，完善接线员考评办法，坚持每周工作例会和业务培训，每月开展业务测试，有效提升接线员业务能力。数字城管从业人员的业务素质不断提升，全流程各环节的运转效率明显改善。

接线员岗位设置　　　　　　　　　　　　　　　　　表1-2

序号	岗位设置	岗位职责
1	接线员 A、B、C	负责案件的办理登记、核查办理
2	派遣员	负责案件的立案、派遣
3	组长	负责案件的立案审核、结案办理，本组人员的管理
4	110 联动受理员	负责接听 110 联动电话，派遣 110 转接案件
5	12319 热线话务员	负责 12319 热线的接听、案件的办理
6	值班长	负责指挥大厅业务的总体指导协调

（三）内外兼修，提高信息采集精细化水平

落实"城市管理要像绣花一样精细"的指示要求，不断提高信息采集的精细化水平，为创建干净整洁有序的城市环境打好基础。

1. 增加信息采集渠道，实现信息采集全覆盖。每年根据管理内容的拓展，修订《许昌市数字化城市管理信息采集立案核查结案标准》，围绕市民群众关心的民生问题，突出重点部位、重点时段的重点问题，以专业信息采集队伍为主，以12319热线和便民服务平台市民投诉、视频监控、媒体曝光、领导批办等为辅，见表1-3所列，建立了多渠道、全覆盖、无遗漏、有重点、科学发现问题的信息采集长效机制，信息采集有效率达97％以

上。不仅采集地面问题，还采集城市立面和空中问题，突出抓好关系群众出行安全和生活便利的问题收集，将"干净整洁有序"贯彻到城市的每个角落。

信息采集渠道　　　　　　　　　　　　　　　　　　表 1-3

发现问题渠道	具体数量或来源	问题数量占比
信息采集员	215 名	89.67%
移动采集车	6 辆	4.7%
12319 热线	36 套坐席	2.1%
便民服务平台	网站、APP、微信公众号	1.01%
视频监控	130 路	1.31%
110 转接	110 指挥中心转接	0.2%
领导批示	市领导、局领导批示	0.06%
媒体曝光	许昌日报、晨报、电视台、网络媒体等	0.95%

2. 实行网格化管理，不断拓展系统覆盖面。将市建成区 189km² 范围划分为 106 个工作网格，215 名信息采集员分布在各自网格内开展信息采集工作，实现无缝衔接，如图 1-7 所示。紧跟全市城镇化建设步伐，无论市级还是县级，城市建设的范围扩展到哪里，数字城管的监管范围就延伸到哪里，如图 1-8 所示。依据《许昌数字化城市管理指挥手册》，如图 1-9 所示，建立高位指挥协调机制，将 45 个责任单位统一纳入数字城管中心系统平台，充分发掘出各单位的管理资源，为整个城市管理工作服务。

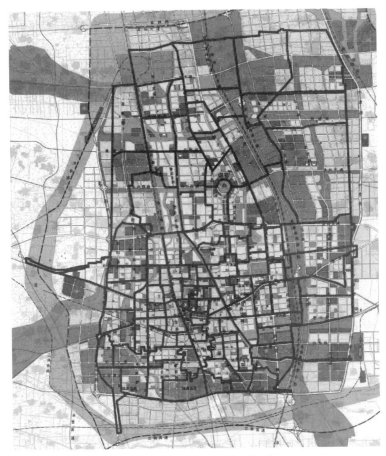

图 1-7　数字城管工作网格图

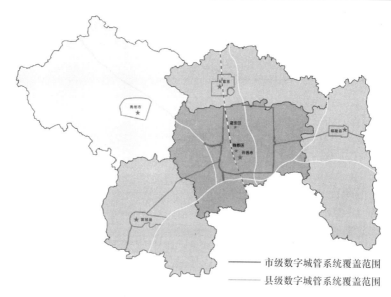

市级数字城管系统覆盖范围
县级数字城管系统覆盖范围

图 1-8　许昌市数字化城市管理系统覆盖范围

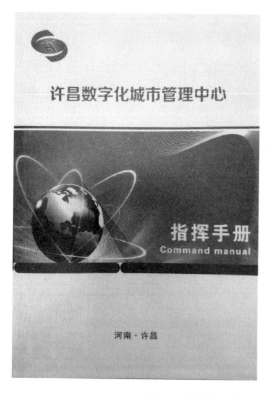

图 1-9　许昌数字化城市管理中心指挥手册

3. 创新信息技术手段，实现全方位立体监管。部署130路视频监控、6辆移动视频信息采集车、2台高空高清智能无人机，坚持"城市管理360°全覆盖无死角"，综合运用高空智能无人机航拍、低空高清摄像头抓拍、地面智能视频采集车巡查、辖区信息采集员网格化管理等多种手段，实现对城市"空中、立面、地面"三位一体的全方位监管，如图1-10所示。

无人机

视频监控

信息采集车

图 1-10　"空中、立面、地面"三位一体的全方位监管

（四）围绕大局，开展系列专项考核

紧紧围绕全市中心工作，以开展系列专项考核工作为切入点，创建干净整洁有序的城市环境。许昌市将全国文明城市、国家卫生城市等城市品牌创建，以及大气污染防治、河长制工作、河湖水系管理考核、高铁沿线安全隐患整治、私搭乱建治理、户外广告整治等专项考核工作纳入数字城管，见表 1-4，由数字城管中心牵头开展城市环境综合整治，有力指挥调度多部门、多行业的管理力量，参与城市管理。

数字城管开展的一系列专项考核　　　　　　　　　　表 1-4

项目	具体职责
创建全国文明城市	负责各类城市管理问题的采集和督导，窗口服务行业文明标识标牌、公益广告、消防设施、志愿服务、投诉处理、行业许可证件等问题采集和督导
创建国家卫生城市	负责各类城市管理问题的采集和督导，牵头开展市容市貌、城中村城乡接合部问题的整治督导
大气污染防治	负责油烟污染、渣土抛洒、道路积灰积尘、工地扬尘、道路洒水等问题的督导
河湖水系管理考核	负责河湖水系周边各类问题的采集和督导，负责河湖水系城管类问题的考核
高铁沿线安全隐患整治	负责牵头开展全市高铁沿线安全隐患整治督导工作
私搭乱建治理	负责中心城区各类私搭乱建治理问题的采集、派遣核实
恶劣天气应急采集	负责大雨、大风、大雪等天气应急采集和督导
重大活动环境保障	负责全市各类重大活动市容环境督导

根据创建文明城市、卫生城市工作需要，增加银监会、旅游局、市场发展中心等责任单位，拓展原有责任单位管理内容，将金融、通信、电力、医院、车站、景区、酒店、网吧、餐饮门店等服务行业的文明标识标牌、公益广告、消防设施、志愿服务、投诉处理、行业许可证件等问题纳入信息采集，如图 1-11 所示，实现常态监管。发挥信息采集员、

采集车、视频监控、12319热线等各类采集渠道作用，开展公益广告设置、窗口秩序、市民不文明行为、基础设施、城中村城乡接合部市容环境、交通秩序、集贸市场、老旧庭院等专项采集，补齐信息采集盲区。

新增创文有关问题采集立案和核查结案标准

序号	问题大类	问题小类	责任单位	采集立案标准	处理时限	核查结案标准
1	食品餐饮经营门店	环境卫生	市食药监局、许昌县政府	环境不整洁，有脏乱差现象	3小时	清除干净
2		餐饮许可证		未在经营场所醒目位置悬挂餐饮许可证，或超出有效期	1天	按要求悬挂餐饮许可证
3		消毒设备		未在经营场所配备消毒的设施设备，或未正常开启使用	6小时	按要求配备和开启
4		消毒记录		未在醒目位置放置消毒记录，或未按要求每天记录	3小时	按要求登记
5		健康证		未在醒目位置放置健康证和卫生知识培训证明	3天	按要求配备
6		文明用餐标识		无"文明餐桌"宣传标识	5小时	按要求设置
7	银行网点	环境卫生	市银监分局	环境不整洁，有脏乱差现象	3小时	清除干净
8		场所秩序		场所有吵架、斗殴、嬉戏、吵闹等不文明现象	2小时	无上述不文明现象
9		志愿服务站站点		未设置志愿服务站站点，或志愿服务者未佩戴授带，或未配备便民服务工具	6小时	按要求设置
10		无障碍设施		未设置无障碍设施，或设施被侵占、占压	2天	按要求设置，能正常使用
11		禁烟标识		未在醒目位置设置禁烟标识，有吸烟现象	5小时	按要求设置
12	银行网点	消防安全设施	市银监分局	无消防安全设施或灭火器超出有效期	6小时	按要求设置
13		投诉处理记录		未在醒目位置放置投诉记录或未按要求记录	3小时	按要求记录
14		公益广告设置		未在显著位置设置讲文明树新风、社会主义核心价值观等主题公益广告	2天	按要求设置
15		消防通道堵塞		有占用、堵塞、封闭消防通道现象	3小时	消防通道畅通无阻
16	行政服务中心	环境卫生	市行政服务中心、魏都区政府	环境不整洁，有脏乱差现象	3小时	清除干净
17		场所秩序		场所有吵架、斗殴、嬉戏、吵闹等不文明现象	2小时	无上述不文明行为
18		志愿服务站站点		未设置志愿服务站站点，或志愿服务者未佩戴授带，或未配备便民服务工具	6小时	按要求设置
19		无障碍设施		未设置无障碍设施，或设施被侵占、占压	2天	按要求设置，能正常使用
20		禁烟标识		未在醒目位置设置禁烟标识，有吸烟现象	5小时	按要求设置
21		消防安全设施		无消防安全设施或灭火器超出有效期	6小时	按要求设置
22		投诉处理记录		未在醒目位置放置投诉记录或未按要求记录	3小时	按要求记录

图1-11　文明城市创建有关问题立案结案标准

成立专项督导组，建立督查台账，通过下发限期整改，现场办公，借力创建指挥部督查、通报等形式，对整改不力的责任单位进行督查，有效改善城市环境，许昌数字城管成为了市委市政府管理城市、推进创建的第一抓手和重要平台。

（五）健全机制，提升系统运行效能

持续完善运行机制，坚持快速度、高质量解决问题，真正将创建干净整洁有序的城市环境落到实处。

1. 建立环境卫生专项考核制度。针对一些道路和窗口部位环境卫生脏、乱，清扫保洁质量差，垃圾箱清掏不及时，卫生死角无人清理，渣土车遗撒污染路面等突出问题，加大市容环卫类积存垃圾渣土、道路不洁、暴露垃圾、积存污水、道路遗撒、绿地脏乱等案件的系统考核指标权重，将按期结案率指标中该类案件占比提高到30％，提高责任单位对环境卫生类案件的重视程度，优先处理，缩短案件处理时间。分区域实施常态化督查考核，发现问题第一时间交办责任单位处理，并对完成情况进行验收。对市民举报的环境卫生问题，通过电话催办、现场办公、书面下达限期整改的方式督促责任单位及时解决。每周发布各责任单位的环境卫生工作情况，引导、调动各责任单位在市容环境卫生工作上的积极性、主动性，为广大群众创造干净、整洁的城市环境，如图1-12所示。

数字城管督查通知

许数管督字〔2019〕1167 号

关于日常督导发现问题的督查通知

城乡一体化示范区管委会：

近期，市数字化城市管理中心日常路面巡查发现，你单位辖区存在以下问题：尚德路饮马河桥以西整个快车道污染严重。

请你单位接到通知后，集中力量解决上述问题，并于 7 月 9 日 18:00 前完成，建立长效机制。届时数管中心将进行检查验收，并将验收情况依据《许昌市数字化城市管理绩效考评办法》纳入绩效考评结果。

联系电话：2990012

许昌市数字化城市管理中心

2019 年 7 月 8 日

市容环卫专项考核通报

第 23 期

许昌市数字化城市管理
监督领导小组办公室　　　　　　　2014年6月8日

2014年6月1日至2014年6月7日，市数字化城市管理中心按照《许昌市市容环境卫生专项考核方案（试行）》，对暴露垃圾、道路不洁、道路遗撒、绿地脏乱、广场脏乱、积存垃圾渣土等六方面问题进行了专项考核和督查，形成了本周环境卫生"清洁指数"监测评价结果。本期发生的主要问题是暴露垃圾和道路遗撒，现场考核共发现问题40处，已解决31处，9处超期未解决（其中公路局2处、魏都区4处、示范区3处），经督导已完成4处。暴露垃圾主要集中在南外环经济开发区段、新兴路魏都区段；道路遗撒主要集中在学院路、八一路东城区段、许繁路、南外环经济开发区段、许州路快车道。现将存在的突出问题通报如下：

一、魏都区

（一）6月3日检查发现：1、新兴路与灞陵路交叉口向西 720 米路北有大量暴露垃圾。

（二）6月4日检查发现：1、光明路与延安路交叉口向西 20 米路北有大量暴露垃圾；2、光明路与延安路交叉口向西 30 至 500 米内路中间绿化带内有垃圾。

（三）6月6日检查发现：1、帝豪路与西外环交叉口向东 5

图 1-12　环境卫生专项督查

2. 持续增强城市应急管理能力。各平台单位均成立了应急管理队伍，明确责任领导，推进管理力量重心下移，确保应急管理队伍 24 小时随时待命、随时出警。针对涉及多个部门的重大活动、应急突发事件，建立一套行之有效地应急指挥机制，及时启动应急预案，快速便捷高效调动各个部门联动作业，如图 1-13 所示。优化指挥派遣流程。夜间受理的群众投诉案件，打破常规流程，取消采集员现场核实环节，直接向责任单位督办。遇到突发事件，在通过系统"线上"指挥派遣的同时，实行无线电对讲指挥调度、电话督办等"线下"指挥派遣，提高应急效率。建立"城市应急管理工作微信群"，实时向工作群发布应急管理指令，由责任单位迅速处置，最大限度减少中间环节，提高快速反应能力。

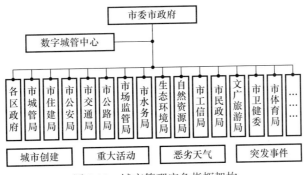

图 1-13　城市管理应急指挥架构

3. 不断强化考核结果运用。按照《许昌市数字化城市管理绩效考评办法》，每月对各责任单位进行评价排名，排名结果上报市委市政府，在市政府门户网站和许昌日报、许昌电视台上公布，如图1-14所示。持续加大数字城管考核结果在全市经济社会发展目标考核体系、城市管理综合考评等指标中的权重，各县（市、区）每月考核结果低于95分的，相应核减财政经费。对于处置不积极，重大任务落实不力，连续排名落后的，采取提请市委市政府升级督查、媒体曝光、全市通报批评、约谈平台单位负责人等方式，对责任单位和责任人进行追究。

图1-14　媒体公布数字城管绩效评价成绩

（六）与时俱进，实现数字城管系统智慧化升级

多年来，许昌市秉承"城市管理只有起点，没有终点；只有更好，没有最好"的理念，把数字城管系统拓展升级作为提升运行效能，创建干净整洁有序的城市环境的重要举措。

依据中共中央国务院出台的《关于深入推进执法体制改革改进城市管理工作的指导意见》，2016年至2017年，累计投资3500万元完成了智慧城管系统一期工程建设，见表1-5所列。

智慧城管软件系统　　　　　　　　　　　　　　　　　　　　　　　表1-5

序号	项目	内容
1	城市管理综合业务平台	包括：智慧环卫、综合执法、生活垃圾费征收、户外广告管理等子系统，以及与建筑垃圾监管平台、园林绿化管理系统的接口
2	城市管理应急指挥平台	通过应急指挥调度一张图，遇突发事件，统一调度所有人员、车辆、视频和资源

序号	项目	内容
3	城市管理大数据决策分析平台	深度分析各时间段问题规律、特征，各区域案件情况、构成类别、案件源等数据，统筹了解案件趋势及管理重点
4	城市管理公共服务平台	通过网站、微信公众号及许昌一点通 APP，可以查询日常生活服务，网上预约及办理城管行政审批业务，随时上报身边问题
5	视频智能分析平台	运用视频智能分析技术，自动抓拍、派遣占道经营、店外经营、乱倒垃圾、违章停车等
6	数字城管新系统	提升系统运行速度，各区案件自动派遣
7	智能井盖管理系统	实时监测井盖移位、丢失等问题

基于全市城管体制改革新形势，建立城市管理综合业务平台，实现城管全行业的信息化管理，其中智慧环卫子系统实现对整个城市环境卫生管理工作的全面监督，综合执法子系统有效提升执法办案质量，如图 1-15、图 1-16 所示。两个系统的高效运行，有力促进了城市环境卫生和市容市貌管理水平的提升。另外，还开发了生活垃圾处理费征收子系统、户外广告管理子系统，建立了城市管理应急指挥平台、城市管理大数据决策分析平台、建立城市管理公共服务平台，优化和升级数字城管系统，开发视频智能分析系统、智能井盖管理系统，实现了数字城管的"智慧化"升级，为创建干净整洁有序的宜居之城提供了可靠的智慧化手段，如图 1-17 所示。

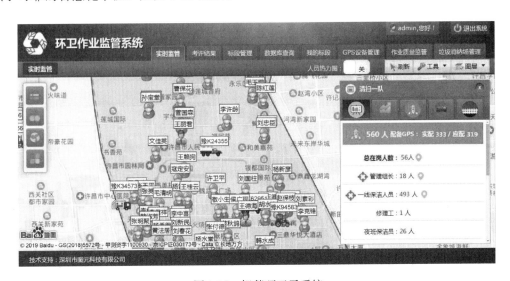

图 1-15　智慧环卫子系统

三、建设运行成效

通过近 10 年的运行，许昌数字城管为提升城市管理水平，创建优美宜居的人居环境发挥了重要作用，初步实现了"干净整洁有序"的管理目标。

图 1-16　综合执法子系统

图 1-17　视频智能分析系统

（·）改善了人居环境。数字城管高效运行，随时发现、及时解决了大量与城市面貌息息相关的环境问题，每年开展绿化缺株断档、道路坑槽破损、夜市占道经营、餐饮油烟污染等系列专项整治活动，有力提升了城市精细化管理水平，市容秩序更加有序，环境卫生更加整洁，公共设施更加完善，城市景观更加靓丽，提高了市民群众的幸福感，实现了发展成果全民共享，如图 1-18 所示。

图 1-18　许昌城市美景

　　（二）建立了城市管理的长效运行机制。自 2010 年建成以来，在逐年的运行、总结、提升和完善中，形成了一套高效的运行机制。从信息采集采取政府购买服务、推行网格化管理、采集网络全覆盖，到快速派遣机制、应急管理机制、高效处置反馈机制，再到完善的信息发布机制、考核结果综合运用和奖惩激励机制等，有效确保了数字城管从建好到用好的成功转换，每年解决各类城市管理问题 40 万件，真正建立了全市城市管理长效机制，为圆满完成市委、市政府交办的城市管理各项目标任务提供了强有力的机制保障。

　　（三）擦亮了许昌城市名片。多年来，国家、省、市各级领导对许昌数字城管工作给予充分肯定和高度评价，多次亲临视察指导，其他地市同行也多次考察学习，有力展现了许昌城市建设管理成果和良好城市形象，成为许昌的一张城市名片。许昌市数字化城市管理项目荣获"中国人居环境范例奖"，数字化城市管理中心获得"全国青年文明号""全国巾帼文明岗""河南省五一劳动奖章"等一系列荣誉称号，如图 1-19、图 1-20 所示。

图 1-19　中国人居环境范例奖

图 1-20　全国青年文明号、全国巾帼文明岗

第二章

荆门市数字化城市管理实践案例

（荆门市社会管理和数字化城市管理监督指挥中心　供稿）

专家点评

荆门市社会管理和数字化城市管理监督指挥中心立足于城市管理实际，积极拓展数字城管应用范围，以"资源共享、高效共管"为理念，以"一个平台，两大系统"为架构，将社会治理和城市管理有机结合，实现城市集约化高效管理。同时，按照"实际、实用、实效"的要求，综合运用物联网、云计算、大数据等现代信息技术，整合多部门信息资源，逐步扩展数字化城市管理平台功能，以感知、分析、服务、指挥、监察"五位一体"为目标，加快推进数字城管向智慧城管升级。通过标准创新、技术创新、管理创新、服务创新，形成具有荆门特色的智慧城市管理新模式。

一、建设概况

2012 年，根据省委省政府《关于加强社会建设、创新社会管理的若干意见》（鄂发〔2011〕13 号）、省政府《关于加强和创新城市管理工作的通知》（鄂政发〔2011〕50 号）和省政府办公厅《关于转发省住房和城乡建设厅关于加快推进数字化城市管理工作的意见》（鄂政办发〔2011〕41 号）精神，市委、市政府成立市社会管理和数字化城市管理监督指挥中心，按照"资源信息同享、精确高效共管"的构想和"顶层设计、分步实施"的原则，以"一个平台，两大系统"（数字化平台和社会管理系统、城市管理系统）的建设模式和"四管两心"（社会管理、城市管理、治安管理、交通管理和指挥中心、监督中心）的管理模式，实施网格化社会管理和数字化城管的体制机制、信息系统、场地机房和管理队伍的建设。

截至目前，荆门数字城管建设全市累计总投资 3.83 亿元，其中市级投入 8000 万元，县级投入 2.43 亿元，电信公司投入网络和设备 6000 万元。市级及各县市区数字城管都已按国标建成并投入运行。社会管理和数字化城市管理监督指挥中心如图 2-1 所示。

2012 年 3 月启动一期建设，市级投资 2600 万元，9 月投入试运行。主要建设网格化社会管理（9+4）和数字化城市管理两大信息系统（9+6），主城区 60km² 城管和社管基础数据，1300m² 指挥大厅，300m² 中心机房和私有政务云平台，以及专职的社区网格员队伍和城管监督员队伍，覆盖中心城区 3 个区、6 个街办、60 个社区，其中数字城管系统接入 21 个职能部门，网格化社会管理接入 35 个职能部门，所有区、街办、社区和市直相关职能部门实现了专人、专机、专网。

项目全部建成后于 2013 年 4 月投入正式运行。2013 年 11 月通过住房城乡建设部专家组织的验收，并获得一致好评。监督指挥大厅如图 2-2 所示。

图 2-1　社会管理和数字化城市管理监督指挥中心

图 2-2　监督指挥大厅

2013 年 5 月，建成市级部门数据交换平台，完成公安、工商、民政、人社、教育、卫计、城管、房产八个部门的数据共享交换；开发了电子监察系统，实施黄、红牌及电子监察建议书监管体系，对各责任单位案件办理情况实时监控、跟踪督办，形成监督有力、处置高效的长效管理机制。

2013 年 9 月，县级投资 6300 万元，电信公司投入 2000 万元，各县市完成数字城管和网格化社会管理系统建设，铺设市到各县市区的千兆光纤链路，率先在全省实现全市网格化社会管理和数字化城市管理全覆盖。

2014 年 3 月，县级投资 1.8 亿元，市电信公司投入 4000 万元，完成全市农村网格化平台建设，实现全市所辖 57 个乡镇，1514 个行政村全覆盖。同时，结合城市管理需要，开发门前三包专项考评系统和监督员考试管理系统，配套升级机房基础设施及核心硬件平台，逐步提档升级为统一的城市管理云资源中心。

2015 年 6 月，市级投资 1100 万元，重点建设智慧荆门 E 点通、城市管理远程劝导系统、城市景观亮化集中控制系统、智慧工地信息系统、互联网＋农村电子商务平台、积分制管理系统等项目。其中，投入近 300 万元强化信息平台安全体系建设，从信息网物理安全、网络安全、主机安全、应用安全、数据安全五个方面入手，为系统提供立体、纵深的安全保障防御体系，确保系统中各类数据的安全。

2017 年 3 月，建设智能管控、高空瞭望、数据修测三大项目，升级扩容荆门市城市管理云资源中心，全力推进数字城管向智慧城管升级。

其中，智能管控项目包括城市管理综合执法、停车管理与诱导、部门应急联动、数据资源综合展示、城管微信和督查平台、智能环卫、地下综合管线示范、街面管控示范等八大系统，同步建设荆门市城市管理综合数据库，形成统一规范、便捷共享的政务数据体系，统一对外提供数据服务。执法系统登录和运行界面如图 2-3、图 2-4 所示。

图 2-3　城市管理综合执法系统登录界面

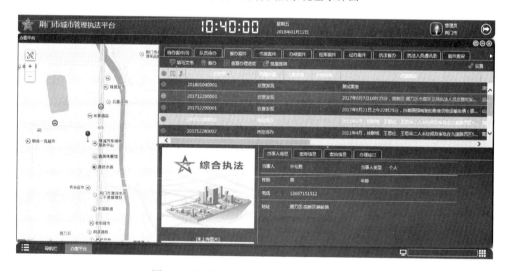

图 2-4　城市管理综合执法系统运行界面

高空瞭望项目包括全市范围内的 20 个农贸市场和 13 个市级消防监控系统建设，城市重点区域高空 AR 视频监控建设（图 2-5），以及无人机技术在违章建筑、户外广告、考核巡查、救援保障、环境监测等行业的运用，全面城市管理智慧化水平，如图 2-6 所示。

数据修测项目包括三环内城市建成区 120km² 的数据更新，新建市政设施、环卫设施、园林绿化等专题图层，同步，实施网格化社会管理基础数据按照国家标准《社会治安综合治理基础数据规范》GB/T 31000—2015 升级，优化完善城市管理综合数据库。真三维建模地图如图 2-7 所示。

图 2-5　AR 视频实景管理平台

图 2-6　无人机执行违建巡查

图 2-7　真三维建模地图

2018 年 2 月，荆门智慧城管中心建设项目启动，中心建筑面积 6000㎡，总投资 6000 万元，设计楼层为五层，其中一至二层为智慧城管监督指挥中心、三至五层为城市管理功能用房，计划 2019 年底全部建成。荆门智慧城管平台将遵照"智慧荆门"的整体框架，将有机整合感知、分析、服务、指挥、监察"五位一体"功能，着力推进扁平化、智能化、精细化管理，在数字化城管项目荣获"中国人居环境范例奖"的基础上，进一步做优做强，上档升级，打造全省领先、全国示范的新型智慧城管平台。智慧城管中心建筑规划如图 2-8 所示。

图 2-8　智慧城管中心建筑规划图

二、平台特色

（一）数字城管与网格化社管共建共享，构建大城管格局

荆门市网格化社会管理系统（9+4）、数字化城市管理系统、农村网格化管理系统等多个系统集成在一个云资源平台运行。同时，数字化城市管理为网格化社会管理提供了基础地理信息资源，以及可借鉴的管理模式；网格化社会管理为数字化城市管理提供了充足的网格人员队伍，以及可扩展的功能空间，实现了城市管理和社会管理有机融合、资源共享、高效共管、节约成本。

（二）建立网格化立体式巡查处置体系，构建全移动城管信息平台

荆门市建立网格化立体式巡查处置体系，将社区 E 通、城管 E 通、处置通、执法通、督查通、领导通等信息终端整合到统一的智慧城管全移动城管信息平台中运行，实现了"五大员"（网格员、监督员、处置人员、执法人员、督查人员）的信息互联互通、高效共管。

（三）打通部门数据壁垒，实现信息资源共享

整合公安、民政、卫计、人社、房产、教育等八大职能部门数据，建设市级部门数据

交换平台，实现信息资源共享、互联互通，提高服务管理水平，真正做到"数据来源于部门，服务于部门"。

（四）实施电子监察，实现高位监督

联合市监察局，开发电子监察系统（图2-9），实施黄、红牌及电子监察建议书监管体系，对各责任单位案件办理情况实时监控、跟踪督办，形成监督有力、处置高效的长效管理机制。

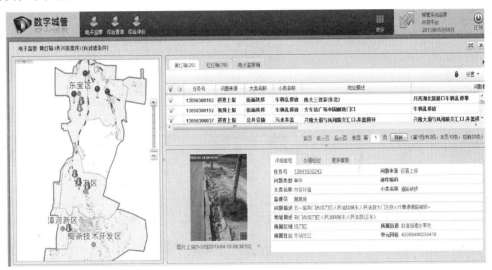

图 2-9　电子监察系统

（五）推进部门进网格，深化"网格化＋"服务

开展工会进网格、安监进网格、气象进网格、消防进网格等应用系统建设及管理体系建设，充分发挥网格员的基层优势，有效提升"网格化＋"服务水平。

（六）服务政务下乡，打通最后一公里

农村网格化管理以群众迫切需求为导向，各县市区下沉行政审批服务事项，通过"村级受理、网上办理、全程代理"的工作模式，变过去"人在路上跑"为"事在网上办"，有效解决了服务群众最后一公里的问题。

（七）推行积分制管理，创新基层社会治理

依托城乡网格化社会管理平台，搭建积分制管理系统，主要实现对居民、家庭和单位（商户、社团）三大群体建立积分账户，分社会治安、公益美德、社区建设、奖励惩罚四大类别记录行为积分，根据积分情况给予兑换服务、物质奖励、精神鼓励和有关激励政策，通过有奖参与的方式，有效促进居民良好素质和文明习惯的养成，激发居民参与社会治理的积极性和创造性。

（八）试点智能环卫，提升车辆监管水平

针对全市所有环卫作业车辆，安装智能监管终端，实现对不同作业车辆行驶里程、有效作业里程、作业时长、作业质量、特定作业指标进行自动化分析，大幅提升车辆作业质量的分析效率，改进了传统的环卫车辆作业质量监管模式。智慧环卫平台如图2-10所示。

图2-10　智慧环卫平台

（九）推进智慧工地建设，逐步提高工地监管水平

"智慧工地"充分利用移动互联、物联网、云计算、大数据等新一代信息技术，彻底改变传统建筑施工现场参建各方现场管理的交互方式、工作方式和管理模式，对工地上的人、机、料、环境进行全方位的监管。有效利用现代科技成果，实现建设工程监管模式的创新，极大地缓解了因建设工程分布扩散、安全监管对象面广造成的安全监管力量相对不足的矛盾。智慧工地平台如图2-11所示。

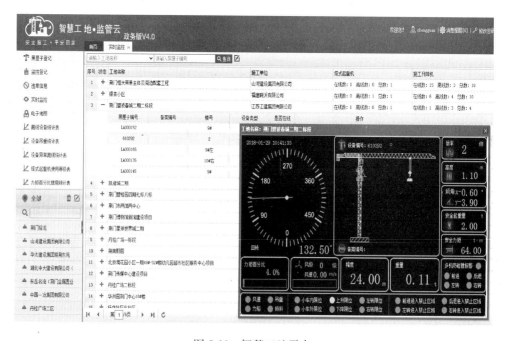

图2-11　智慧工地平台

（十）着力拓展平台功能，推动项目服务实际

全国率先搭建共享单车监管平台，助力共享单车管理。有效监管单车投放数量及停放情况，规范企业的运营服务，确保共享单车规范有序发展。综合运用云计算、大数据、物联网、移动互联网、AR（增强现实）、无人机、智能识别、真三维等最新一代科学技术，结合城市管理实际业务，实际在云资源中心部署、智能环卫监管、智慧渣土监管、全移动办公、重点区域智能监察、执法现场记录、违法建筑自动识别、户外广告巡检、部门救援联动、应急监督指挥、城市智能停车、地上地下一体化管理等场景下有效应用，能有效提升城市管理智慧化水平，大幅提高管理效率。

三、主要做法

（一）坚持顶层设计，构建"四管两心"信息平台

1. 整合信息资源，预留信息接口。在项目设计上，我们运用数字空间信息技术、云计算网络技术、地理编码技术，对城市管理的部件进行了全方位的普查，对社会管理的组织机构、机关企事业单位、房屋和居住人员、社会管理重点人及服务人、基层综治组织等方面进行了入户采集更新，建立基础信息库，开发 GIS 地理信息共享接口，在已接入公安、民政、计生、卫生、人社、房产、教育、工商部门数据的基础上，为下一步消防、环保等相关部门数据的接入提供强大的空间信息服务。在保证平台建设完成的基础上，充分预留信息接口，在电信公司建立 $300m^2$ 的专业机房，保证平台扩容需要。网络规划方面，充分考虑未来业务发展，预留相应的 IP 地址段；存储平台方面，预留可扩展空间，便于系统扩容；应用软件方面，预留各类业务接口，有助于打破信息孤岛，实现全市信息共享，逐步覆盖所有的专业部门，最终实现"数字荆门"的建设要求和目标。

2. 统筹规划建设，确保高效运转。按照市、区平台同步规划、同步设计、同步建设、同步投入使用的要求，做到全市"一盘棋"，即招标选用唯一的应用软件开发商，实现市、区、街办、社区四级平台所用的应用软件统一设计；实现数字化城市管理应用软件和网格化社会管理的应用软件统一设计。在平台建设过程中，市、区硬件由市级中标的公司统一采购、统一建设安装。有效避免平台对接带来的风险，提高了平台建设速度，项目质量得到了保障。同时，市、区两级平台同步建设可以达到建设标准统一、实施水平统一、运行机制统一，运行效果明显提升。

3. 拓展系统功能，保证先进实用。业务子系统的功能重在应用、重在实用，因此，在确保建设完成住房城乡建设部规定的九大核心业务系统的基础上，我们结合荆门市城市管理热点和难点问题，拓展了违章建筑管理子系统、车辆 GPS 管理子系统、视频监控子系统、移动巡查执法子系统等八大子系统，通过违章建筑管理子系统可以及时有效地发现中心城区的违法建设；通过视频监控子系统，可以实现对城市管理重点路口、地段、部位、工地施工现场等地点的实时监控、立案、核查；通过移动巡查子系统，实现了执法系统数据库与多种无线终端之间的双向信息交换，数字执法业务处理的"信息上路"，执法队员在路面即可实现简易执法、相关信息的查询；通过车辆 GPS 定位管理子系统，实现

对城市管理执法车辆、环卫作业车辆、渣土车辆的实时定位、统一监管。在网格化社会管理方面我们也设计了实有人口服务管理子系统、实有房屋管理子系统、矛盾纠纷调处子系统、社会治安防控子系统等九大核心业务系统和四个拓展应用系统，集成二维地图和实景影像地图，并拓展建设完成与真三维地图的无缝对接，直观地实现人口查询、房屋定位、楼盘展示以及人口详细信息浏览，达到"以人找房、以房管人"的效果。

（二）科学划分网格、深入推进网格化治理

1. 统筹社会管理和城市管理，科学划分管理网格。根据属地管理、方便管理原则，按照规模适度、界定清晰、无缝衔接的要求，以 300～500 户或 1000～1500 人左右规模，荆门中心城区 60 个社区共划分了 505 个社会管理单元网格。城市管理网格在不打破社会管理网格单元基础上按行政片区划分 90 个责任网格，在社会管理网格中叠加，实现了城市管理网格与社会管理网格的有机融合，此外，利用数字城管的二维地图、三维地图技术，实现平面网格与立体网格的叠加。保证每一个网格的城市管理的部件、事件和社会管理的事件责任明确，无缝对接。

2. 配备"一格五员"专业队伍，整合基层管理力量。在单元网格管理的基础上，开展"五种力量"进网格。全市落实了 60 名格长（由社区干部担任）、60 名调解员（由社区综治维稳工作站人员担任）、60 名警员（由社区民警担任）、505 名网格员（公开招聘选拔）、90 名城管监督员配置到网格，对应明确了各员职责和范围、事件和部件、工作流程和处置程序。五类人员互通信息、互相支持、互相配合，实现了专业力量和社会管理的有机结合。构建了"一格多员、一员多能，一岗多责"的工作机制。同时为单元网格的功能拓展奠定了良好基础。其中，社区网格员使用"社管通"手持移动终端实现"人、地、物、情、事、组织"信息的动态采集、更新。城管监督员使用"城管通"手持移动终端实现城市管理部件和事件的每日上报、核实、核查。实现信息"全覆盖"职责清晰的新模式。另外，联合会议制度要求城管监督员参加所在社区每周的例会，加强信息交流，进一步团结基层力量。

（三）完善体制机制，构建"三级考核"评价体系

1. 成立高位协调上下一致的管理机构。市政府成立了荆门市数字化城市管理工作领导小组，负责网格化社会管理、数字化城市管理的体制机制建设、项目建设的协调与决策。市编办批准成立了荆门市网格化社会管理和数字化城市管理监督指挥中心，为正县级事业单位，负责对全市社会管理、城市管理、治安管理、交通管理工作进行监督、协调、指挥和综合评价。各区政府成立了正科级的网格化社会管理和数字化城市管理指挥中心，负责辖区各项管理工作的协调指挥、任务的反馈和评价。各街道社区成立了网格员管理站等配套机构，负责网格员日常管理和社会管理事务的处理。

2. 编制了精细规范的指挥手册。遵循"条块结合、无缝链接；依法履责，属地管理"的原则。根据"四管两心"的具体要求，编制了《荆门市社会管理指挥手册》《荆门城市管理指挥手册》，梳理了 53 大类 155 小类社会管理事件，7 大类 78 小类城市管理部件，6 大类 65 小类城市管理事件，明确规定社会管理、城市管理、治安管理和交通的主管部门、权属单位、处置单位、处置时限和立结案标准等，为完善长效管理机制建设奠定了基础。

3. 充分发挥电子监察平台作用，实现案卷高位督办和追责。为强化对各区和部门案件处置情况的监督管理，纪委监察局联合我中心开发了电子监察系统。通过黄、红牌和电子监察建议书对各责任单位案件办理情况实时监控、跟踪督办，形成监督有力、处置高效的长效管理机制。对办理案件超过规定时限 1 天的发放黄牌，对办理案件超过规定时限 2 天的发放红牌，并对责任单位相关工作人员和领导短信提醒；对办理案件超过规定时限 3 天的发放电子监察建议书，并要求责任单位以书面形式向监察部门说明情况，监察部门视情况进行责任追究。

4. 建立了长效的考核评价体系。按照"一级监督、二级指挥、三级考评、四级网络"的管理体系和机制。建立"三级考核"评价体系，实行市对区和市直部门一级考评；区对街道和区直部门二级考评；街道对社区三级考评。并将考评结果纳入政府目标管理和行政效能监察体系，层层明确任务，层层落实责任。实现管理的制度化、规范化、长效化。

（四）规范内部管理，强化技能培训

中心先后修订完善了党风廉政建设和履职尽责积分制管理考评以及内部管理机制等方面制度 20 余项，推进干部职工积分制考核评价，执行重大事项报告制度、项目管理制度、财务管理制度、会议制度、学习制度等，把制度管理作为重要工程来抓。在监督员、坐席员积分制考评基础上开展了干部积分制管理考评，考评中坚持绩效为先原则，杜绝人情分、印象分，树立"尊重知识、尊重人才，崇尚真理、崇尚实干"的价值观，努力展示了荆门数字城管的良好形象。为不断提升网格员、坐席员和监督员业务技能，以良好的窗口单位形象服务城市管理工作，中心先后组织了一系列有针对性的培训活动。每季度定期组织"12319"服务热线坐席员进行业务知识测试，不断强化坐席员在话术、礼仪以及热线受理等方面的业务水平；针对监督员户外工作的特性，实行了巡查责任网格轮换制，制定了每天 2 次集中签退制度，并结合考核办法细化了工作职责、案件指标。完善案件采集处置办法，探索"自处理案件"和"批处理案件"与常规模式相结合的采集处置方式。

四、运行成效

荆门市数字化城市管理通过多年的积累，构建七步闭环工作流程，成立高位监督管理机构，配齐配强高素质人员队伍，落实强有力的城市管理考核办法，搭建实用高效智能的信息化平台，不断丰富管理要素，逐步完成了城市管理的无缝隙和全覆盖，形成了立体式部门联动、处置协同的全新城市管理模式，提升了城市管理效能，构建了"横向到边，纵向到底"的大城管格局，从而实现了城市管理"案件精准派遣，绩效高位监督"，提升了城市管理效能，荆门市连续四年获得楚天杯优胜奖。

截至 2018 年 12 月，数字化城管平台共立案 393933 件，结案 392548 件，结案率 99.65%，平均每年处置 5.6 万件，其中解决街面秩序类问题 242861 件、宣传广告类问题 85164 件、市容环境类问题 52107 件。

网格化社会管理平台共立案 346805 件，结案 346163 件，结案率 99.81%，平均每年处置案件 4.9 万件，其中化解社会矛盾纠纷 26015 件，协助抓好社会治安重点地区排查整治、流动人口和出租屋服务与管理等平安建设事项 73938 件，办理民政民生事务包括低保、廉租房、户籍等共 42989 件，开展特殊人群服务 7144 件。

农村网格化管理平台已办理各类事项 24.6 万件。

2012 年 10 月，全省数字化城管现场推进会在我市召开。2014 年 5 月，全省农村网格化现场推进会也在我市召开。2013 年 11 月，我市数字城管建设通过住房城乡建设部专家验收，专家组认为"荆门市创建的'一个平台，两个系统'建设模式和'四管两心'管理模式，实现了社会管理和城市管理的有机融合，在全国具有典型示范意义"。2016 年 1 月，荆门数字化城市管理项目被国家住房和城乡建设部授予"2015 年度中国人居环境范例奖"。同时，北京、山东、河南、四川、吉林、广东、重庆、安徽、湖南等众多省市领导队伍先后到我中心参观考察，互相交流数字城管及网格化社管的建设及运行经验。荆门连续多年获得城市管理"楚天杯"优胜奖。在我市创建国家卫生城市期间，多次作为我市窗口形象单位接待国家、省、市领导调研指导工作，并获得一致好评。

第三章

株洲市数字城管实践案例

（株洲市城市管理监督指挥中心　供稿）

专家点评

　　株洲市数字城管于 2009 年建成，次年通过国家住房和城乡建设部验收。十年来，该市立足实际不断拓展系统功能，健全运行机制，确保系统高效、平稳运行，为提高株洲市城市管理水平发挥了积极的作用。一是在坚持标准的前提下，从完善数字城管监管功能做起，从解决问题服务市民做起，坚持问题导向，先后研发了 8 个富有株洲特色的实用子系统。二是立足工作实际不断创新考核机制，"五子登科"的考核奖惩模式强化了考核结果运用，确保考核权威。三是多渠道倾听民声，激发了民众参与城市管理的热情，使数字城管监督工作更贴近民意。

一、基本概况

　　株洲，湖南省地级市，下辖四县（市）五区和一个经开区，总面积 11262km²，市区建成区面积 135.78km²。人口 408 万，其中，城镇人口 270 万，城镇化率 67.15%。株洲市先后成功创建了全国文明城市、国家森林城市、国家园林城市，国家卫生城市、国家交通管理模范城市，并获评"中国人居环境范例奖"。

　　株洲市城市管理监督指挥中心于 2009 年 11 月正式成立，为株洲市城市管理和综合执法局直属正科级事业单位，核定全额拨款事业编制 20 人，内设办公室、技术维护科、考评科、坐席班、信息采集大队等科室和部门，主要职责如图 3-1 所示。另外，通过劳务派遣方式配备了 35 名坐席员和 170 名信息采集员。

　　株洲市城市管理信息化系统严格遵循国家标准，对株洲市 135.78km² 的建成区进行了基础地理信息普查，划分了 3492 个单元网格，获取了 315750 个部件资料。按照国标和株洲实际情况，将部件分为 7 大类 85 小类、事件分为 7 大类 61 小类。确定了 130 个责任网格，同时划分 A、B、C、D 四类网格实行分类管理，如图 3-2 所示。系统自运行以来，累计采集城市管理问题 600 余万件，年均 94 余万件，日均处理各类城市管理问题 2600 余件，按期结案率达 97％以上。

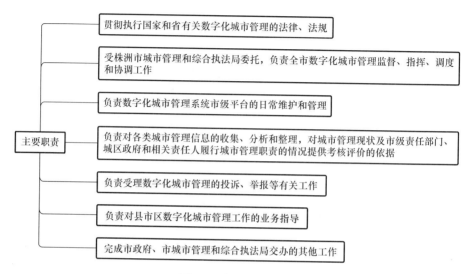

主要职责

- 贯彻执行国家和省有关数字化城市管理的法律、法规
- 受株洲市城市管理和综合执法局委托，负责全市数字化城市管理监督、指挥、调度和协调工作
- 负责数字化城市管理系统市级平台的日常维护和管理
- 负责对各类城市管理信息的收集、分析和整理，对城市管理现状及市级责任部门、城区政府和相关责任人履行城市管理职责的情况提供考核评价的依据
- 负责受理数字化城市管理的投诉、举报等有关工作
- 负责对县市区数字化城市管理工作的业务指导
- 完成市政府、市城市管理和综合执法局交办的其他工作

图 3-1　中心主要职责

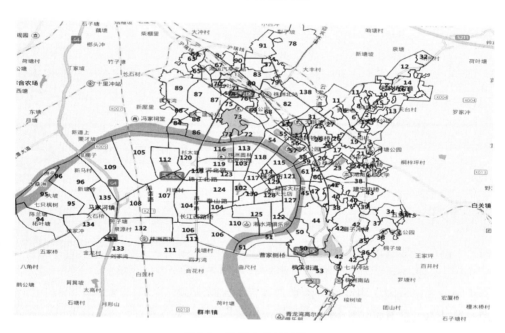

图 3-2　株洲市责任网格图

二、系统建设和运行

株洲市数字城管系统采用"两级监督、两级指挥"的管理模式，不断拓展系统功能，健全运行机制，确保系统高效、平稳运行，为提高株洲市城市管理水平发挥了积极

的作用。

（一）立足株洲实际，拓展系统功能

株洲市数字城管建设中严格执行国家标准，在9大标准子系统的基础上，逐步完善系统自身功能，同时结合株洲市城市管理工作实际需求，不断拓展系统的管理与服务功能，先后研发了8个富有株洲特色的实用子系统。

1. 环卫机械化作业车辆管理子系统

在城区环卫洒水、清扫车辆上安装了GPS定位和视频监控设备，对环卫作业车辆的运行轨迹、运行状态、运行速度、作业效果进行实时监控。每月生成环卫作业车辆的工作分析报告，各区环卫处以此作为对环卫企业考核和拨款依据，如图3-3所示。该系统荣获国家实用新型专利（专利号：201220103532.4）。

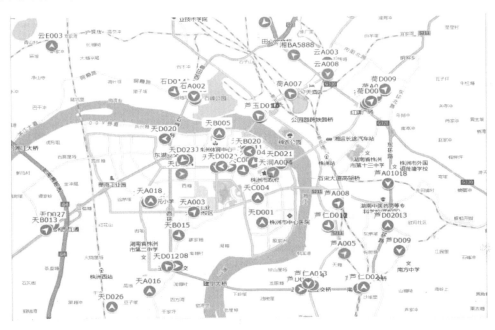

图 3-3　环卫车辆作业轨迹监控图

2. 微信有奖举报子系统

市民发现身边的城市管理问题，可随时通过"株洲城管"微信公众号拍照举报，并可获得奖励。案卷自动按照数字城管处置流程进行处置、反馈，如图3-4所示。截至2019年8月，"株洲城管"微信公众号已有8万余人次关注，其中有5万余人次参与了微信有奖举报，共举报案件61354条，处置解决了61082件，处置率达99%以上。

3. 视频探头考评警示子系统

该子系统拓展了发现问题的途径，坐席员通过视频探头对城市管理状况进行监控，发现问题可直接建立案卷，自动进入处置流程，并以醒目方式提醒处置部门，提高案卷处置速度，如图3-5所示。该系统荣获国家实用新型专利（专利号：201220103531.X）。

图 3-4　株洲城管微信举报

图 3-5　视频探头监控图

4. 信息采集员管理子系统

对信息采集员的工作状态、工作业绩进行全过程监管，自动生成考核结果，并与工资挂钩，如图 3-6 所示。信息化、数字化的管理手段充分体现了公平公正，有效端正了信息采集员的工作态度，提升了信息采集效率。

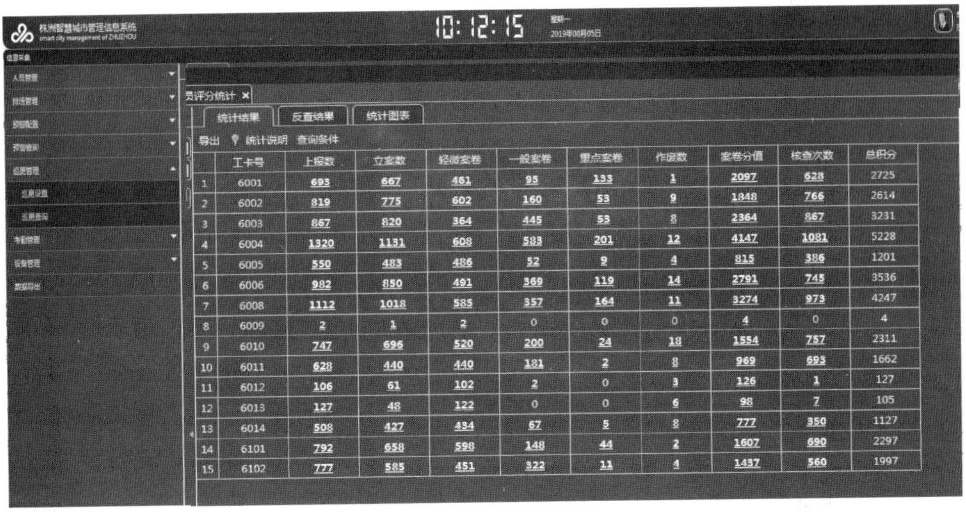

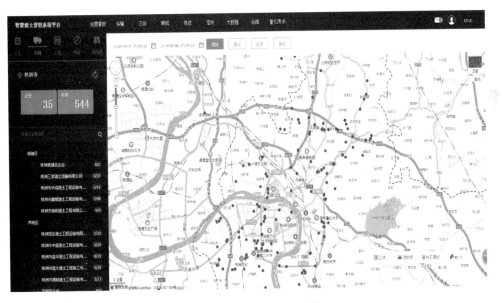

图 3-6 信息采集协管员积分列表

5. 渣土运输管理子系统

通过车辆安装智能设备、建筑工地视频监控等手段，对渣土清运全过程进行在线监管。截至 2019 年 8 月，已对 600 余辆渣土车辆和 20 余个建筑工地安装了视频监控设备，并纳入渣土运输管理子系统，实现渣土运输车辆作业规范化，如图 3-7 所示。

图 3-7 渣土运输管理子系统

6. 人行道违停处罚子系统

在交警部门的积极支持下，将人行道违停信息上传至交警"六合一"平台，并与市财政非税平台对接，加大对人行道违停现象的打击处罚力度。2019 年 6 月至 8 月，共处置人行道违停 1.3 余万起，罚款 20 余万元，如图 3-8 所示。

图 3-8　人行道违停处罚子系统

7. 多维数据分析子系统

运用大数据技术，对城市管理问题进行自动分析，对频发、高发问题进行自动预警，融合并量化数据、电子地图、图表等多种信息，每月自动生成分析报告，为城市管理部门实施源头管理提供数据支撑，如图 3-9 所示。

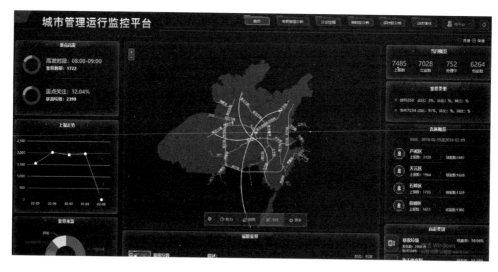

图 3-9　多维数据分析系统

8. 视频自动识别子系统

通过人工智能技术对城市监控视频进行分析，自动抓取占道经营、车外乱扔垃圾等各类违反城市管理法规的行为，有效提高信息采集质量的同时减轻了人工操作负荷。同时，24 小时不间断监控弥补了信息采集员休息时间的监管空档。2019 年 5 月至 8 月，系统共发现问题 4692 件，立案 4614 件，准确率达 98％，如图 3-10 所示。

图 3-10　视频自动识别系统

（二）狠抓采集员管理，提升案卷质量

通过劳务派遣用工方式配备 170 名市级信息采集员，由市城管监督指挥中心直接管理。制定了《株洲市城市管理信息采集员管理办法》《株洲市城市管理信息采集员绩效考核办法》等制度，明确信息采集员的权利、义务和奖惩办法。

1. 科学安排专项普查

在严格按标准实施信息采集的基础上，紧扣市委、市政府重点工作以及市城管委下达的考评重点工作，科学安排专项普查。如：对违章建筑、路面渣土污染、城区公厕、绿化、市政设施等进行专项普查，集中时间批量解决重点问题。

2. 合理调整作息时间

根据每个网格的不同的管理现状和信息采集员的工作强度，合理调整信息采集员的作息时间，在网格地图中合理设置打卡时间、地点和巡查路线。早上主要对主次干道环卫保洁、早市收摊以及校园周边情况进行检查；傍晚主要对流动摊贩占道经营的问题进行重点采集；晚上主要对城区夜宵点和露天烧烤等油烟污染及噪声等问题进行重点采集。问题发生高峰段以外的时间，安排机动中队对主次干道开车巡查，加强监督考核。另外，为保证城区重要节点管理效果，打破网格界限，每个区明确一个重点部位，安排专人值守。

3. 完善案卷上报流程

为避免信息采集员"刷案卷"的现象，将采集员上报案卷分为巡查报告类、自行处置类和立案处置类三大类，鼓励采集员根据实际情况自行处置一些简单的城市管理问题，体现数字城管的服务意识，提高城市综合管理效益。

4. 提升队伍整体素质

按照"党建引领，准军事化管理"要求，在加强培训的基础上，不定期组织开展笔试、知识抢答赛等技能比试和军事化轮训，如图 3-11 所示。建立了采集员绩效数据库，综合排名前 30 名的信息采集员，实行优岗优薪，并纳入后备干部库。中队干部竞聘面向全体采集员，公开选拔，优胜劣汰。

图 3-11　组织信息采集员开展业务培训

（三）强化监督评价，确保考核权威

株洲市城管委颁布的考评办法和实施细则，由数字城管承担所有的日常巡查考评工作，系统的评价数据就是对相关城区和部门的考核依据。

1. 完善考评办法

根据市城管委制定的《城区城市管理考核评比办法》《城区城市管理考核评比办法实施细则》，完善了《株洲市数字化城市管理监管案件立结案及考评标准》。新的标准扩大了采集范围，厘清了管理责任，明确了各类城市管理问题的处置时限和结案标准。同时结合工作实际，出台了《数字城管交办督办城市管理突出问题工作规范》。完善考评办法为加大考核力度、兑现考核应用奠定了基础。

2. 健全考评机制

一是聚焦城市问题，实施"日报、专报"制。每日对信息采集员上报的案卷进行梳理，以图文并茂的方式对突出的城市管理问题进行逐日发布，并督促各区及时处理。在"日报"的基础上，聚焦城市管理突出问题，民生热点难点问题，领导重点关注问题，紧盯城市问题点位和关键部位，以"专报"的形式将考评结果报送市主要领导。

二是聚焦常态长效，实行"交办、督办"制，如图 3-12、图 3-13 所示。根据信息采集员上报的案卷，对"日报"中出现 3 次以上的突出频发问题，及时对各区进行交办、督办及重点督办，及时跟踪，密切关注，推动城市管理频发问题逐个逐步解决，有效提升城市精细化管理水平。

3. 强化结果运用

根据考评办法，株洲市实施了镜子、鞭子、票子、面子、帽子"五子登科"的考核奖惩模式，不断强化考核结果运用，确保考核权威。一是制定"镜子"明标准。根据株洲实际，不断完善细化考评办法，使城市管理工作有章可循、有据可依。二是用好"鞭子"促

株洲市城市管理委员会办公室文件

株洲市城市管理委员会办公室文件

株洲市城市管理委员会办公室
关于加强职教城周边暴露垃圾管理的督办
函

经开区管委会:

　　近期,市城管局信息采集协管员在日常巡查中多次发现,你区职教城周边大量暴露垃圾清理不及时,严重影响城市市容市貌,并经交办(编号 201917),一直未得到彻底解决(详见附件)。现将该问题督办你区,请高度重视,迅速整改,并举一反三,确保城市市容环境干净整洁。相关整治情况请在 4 月 8 日前书面回复。

　　根据《城区城市管理考核评比办法(2019 版)》,本督办函发出后在你区 4 月份城市管理考评总成绩中扣 0.3 分。如未按期整改或整改不达标,则自动转为重点督办,每例在 4 月城市管理考评总成绩中再扣 0.5 分。

图 3-12　对区政府的督办函

株洲市城市管理委员会办公室
关于加强油烟直排管理的交办函

市生态环境局:

　　近期,市城管局信息采集协管员在日常巡查中发现,城区部分门店存在油烟直排现象,严重影响市容市貌(详见附件)。现就该问题交办你单位,请高度重视,迅速整改,并举一反三,加强全市门店油烟排放管理工作。相关整治情况请在 6 月 18 日前书面回复。

　　城市管理工作为 2019 年市委市政府绩效评估指标,如该区域存在的城市管理相关问题未按期整改或整改不到位,将按照相关考核细则在你单位市年度绩效考核总成绩中予以扣分。

图 3-13　对市直部门的交办函

整改。交办的问题,未按期整改或整改不达标的,自动转为督办,整改不到位不予销号,并在各区每月城市管理考评总成绩中进行扣分。三是利用"面子"抓落实。每个月对各区城市管理考评结果进行排名,并通过《株洲日报》《株洲红网》等媒体公布考评结果,推动城市管理问题高效处置。四是兑现"票子"鼓干劲。每月根据各区考评总成绩排名兑现奖惩,结果纳入各县市区和市直部门年度绩效评估。五是管好"帽子"促长效。对连续 2 个月在城市管理考评结果排末名的城区政府由市城管委进行警示约谈,对连续 3 个月排末名的由市城管委向市委、市政府提出行政效能问责或组织调整建议。通过严格考评问责,确保了城市管理常态化长效化。

三、主要特色

(一)强化"大城管"机制,凸显数字城管作用

2018 年,株洲市在全省率先完成城管体制改革。按照《中共中央国务院关于深入推进城市执法体制改革改进城市管理工作的指导意见》(中发〔2015〕37 号)要求,市级成立了以市委书记任政委、市长任主任的城市管理委员会,定期研究、解决、协调城市管理重大问题。市城管委办公室设在市城管局,负责各区城市管理考评工作,每月根据各区总成绩排名兑现奖惩,结果纳入各县市区和市直部门年度绩效考核。2019 年,株洲市委、市政府按照上级要求,对全市督察检查考核进行了梳理,其中以市委、市政府名义开展的考核事项仅保留了 5 项,城市管理就是其中 1 项。

(二)以问题为导向拓展系统功能,注重实用性

立足株洲实际,坚持问题为导向,开发实用性系统功能。如:针对按期结案率低的问

题，开发全国首创的案卷超时倍增扣分系统；针对同一地区反复发生同类问题的情况，开发频发案卷倍增扣分系统；针对案卷处置效率低的问题，开发"处置通"软件；为实现对城市管理问题多维分析，开发多维数据分析子系统；为科学客观考评各城区、各部门工作，开发考评管理子系统；为强化采集队伍管理，开发信息采集员管理子系统等等。坚定地从基础做起、从完善数字城管监管功能做起、从解决问题服务市民做起，在夯实基础的前提下，不断提高城市管理的数字化、智慧化水平。

（三）考评标准细致完备，体现精细化管理要求

根据株洲市委市政府及市城管委考评重点，结合工作实际，株洲数字城管多次完善《株洲市数字化城市管理监管案件立结案及考评标准》，对大到垃圾死角、大型户外广告，小到空调外机安置高度、店外设置水龙头等分别制定考核标准。科学制定株洲市道路机械化作业规程，要求夜间 11 点到凌晨 6 点实行机械化清洗清扫作业，白天实行清扫保洁，不断优化工作流程，不断提升机械化作业水平。

（四）充分调动市民参与，不断汇聚工作合力

为了争取让更多的市民支持、参与城市管理工作，株洲数字城管采取了一系列的亲民措施：一是依托株洲城管微信公众服务号，设立市民参与城市管理有奖互动平台，全天候受理市民对城市管理工作的投诉、意见和建议。二是针对市民关注度较高的公厕选址、便民摊点设置、夜宵点选址等问题，在微信平台公开征求市民的意见，畅通群众参与城市管理的渠道。三是成立城市管理志愿者联合会，定期组织网友座谈会、市民考评团、城管体验日等活动。多渠道的倾听民声，激发了民众参与城市管理的热情，使数字城管的监督工作更贴近民意。

第四章

咸阳市数字城管实践案例

（咸阳市城市管理监督指挥中心　供稿）

专家点评

　　咸阳市数字城管建立健全"高位监督"机制，由市城管监督指挥中心，行使市城市管理委员会办公室职能的相关职能，负责数字化城市管理案件的采集、派遣以及对各职能部门、各区（县市）的监督考评工作，实现了对全市数字城管工作的"统一领导、整体推进、综合协调、全面考核"，为数字城管的健康可持续发展提供了制度保障。同时，坚持"创新、精细、共享、服务"工作理念，紧密结合实际，自主研发多个管理应用系统，实现了对建筑工地扬尘治理、文明城市创建、生活垃圾管理、渣土运输管理以及道路清扫保洁等多个行业和重点工作的数字化监管，取得明显成效，有力推动和保障城市管理水平全面提高。

　　咸阳市地处八百里秦川腹地，东临西安，西接杨凌国家农业高新技术产业示范区，渭水穿南，峻山亘北，辖2市2区9县，总面积10189.4km²，人口437.6万人，建成区面积72km²、人口54万人。咸阳有着2350多年的建城史，文物遗存多达5000余处，是国家卫生城市（图4-1）、全国文明城市（图4-2）国家园林城市、中国优秀旅游城市、中国魅力

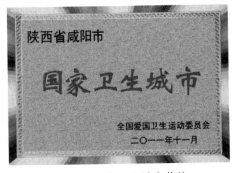

图4-1　国家卫生城市奖牌

图4-2　全国文明城市奖牌

城市、中国十佳宜居城市、首个"中国地热城"、中国养生文化名城。近年来，咸阳市委市政府进一步重视城市管理，建立健全了数字化城市管理体制机制，并将数字城管工作纳入《建设智慧城市打造幸福咸阳实施方案》（图4-3），强化城市精细化管理工作，高位推进，高标准实施，促进城市管理"科学化、信息化、标准化、规范化"水平日益提升。

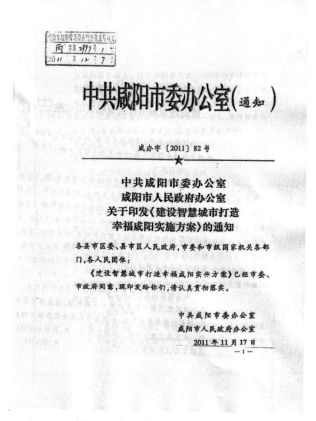

图4-3　打造幸福咸阳实施方案

一、高位推进，标准化建设数字化城市管理平台

咸阳市智慧城市数字城管项目作为咸阳市智慧城市建设的主干项目，于2011年11月18日经市政府常务会议研究同意，按照"全国一流、资源共享、科学实用"的原则，由市城管执法局负责实施。2017年1月依据《咸阳市智慧城市数字城管工作考核暂行办法》（咸政办发〔2016〕103号）对责任部门正式进行考核。具体如下：

（一）搭建高规格组织体系

市委市政府对数字城管平台建设十分重视，市委书记、市长多次前来检查指导，并要求要把咸阳数字管理打造成城市管理的新亮点，迈进全国一流城市行列。为此成立了由常委副市长担任包抓领导，11个相关单位负责同志为成员的数字城管建设领导机构，先后赴北京、上海、天津、杭州、常州等15个城市进行考察学习。借鉴先进经验，结合地方实际，于2014年底数字城管平台基本建成，2015年初顺利通过省住建厅验收（图4-4）。

图 4-4　监督指挥大厅

　　为确保数字城管工作顺利开展，市委市政府在机构编制紧缺的情况下，设立咸阳市城市管理监督指挥中心，为正县级参照公务员管理单位（图 4-5），并承担城市管理委员会办公室职能，正式编制 20 人，设主任 1 名，副主任 2 名，科级干部 8 名，科室 4 个（图 4-6），专门负责全市数字化城市管理工作。随后，又面向社会公开招聘 60 名信息采集人员，按照建成区面积，框定每人信息采集范围，由市城管监督指挥中心统一领导指挥，实现了信息采集队伍的专业化、正规化。

咸阳市公务员局文件

咸公局发〔2018〕2 号

咸阳市公务员局
关于咸阳市机关事务管理局等 7 个单位
参照公务员法管理的通知

市政府各有关部门：
　　根据陕西省公务员局《关于同意咸阳市机关事务管理局等 24 个单位参照公务员法管理的通知》（陕公局发〔2017〕74 号）精神，同意以下 7 个单位参照公务员法管理：
　　1、咸阳市机关事务管理局
　　2、咸阳市金融工作办公室
　　3、咸阳市军队离退休干部服务管理中心
　　4、咸阳市煤矿安全监控中心
　　5、咸阳市城市管理监督指挥中心

—1—

图 4-5　参公事业单位批复

咸阳市机构编制委员会办公室文件

咸编办发〔2017〕81 号

关于市城市管理监督指挥中心
内设机构的批复

市城市建设管理局（市城市管理执法局）：
　　你局《关于报送〈市城市管理监督指挥中心内设机构设置意见〉的报告》（咸城执函〔2017〕62 号）收悉。为加强内部管理，经研究，同意市城市管理监督指挥中心设置综合科、管理科、监督指挥大厅（热线服务科）、技术信息科 4 个内设机构，配备科级领导职数 8 名。
　　市城市管理执法局内设科室不再承担"12319"城市管理热线。

·4·

图 4-6　内设机构的批复

（二）建立高标准应用系统

　　咸阳数字城管总投资 3000 余万元，建设完成符合国家标准的数字化城市管理平台。系统搭建了无线数据采集系统、监督中心受理、协同工作、地理编码、大屏幕监督指挥、综合评价、应用维护、基础数据资源管理、数据交换等 9 大基础子系统；建立了"信息采集，案卷建立，任务派遣、处理、反馈，核查结果，考核评价"7 个高效闭合的业务流程。

另外，通过在重点地段采用监控视频、车载视频、感知设备等数字信息技术手段处理、分析、监管城市的部件和事件，形成了"科学化、信息化、标准化、规范化"的管理模式。

（三）强化经费保障机制

为了全力保障数字城管工作的顺利开展，由市级财政每年列支近 1000 万元，用于数字城管的日常管理、系统维护以及考核奖励。另外，在扬尘治理、全国文明城市创建以及市容环境整治等专项活动中，又根据预算随机增加经费投入，确保数字城管平台快速、高效运行，为广大人民群众营造良好的城市环境。

二、高位监督，倒逼数字城管落实到位

为了强化城管监督指挥中心的监管权威性，市政府在赋予其城市管理委员会办公室职责职能的同时，还制定颁布了数字城管工作考核办法，由城管监督指挥中心实施对各职能部门、各县市区数字城管工作以及市委市政府相关城市管理重点工作的高位监督考核。

（一）健全考核机制

市政府办公室分别制定出台了《咸阳市智慧城市数字城管工作考核暂行办法》（图 4-7）和《咸阳市加快建设智慧城市数字化城市管理平台实施方案》（图 4-8），明确指出由城管监督指挥中心对市住建局、城管执法局、市场监管局等 25 个职能部门以及 13 个县市区数字城管工作进行监督考核。

图 4-7　工作考核暂行办法　　　　图 4-8　城市管理平台实施方案

1. 部门考核

市城管监督指挥中心对部门的考核是按照"月排名、季奖评、年表彰"的方式进行，即每月由监督指挥中心按照案件办结的数量、质量进行综合考评，考核结果面向社会公布；每季度召开奖评会，总结成绩、查漏补缺、查找不足，并对季度综合排名末位的部门进行通报批评，情节严重的由主管市长进行约谈；每年年终由市委组织部会同城管监督指挥中心一起对 25 个职能部门进行年终目标责任制考核，考核结果实行加分制，对案件处置速度快、结案率高的部门最多可加 5 分。

2. 县市考核

对各县市的考核实行"一级监督、分级管理"的方式进行，即由市城管监督指挥中心对 13 个县市的平台建设维护状况、数字化案件办结数量以及办结效率进行综合考评，每半年进行一次，年终与市委组织部一并考核，结果纳入全市年度目标责任制考核范围，得分实行扣分制，对数字城管建设和管理工作不达标的最多可扣除 1 分。

3. 奖惩措施

市级财政每年列支 300 万元，对工作积极、结案率高的部门和县市区进行奖补，对重视程度不够、结案率低的部门和县市区由相关市级领导进行约谈问责。2018 年，电信部门因立杆损坏和室外通讯交接箱破损等问题未按期整改，年度月考核累计三次排名末位被市政府督查室问责，23 家渣土运输企业被集体约谈。

（二）强化协同机制

监督指挥中心作为城区城市管理工作的综合协调处理机构，承担着联通上下、协调左右、联系四方的信息共享作用，发挥指挥中心"城市大脑"功能。

1. 构建"一级指挥、两级监督、三级管理"管理模式

监督指挥中心作为一级平台，对市级责任部门，为公安、住建、城管、气象、生态环境等 25 个职能部门安装 VPN 终端，建设完成两级监督体系，形成了市、区（部门）、街办三级管理的上下互动模式，提升联合处置能力。对各县市区，统一建成数字化管理平台，管理信息与市城管监督指挥中心对接，实现了数据资源共享，城市管理"市县一体化"推进。

2. 建立联席推进会制度

通过定期不定期召开部门联系会的形式，统筹推进权责不清、推诿扯皮等城市管理过程中出现的疑难问题，探讨问题症结，形成联席会议纪要。比如对市区架空线缆"有人拉、没人管"的问题，指挥中心召开联席推进会，最终形成纪要，对能分清责任的由四大运营商进行归拢整治，对无主的乱线，由市住建局、市城管执法局进行兜底，杆线"乱象"得到有效治理，2018 年累计治理杆线 1500 余处。

（三）建立监管机制

聚焦全市大气污染防治、文明城市创建以及城区市容环境专项治理等重点工作，制定出台了《咸阳市区建设工地扬尘治理数字化监督管理实施方案》，将城区所有建设工地视频监控、扬尘在线监测数据以及渣土运输车辆北斗定位系统，全部接入数字化城管平台，并实施 24 小时在线监控，及时获取问题数据，信息案件交由职能部门迅速处理。

1. 工地视频监控

在城区 182 家建筑工地，安装 720 路视频监控（图 4-9）。重点对工地出入口冲洗作业、黄土覆盖、道路硬化、工地围挡、洒水抑尘、拉运车辆密闭运输等方面实施 24 小时全程监控。对发现建设工地管理不达标的问题，直接以信息案件的形式派遣到主管部门，依法进行处罚。2018 年派遣案件 1790 件，累计处罚近 1800 万元。

图 4-9　工地视频监控

2. 扬尘在线监测

对所有建设工地安装扬尘在线监测设备（图 4-10），与工地喷淋系统关联，当 PM10 数值超标时，喷淋设备自动开启，达到降尘目的。对 TSP 超过 $700\mu g/m^3$ 污染数值的建设工地，生成信息案件，交由职能部门处理，案件数量作为考核依据。

图 4-10　扬尘在线监测设备

3. 渣土车北斗定位

对全市注册的 41 家渣土运输公司车辆，统一安装北斗定位系统，对乱拉乱倒、不按规定线路（图 4-11）和时间行驶、超载超速等问题，交由城管执法部门处罚，2018 年累计处罚违章车辆 209 起，处罚 440 万元。

图 4-11　渣土运输车辆运行轨迹

三、创新模式，提升数字城管应用成效

在完善数字城管基本功能的基础上，不断创新数字化管理模式，拓展新领域，开发新功能，利用新技术，对城市管理中各类事件和部件实施全方位、立体式、"网格化"管理（图 4-12），每年采集有效案件达 13 万件以上，结案率近 90%。城市部件损坏现象明显减少，基础设施维护成本大幅降低，被职能部门和市民称作城市"大管家"。陕西广播电台《秦风热线》、咸阳电视台《咸阳新闻》、咸阳日报社等多家新闻媒体，就咸阳数字城管工作进行过专题采访和报道。

图 4-12　监管网格图

1. 案件处置扁平化

咸阳数字城管在运行过程中，不断完善运行机制，改进工作方法，对重点工作实行"总指挥点对点"的处置机制，形成了扁平化指挥系统。例如监督指挥中心为城区 13 个街道办事务以及部分城市管理部门的专业处置队、所，安装了 VPN 终端设备，针对一些道路溢水、井盖缺失、市政设施损坏等紧急案件，监督指挥中心可通过数字化管理系统，将案件直接派遣到街道办事处或市政管理部门的相关队、所进行处置，有效减少中间环节，达到

"直通车"的效果。同时，制定出台了"自行处置三十条"（图4-13），针对乱丢垃圾、张贴广告、井盖移位等简易问题，由信息采集人员自行处置，实行"简单案件随手做、举手之劳立即做"快速处置流程，既提高工作效率，又降低了处置成本。

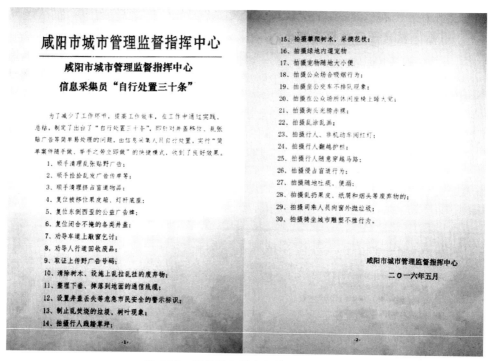

图4-13　信息采集员自行处置问题规定

2. "野广告"治理技术化

利用科技手段，开通"野广告"追呼系统（图4-14），对街面乱张贴、乱涂写、乱散发"野广告"等行为，采取搜集、拍照、取证的方法，实施"呼死你"处理，迫使违法者停止违法行为，或接受执法部门处罚，有效减少城市乱象。2018年共收集处理"野广告"4800余条，其中追呼730余条，接受城管执法部门处理151件，接受公安部门处理35件。

3. 物联网应用科学化

为了严控城市内涝，利用物联网技术，在立交桥安装了积水监测感应设备、视频监控以及积水检测显示大屏，当水位到达警戒线后，第一时间通过显示屏上的报警装置，提醒过往车辆和群众，同时向相关责任单位发布信息指令，做到及时防控，应急处置。在主要道路安装井盖异动感知设备（图4-15），当井盖造成移位或破损时，及时报警，实现市政设施远程实时监控，防止事故发生，促进城市管理由数字化向智能化迈进。

4. 无人机监控立体化

为实现城市管理全方位、多角度，我们购置了无人机，组建无人机编队，重点对城市屋顶乱搭乱建、建筑工地扬尘、生物质焚烧、城乡接合部垃圾乱堆、城市绿化覆盖情况及重特大事件处置等问题，实施空中追踪监管，弥补了人力监督不到位的问题。目前我们已利用无人机监控设备发现跟踪问题，实施重大拆违5起，处置建筑垃圾乱倒12起，同时对180家建筑工地扬尘治理实施常规化监管。

图 4-14　"野广告"追呼系统

图 4-15　井盖异动感知

5. 随手拍摄常态化

积极开展"随手拍"活动，对城区市民的文明和不文明行为实施常态化抓拍，并在《咸阳日报》、政府网站、微信公众号等新闻媒体上开设点赞和曝光栏目（图 4-16），以此来倡导文明礼仪，劝导和警示广大市民，自觉遵守社会公共秩序，培养良好的生活习惯，争做文明市民。2018 年累计采集文明与不文明行为案件 13282 件。在文明城市检查验收时，国家验收专家组给予监督指挥平台高度肯定，被咸阳市委市政府授予创建全国文明城市先进集体。

6. 为民服务便捷化

整合形成了全国统一的"12319"城市管理服务热线（图 4-17），与公安"110"互动，与 25 家责任单位热线统一连网，实现城市管理"一键通"。开通"咸阳全民城管"微信公众号，增设"公众参与"及"便民服务"专栏，发动群众，主动参与监督城市管理。2018 年共处理群众投诉 300 余起，问题有效处置率达到 100%。

7. 示范教学标准化

把数字城管平台作为大专院校教学示

图 4-16　全民城管随手拍

范基地（图 4-18），现场宣讲数字城管国家标准，实地进行案件信息采集操作，了解数字城管在现代城市管理工作中的作用和地位，通过理论与实践相结合地融会贯通，提升了在校大学生的认知水平，目前已有 200 名大学生进行实践培训，为培养城市管理专业人才提供了良好的教学平台。

图 4-17 "12319" 城市管理服务热线

图 4-18 教学示范基地

几年来，咸阳市数字城管坚持在探索中前进，在前进中创新，取得了显著成果，得到了省市政府和行业主管部门的充分肯定并获得许多荣誉称号（图 4-19、图 4-20）。

图 4-19 创建文明城市工作先进集体

图 4-20 三八红旗集体

今后，我们将继续坚持"高位监督"原则，按照咸阳市委市政府的总体部署，紧紧围绕"科学化、精细化、智能化"的工作方向，积极稳妥采用新技术，加快数字城管的智慧化升级，不断完善新体制，整合新系统，拓展新功能，实现新突破，寻求新发展，为进一步提高咸阳城市管理服务水平做出新贡献。

第五章

赣州市数字城管实践案例

（赣州市城市管理监督指挥中心　供稿）

专 家 点 评

赣州市是全国首批采用"一体化＋云"建设模式实施数字城管建设的城市，建设范围覆盖18个县（市、区）之多，有效地解决了县（市、区）城管部门缺乏技术支撑的瓶颈问题；避免了县（市、区）政府重复建设的资金投入；保障了市、县（市、区）数字城管平台的互联互通和快速联动。平台运行过程中采用的一体化管理机制、部件专项普查机制、案件自行处置机制，从源头统一规范了处置标准，集中清理了城市热难点问题，简化了案件处理办理流程，大幅提升了数字城管平台运行和城市管理工作效率。平台充分运用大数据技术将平台内海量数据进行分类处理、分析挖掘、查询检索，实现对案件、人员等全方位、多维度的大数据决策辅助分析，全面掌控全市城市管理运行状况，同时运用了热力图、聚类图和一系列图表对平台运行情况进行直观分析展示；平台充分运用智能感知技术，试点升级智能监控子系统、智能公厕子系统、油烟监测子系统、扬尘监测子系统，为今后更细致、更智能、更高效的城市管理工作打下了坚实基础。

一、基本情况

赣州简称"虔"，是江西省的南大门，是江西省面积最大、人口最多的设区市，总面积 39379.64km²，下辖 3 个市辖区、14 个县、1 个县级市、2 个功能区。赣州市城市管理监督指挥中心为赣州市城市管理局管理的副处级事业单位。自 2014 年 8 月正式运行以来，依托数字信息技术为平台，以管理网格为单元，按照"二级监督、二级指挥、三级督办、四级网络"的管理模式，发挥监督、指挥、协调功能，快速、稳步、和谐推动赣州市现代城市管理的发展。赣州市创新数字城管市县区一体化建设模式，为赣南老区各县提供了成熟好用的数字城管平台，既帮助各县市区顺利完成了数字城管系统建设和运行任务，又整合形成了市县区一体化数字城管平台。赣州数字城管基本情况见表 5-1 所列。

赣州市城市管理监督指挥中心基本情况　　　　　　　　　表 5-1

单位名称	赣州市城市管理监督指挥中心				
单位性质	事业单位	单位级别	副处级	隶属关系	赣州市城市管理局
人员编制数	24	现有人员数	15	建成投运时间	2014 年
内设机构名称	综合科		人员编制及现有人员数		7
	指挥科		人员编制及现有人员数		1
	技术设备科		人员编制及现有人员数		2
	督察考评科		人员编制及现有人员数		5

（一）负责研究拟订城市管理监督考评办法，建立科学完善的监督考评体系并组织督查考核。

（二）负责市数字化城市管理系统的规划、建设及管理；负责对本市城市管理全方位、全天候的即时监控，并对出现问题的处置进行指挥、协调和督办。

（三）负责全天候接听和受理公众对城市管理的投诉及咨询；负责各类城市管理信息的整理、分析，对城市管理工作中各有关部门履行城市管理职责进行指挥调度，对办理情况进行监督检查。

（四）负责领导和管理信息采集员、电脑操作员队伍。

（五）承办市委、市政府、市城市管理局（市城市管理行政执法局）交办的其他工作

二、打造数字城管"赣州模式"

赣州市数字城管监督指挥平台采取"一体化＋云"的建设模式，由市城管局牵头，按照"统一规划、标准规范、同步实施、费用分摊"的原则实施建设，如图 5-1 所示。建设范围覆盖全市 18 个县（市、区），面积约 391km²。数字城管监督指挥平台一体化建设模式有效地解决了以下几个关键问题：

赣州市人民政府办公厅

〔2017〕135 号

关于全市数字城管指挥平台
一体化建设的通知

各县（市、区）人民政府，赣州经济技术开发区、赣州蓉江新区管委会，市政府各有关部门：

根据中央、省、市城市工作会议要求，2017 年底，各地要建成数字化城管指挥平台；中共赣州市委、赣州市人民政府《关于深入推进城市管理执法体制改革改进城市管理工作的实施意见》（赣发〔2017〕10 号）要求，要"建立健全市、县相关部门之间信息互通、资源共享、协调联动的工作机制，形成管理和执法合力"。为落实中央、省、市会议和文件精神，确保各县（市、区）数字城管指挥平台能按住房和城乡建设部技术导则如期建成，经市政府研究决定，全市县（市、区）数字城管指挥平台采取一体化建设的方式，由市城管局牵头，按照"统一规划、标准规范、同步实施、费用分摊"的原则实施建设。

各县（市、区）要高度重视，统筹安排好项目资金，积极

做好与市城管局的协调配合，确保 2017 年底以前通过省住建厅的考核验收。市城管局要组织专门力量，做好项目规划设计，严格按照规范程序和时间节点推进项目建设，确保建设质量。市直相关部门要在项目立项、审批、招投标和经费保障等各个环节予以配合支持，提供绿色通道。

赣州市人民政府办公厅
2017 年 月 27 日

1　　　　　　　　　　　　　　　　　　　　2

图 5-1　关于全市数字城管指挥平台一体化建设的通知

一是解决了县（市、区）城管部门缺乏技术支撑的瓶颈问题。县（市、区）城管部门普遍缺乏对数字城管的清晰认知和建设保障的技术人才，要确保建设质量和运行维护的困难较大。

二是避免了县（市、区）政府部门重复建设的资金投入。若18县（市、区）单独建设，将分别开发18套管理软件，建设18间机房，通过"一体化＋云"的方式，避免了重复开发，大量的节省了设备采购、维护调试和周期性设备更新等带来的人工成本和采购费用。初步概算，赣州市数字城管平台一体化建设至少节省政府资金1.5亿元以上。

三是解决了市、县（市、区）数字城管平台互联互通的问题。统一建设有效地规范了数字城管平台系统架构、接口参数及功能标准，实现了全市数字城管平台系统互联、数据互通。同时，有助于顺畅对接其他职能部门信息平台，如公安天网平台、国土天地图平台、交警车辆信息平台等。

四是有利于市级数字城管监督指挥中心对县（市、区）级数字城管监督指挥中心的指导和监管。同时也为后期赣州市数字城管的智慧化提升和智慧城市建设奠定了良好基础。

三、强化运行管理机制建设

（一）五区一体管理机制

2018年7月，赣州市数字城管实行五区一体化管理，采集面积共166km²，日均案件采集量2100余件，中心城区行政区划如图5-2所示。五区一体化管理以来，共采集城市管理问题134.2万余件，立案派遣案件98.3万余件，结案61.3万余件；受理公众举报23198件；为赣州城市日常管理、公共服务和科学决策分析等方面发挥了积极作用。

图 5-2　赣州市中心城区行政区划

（二）部件专项普查机制

围绕城市管理热点、难点问题，充分发挥网格化管理优势，集中开展问题专项普查工作。先后配合市政、环卫、交警、管线等部门单位，对路灯缺亮、路名牌损坏、广告破损、行道树缺株、道路破损、井盖破损、管线乱吊挂、违章铁皮棚、卫生死角等问题进行了62次专项普查，发现各类城市管理问题5.4万余件，全部发函交办责任单位统一部署，批量处置，且跟踪办理，核查销号。这不仅为责任单位及时提供了整治决策依据，更集中清理了一批影响民生热点难点问题。

（三）案件自行处置机制

信息采集员在所属责任网格内对一些力所能及的城市管理问题自行规范处置。案件自行处置机制运行以来，很多细微的城市管理问题都能在第一时间发现后快速得到解决，大大缩短了案件处置时长，简化了案件处理流程，自2018年7月五区一体化正式运行以来，采集员共自行处置了各类城市管理问题23.7万余件，大幅提升了城市管理效率。如图5-3、图5-4所示。

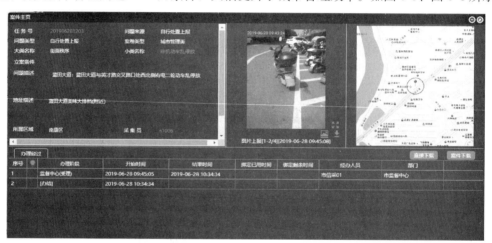

图5-3　自行处置案件

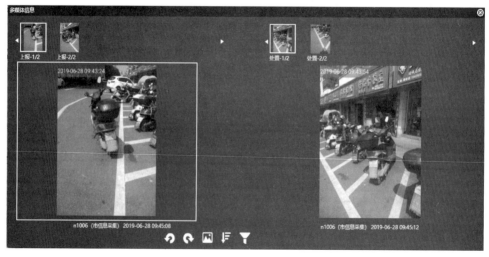

图5-4　自行处置案件前后对比

四、发挥一体化平台功能优势

(一)强化工地渣土监管

根据赣州市政府办公厅关于《中心城区渣土运输公司化管理工作方案》文件要求,为加强中心城区渣土运输管理,一体化数字城管监督指挥平台定制开发了工地渣土监管平台,目前已接入渣土运输车辆1274台。平台将车辆监管、工地定位、消纳场定位、路线规划、违章预警等集成至"一张图"上,同时接入公安天网视频12490路,辅助监控渣土运输车辆,实现了渣土运输全过程无死角监管。为更加高效的追踪和查处"抛冒滴撒"等违章行为,利用大数据分析,开发了"区域找车"功能,该功能可选定时间,在平台二维地图上框选违章路段区域,即能快速筛查出选定时间内经过该路段区域的所有渣土运输车辆,并可根据搜索结果,跟踪查看车辆运输轨迹,结合公安天网监控视频,辅助执法队员快速追踪查办。如图5-5~图5-7所示。

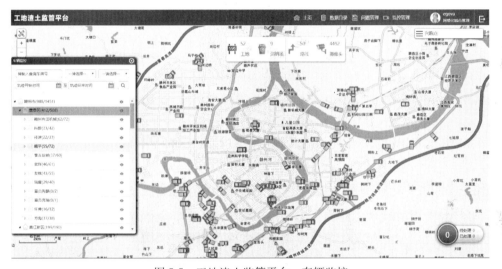

图 5-5 工地渣土监管平台—车辆监控

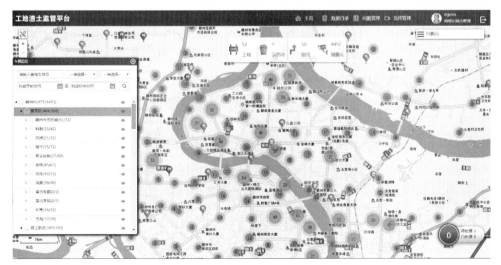

图 5-6 工地渣土监管平台—综合监管

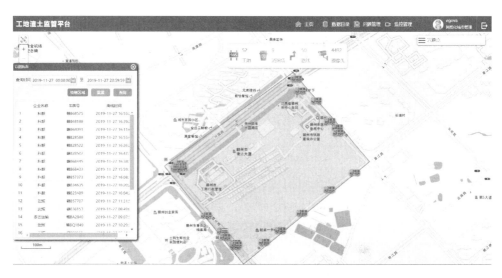

图 5-7　工地渣土监管平台—区域找车

（二）开展数字城管大数据分析和检索

为进一步提升市、县（市、区）数字城管监督指挥中心工作效率，在一体化数字城管监督指挥平台已有的查询功能基础上，通过运用 Elasticsearch、Kafka、Zookeeper、Canal、Docker 等大数据技术，将业务数据进行抽取、清洗、转换、同步至全文检索数据库，实时感知数据变化，建立索引，达到高速检索的目的，在实际工作中取得较好效果，工作针对性更强。如图 5-8 所示。

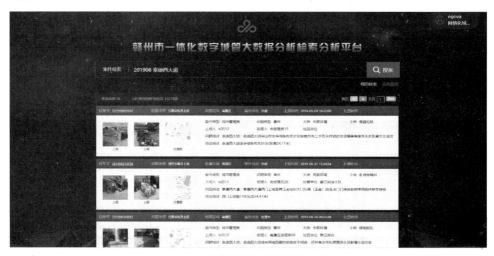

图 5-8　大数据分析检索分析平台

（三）直观地展示和分析运行大数据，提供辅助决策作用

为更直观地了解全市一体化数字城管监督指挥平台整体运行态势，运用大数据技术将平台内海量数据进行分类处理、分析挖掘、查询检索，实现对案件、人员等全方位、多维度的大数据决策辅助分析。涵盖综合运行、市区分析、市县分析、考核评价、信息采集员

监管、源头治理等主功能模块（图5-9～图5-15），全面掌控全市城市管理运行状况，同时运用热力图、聚类图和一系列图表对一体化数字城管监督指挥平台运行情况进行全方位分析。

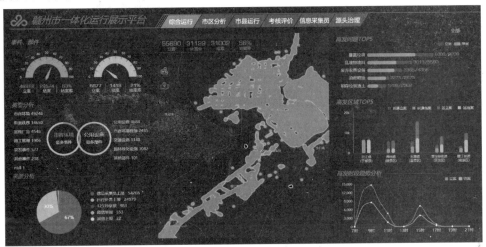

图 5-9　一体化运行展示平台—综合运行

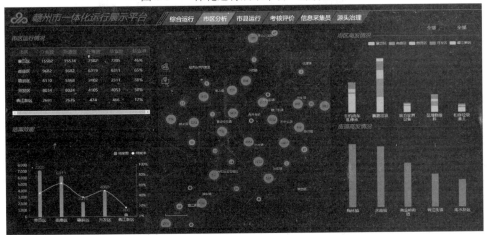

图 5-10　一体化运行展示平台—市区分析

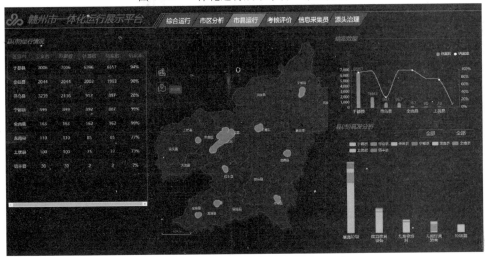

图 5-11　一体化运行展示平台—市县运行

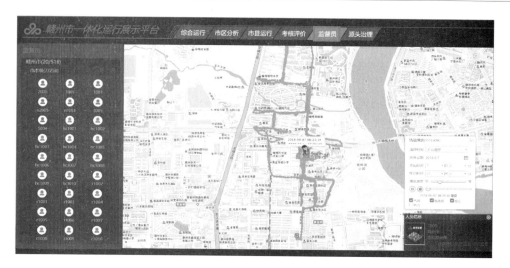

图 5-12　一体化运行展示平台—信息采集员监管

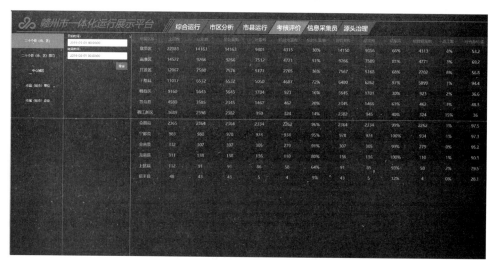

图 5-13　一体化运行展示平台—考核评价（一）

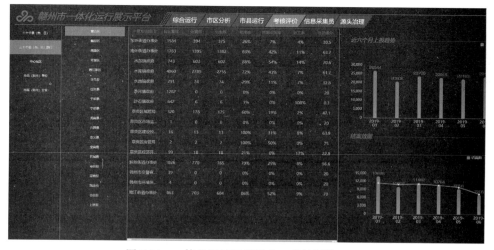

图 5-14　一体化运行展示平台—考核评价（二）

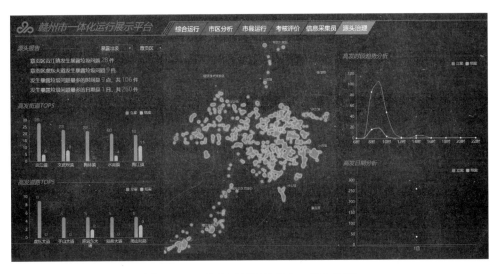

图 5-15 一体化运行展示平台—源头治理

(四) 增加了移动对讲功能,增强了指挥调度能力

为进一步提升城市管理应急调度能力,辅助执法队员应对执法过程中遇到的各种突发情况,基于移动终端 APP 上实现传统对讲机的实时对讲功能(图 5-16),并在此基础上实现了权限对讲、定位显示、智能分组、禁言管理等传统对讲机没有的功能,解决了执法队员需要独立配备对讲机设备的问题,同时也解决了传统对讲机覆盖范围小、电池续航差等问题。

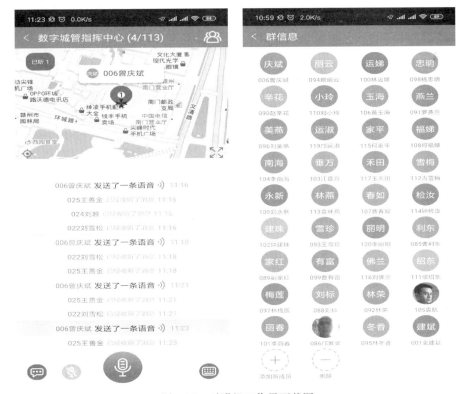

图 5-16 对讲机工作界面截图

（五）加强了对共享单车的监管

为加强、引导共享单车规范化、信息化管理，提高中心城区整体通行能力，减少共享单车对市民日常工作、生活的影响，提高市民出行的效率与满意度。一方面增强系统对共享单车监管功能（图5-17～图5-18），从数字城管系统及技术功能、市场准入、行业自律、控制总量、电子围栏定点停放、检查考核、纳入个人诚信等方面强化监管；另一方面，确定管理机制，于2018年5月出台了《赣州市中心城区共享自行车管理暂行办法》（图5-19），将此项管理工作纳入了赣州市一体化数字城管监督指挥平台实施监管，召集6家共享助力车企业和中心城区城管部门召开专项会议，全面推进数字城管系统对共享单车的监管工作，取得可喜成效。

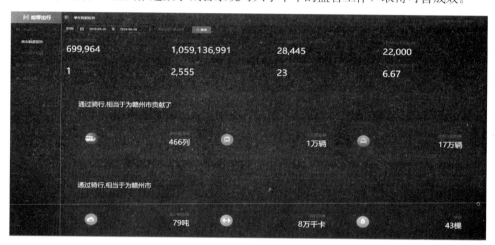

图5-17　共享单车—单车数据报告

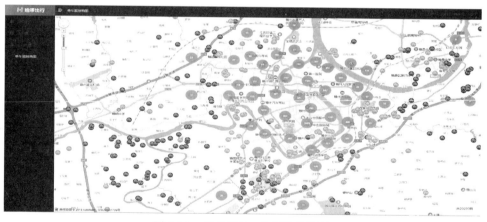

图5-18　共享单车—单车监控地图

五、开展数字城管应用升级试点

江西省为全国生态经济区，赣州市又是江西省十分重要的生态区域，对生态环境污染防治及生态环境监测显得尤为重要。因此，先行在章贡区进行一体化数字城管平台升级试点，升级功能包含视频智能监控子系统、智能公厕子系统、油烟和扬尘监测子系统。这些拓展子系统的应用（图5-20～图5-23），为赣州市环境污染防治工作的开始发挥了重要作用。

图 5-19　赣州市中心城区共享自行车管理暂行办法

图 5-20　智能监控子系统

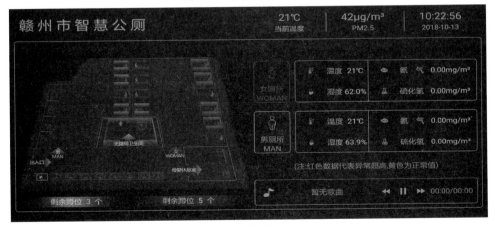

图 5-21　智能公厕子系统

图 5-22　油烟监测子系统

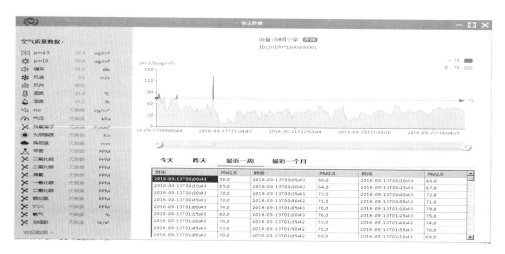

图 5-23　扬尘监测子系统

第六章

成都市锦江区数字城管实践案例

（锦江区城市管理数字化监督管理中心　供稿）

专 家 点 评

成都市锦江区以提升城市精细化管理为目标，强化数字城管专业队伍素质和能力建设，为系统高效运行和作用发挥起到了重要保障。通过建立市场化采集，有效提高了城市管理问题的发现能力。通过建立街道数字城管分中心，强化了街道办事处自我主动履职的能力。通过问题导向，建立突出问题"每周一推"工作机制，提高了城管重点、难点问题的整改处置效率。通过完善评价考核体系，强化高位监督，推动了各岗位环节工作的高质高效完成。

一、基本情况

锦江区是成都市区划调整后新设置的五个中心城区之一，自古"百业云集、市廛兴盛"，既有百年繁华春熙路，又有国际时尚太古里，既有品味遗韵水井坊，又有悠闲田园三圣乡，是全国商贸繁华区、全国平安建设先进区、全国文化先进区、国家生态区。区域面积62.12km²，辖16个街道（其中涉农社区3个）、89个社区。2018年末锦江区户籍人口为59.71万人，常住人口为70.83万人。

锦江区城市管理数字化监督管理中心于2007年6月全面建成并投入使用。2012年，为顺应城市管理转型升级的需求，锦江区启动数字化管理中心升级，通过深入调研大数据分析在城市管理中的应用和系统的建设，围绕"建一中心搭一平台"，全力推动"强系统全覆盖"，提升城市信息基础设施智能化水平，强化"精细化"管理能力，加快推动新一代信息技术在城市建设和管理领域的深度应用，打造数据融合中心，开发数据分析平台，实现跨部门、跨区域、跨层级、跨系统的数据交换与共享，全面支撑城市发展，增强城市综合管理能力，推动数字化城市管理范围横向扩张。锦江区数字化监督管理中心如图6-1所示。

图 6-1　锦江区城市管理数字化监督管理中心

二、主要做法

（一）网格化管理推动城市管理精细化

锦江区基于网格化管理理念，运用城市部件、事件管理法，将锦江区近 63km² 的监管区域，划分为 2607 个万米单元网格。根据属地实际情况，再编制工作网格，实现了监管面积网格化。同时，锦江区建立了 2398 个"天网"探头，在监控平台对锦江区整个城市道路、园林绿化、环境卫生和市容市貌等情况进行实时监控，特别针对周末、下班及节假日期间各类市容秩序问题易反弹时段，值班人员利用天网视频进行重点监控，发现问题及时派发、回复、快速响应，全时段保障，实现城市管理精细化。视频监控如图 6-2 所示。

图 6-2　运用天网视频实时监控全区情况

（二）市场化推动城市管理模式转变

2011 年底，锦江区在成都市中心城区中率先完成了信息采集市场化改革的招标任务，并于 2012 年正式开始进行数字化城管信息采集市场化运作。两家信息采集公司分别对全区 2607 个网格中的城市管理事件、部件正式实施全面监管，及时采集信息上报问题。数字化信息采集市场化的成功运作，监督员队伍由原来臃肿的 105 人精简到现在的 67 人，经过全方位的培训，人均管理网格数、上报案件数、有效立案数、按时核查数等方面逐年提高，2015～2018 年的稳定运行期，锦江区数字化城市管理监督员及时采集信息上报问题达到 200 万余件，年平均上报量达到 50 余万件，助推我区数字化城市管理工作朝着"科学、严格、精细、长效"管理方向迈进，得到市、区领导的充分肯定。

（三）分中心推动问题处置全覆盖

为加强城市管理和服务体系智能化建设，促进大数据、物联网、云计算等现代信息技术与城市管理服务融合，建设综合型城市管理数据库，推动形成"用数据说话、用数据决策、用数据管理、用数据创新"的城市管理新方式，从 2016 年初开始，锦江区积极推进 16 个街道办事处城市综合管理指挥系统平台建设工作。围绕"问题发现、动态研判、联动处置、责任监管"的闭合循环模式，通过建立"一库四系统"（即一个数据中心和公共服务管理、民生服务、网格化管理、城市管理等四个系统），实现街道管理区域网格化、数字化，实现街道辖区城市管理问题受理上的全时段、处置上的有据及时、解决上的监督有力。2017 年 3 月 29 日，锦江区街道综合管理系统平台建设通过验收，实现与市级平台的数据对接。

街道综合管理指挥系统平台不仅是信息数据汇集、整理、分析和研判的枢纽，也是街道网格化管理和服务的决策中心，同时还是加强社会管理，维护辖区安全稳定的数据中心和分析研判中心。街道指挥中心动态接受市、区数字化指挥中心下达的任务，及时收集来自辖区单位、物业公司、居民院落、城管队员、综治队员等反馈的信息，实现问题及时发现、统一受理、快速处置。自平台建成以来，各街道全面利用 APP 在线系统实现每月上报案件 2 万多件，属地管理更加科学化。街道综合管理指挥系统平台的充分运用，加快应急反应和处置能力，为"大联动、微治理"提供科学、分析依据。街道信息化管理服务中心如图 6-3 所示。

图 6-3　水井坊街道信息化管理服务中心

同时，针对城市管理涉及问题多、范围广的特点，"街道综合管理指挥系统"实现全覆盖后，通过信息资源共享、协同办公等方式，将分散在城管执法、规划建设、电力、通信等部门的管理职能进行有机整合，形成统一领导、分工明确的城市管理体制，打破"小城管"城市管理模式，建立涉及城管执法、市政设施建设和维护、绿化管理、环卫设施维护管理等多方面、系统化的管理模式，从制度上解决部门之间职责不清、多头管理、推诿扯皮的问题，实现部门管理效率"最大化"。街道综合管理指挥系统如图6-4所示。

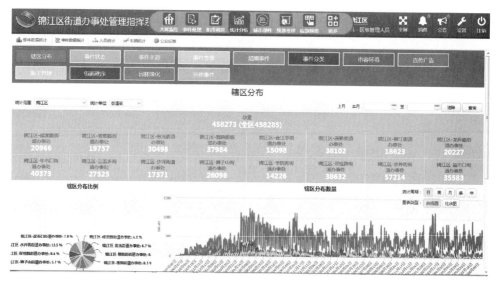

图6-4　锦江区街道综合管理指挥系统界面

（四）考评推动工作高质高效完成

一是强化对街道、部门的考核。进一步强化问题处置力度，有效运用绩效考核、电子监察等手段，将街道数字城管考核结果纳入全区城乡环境综合治理工作考评体系，制定并完善了《锦江区数字化城市管理工作绩效考核评价管理办法》，主要针对各街道、相关部门在数字城管系统派遣的城市管理部、事件类问题的处置、对各类投诉案件的受理和回复情况，以及在开展城市管理数字化工作中的统筹安排、责任落实等基础性工作的完成情况进行考核。二是强化对信息公司的考核。按照《锦江区数字化城管信息采集服务考核表》要求，分月、季度、年度对公司的工作成效进行检查监督，考核结果与经费挂钩。如发现公司出现人员不足、上报数量未达目标、漏报问题严重、核查超时率高等问题，按人头或按件数严格扣除运行经费，有效提升管理工作效率。三是强化对平台技术操作人员的考评。制定《锦江区数字化城管指挥监督中心平台技术操作人员行政管理制度（试行）》，严格首问责任制、打卡规范、业务学习以及请销假制度等，将工作责任落实到人头上。在日常工作中，要求定专人每日对上报的案件数量、质量和类型等方面进行查看和分析，工作业绩与绩效工资挂钩，有效调动平台操作人员工作积极性，提高工作效率。各级考核办法如图6-5所示。

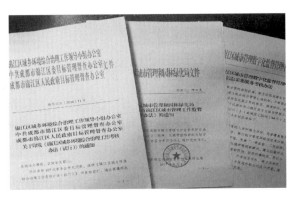

图 6-5　各级考核办法

三、特色亮点

(一) 微信公众号搭建沟通平台，全民参与城市管理

锦江区坚持"共建共治共享理念"，以数字化城市综合监管模式为基础，以"锦江城市管理"微信公众号为载体，建立"互动性、引导性、监督性"兼备的群众参与互动平台，提供公众举报、互动交流、群众评议等服务功能，加强沟通，增进互信，引导市民自觉参与到城市管理中来，共同维护城市秩序，逐步形成全社会各方共同参与城市治理的新局面，锦江区城市管理工作社会评价逐年上升。微信公众号推广活动如图 6-6 所示。

图 6-6　推广微信公众号，扩大群众知晓率

2017 年 12 月，"锦江城市管理"微信公众号群众反馈平台正式上线。市民发现身边涉及城乡环境综合治理和城市管理的问题（包括公共设施、交通设施、市容环境设施、园林绿化设施 4 大类设施问题，以及市容环境、宣传广告、施工管理、街面秩序、突发事件 5 大类事件问题），随手拍下问题点位照片，通过"锦江城市管理"微信公众号"我要反馈"入口提交举报、投诉或建议，锦江区数字化监督管理中心进行统一网络受理，在规定时限内派遣至处置单位。全区各有关部门和街道办事处工作人员利用数字城管平台终端认领案件，开展处置，由锦江区数字化监管中心向群众回复办理结果。市民可在案件办结后，对办理情况进行评价。

每一位市民群众都是城管监督员，全民参与的方式传达了"人民城市人民管"的理念，增强了群众参与城市管理的责任心。同时，每一位市民群众都是城市变化的感受者，通过这种互动评价的方式，搭建沟通交流的平台，实现"城市有变化，人民有感受"。

（二）高位监督与数据分析相结合，创新城市管理精细化

锦江区坚持问题导向，通过实行"每周一推"，实现了全方位发现问题、高效率处置问题、高质量解决问题，不断提升群众满意度和获得感。自 2018 年 6 月至 2019 年 8 月，锦江区共推送涉及全区 16 个街道办事处的环境卫生、市容秩序、广告招牌、市政设施等各类问题 380 件，全部整改完成，结案率 100％。

1. "三个渠道"，全方位发现问题

结合实地调研、分析研判等方式，将高位监督、一线监督同步推进，实现问题发现全方位、全覆盖。一是分管区领导、局班子成员通过"行走成都·精细管理"日常巡查（图 6-7），发现一批辖区内存在的典型问题。二是区环卫监督中心结合日常巡查督查，总结推送辖区范围存在的突出问题。三是数字化监督管理中心通过对平台数据的分析研判得出近期高发的典型问题和群众投诉反映强烈的突出问题。

图 6-7　区领导带队开展"行走成都·精细管理"日常巡查

2. "每周一推"，高效率整改问题

每周一，锦江区数字化监督管理中心结合辖区实际情况和近期重点工作，从前期发现的问题中筛选出最具代表性的 10 个典型问题，由分管区领导通过微信群、QQ 群进行推送，要求街道办事处和区级部门限时三天整改回复并建立台账。街道办事处和区级相关部门积极联动，齐抓共管，力争在规定时限内完成问题的整改。对情况复杂、确需协调多个部门、规定时间内无法整改完成的问题，由属地街道办事处在调查研究后，形成情况报告经街道主要领导签字后，报区环治办备案，并明确整改时限，按时完成整改。如图 6-8 所示。

3. 复查通报，高质量解决问题

每周四，区环卫监督中心以不定时间、不打招呼的形式对各街道办事处"每周一推"问题的整改情况进行复查。区环治办将"每周一推"问题的整改情况纳入环治考核内容，对问题整改不到位、整改标准不高的街道办事处进行通报（图 6-9），并扣减当月环治考核分值。对整改不彻底、反复多次出现相同问题的点位，作为线索上报纪检监察部门。通过这种方式，不仅提高了问题整改的效率和质量，而且有效调动了各单位的积极性，促进他们举一反三，主动排查整改问题。

图 6-8　区领导在微信群推送"每周一推"问题

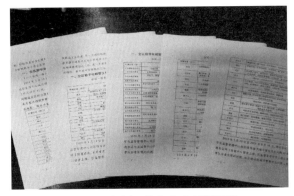

图 6-9　"每周一推"突出问题通报

（三）整合多方资源，实现精准定位和快速处置

依托现有的视频资源，进一步整合公安"天网"系统、现有的环卫保洁车辆 GPS 监控系统（图 6-10）、"智慧公厕"、河道视频监控等与城市管理息息相关的视频、数据资源，建立服务于城市管理工作的综合视频网络系统，为智慧城管建设提供基础保障。同时，锦江区每月强化对数字化监督管理中心各项数据的分析研判和点评，运用数据说话，科学、高效地进行考核和监管，形成数字城管专报（图 6-11），呈报区领导，为领导处理城市管理问题、解决热点难点问题提供有效参考。

2018 年，锦江区通过"天网"探头，不定时巡查环境卫生和街面秩序等情况，全年巡查频次达到 15 万余次，视频监控发现并受理（含市转发视频案件）达 1.8 万件；在河渠长效管理中，利用 12 条河道两侧的 17 个视频监控摄像头，对河道水系状况、河道排污口治理、防汛期间水位情况的实时巡查和监控（图 6-12），确保河道畅通及汛期安全；在街道长效管理中，利用天网视频对街道办城市管理分中心在岗人员不定时巡查点名，并对平台运行情况实时抽查，提升考核的快捷和科学性水平；试点建立"智慧公厕"平台，通

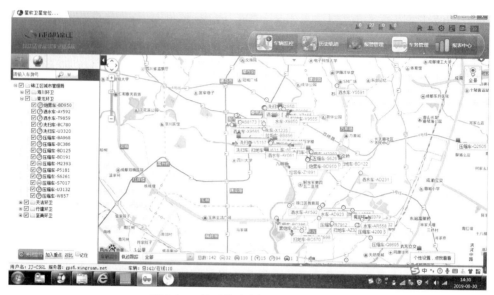

图 6-10　环卫保洁车辆 GPS 监控系统

图 6-11　《锦江数字城管简报》

过相关传感器技术采集、统计、分析公厕运营过程中产生的数据，做好日常维护管理，保证公厕环境的清洁卫生。另外，中心还充分发挥天网视频发现问题的快速性，对我区 71 座 24 小时开放型公厕周边进行巡视巡查，发现问题，及时通过指挥对讲系统呼叫处置单位，实现城市管理问题的精准定位和快速处置，保障我区城市管理工作的常态化开展。

图 6-12　监控河道情况形成汛情报告

（四）强化队伍建设，团队素质过硬、凝聚向上

人才队伍是数字城管高效运行的基本保障。锦江区委、区政府高度重视数字城管工作，精心挑选业务能力强、综合素质过硬的干部任数字化监管中心主任，积极发挥中心主任"领头羊"作用，提升团队整体实力。一方面，坚持"外强形象、内强素质"的理念，提高数字城管管理人员、平台操作员、信息采集员业务能力，强化专业技能。着力对平台操作、视频监控、信息采集、投诉办理进行专业素养培训，做到培训工作常态化，并对实际培训效果进行现场考核检验，如图6-13所示。通过开展各类岗位业务技能大赛，评选业务标兵，以赛促训，以标兵示范作用带动业务水平提升，稳步提高数字城管常态监管能力。另一方面，不断强化队伍思想、作风、团队、文化建设。通过开展团建活动、青年志愿服务活动、爱心助学活动等，增强团队凝聚力的同时，积极弘扬社会公益理念，如图6-14所示。

图6-13　开展业务培训　　　　图6-14　团队建设参观战旗村

下一步，锦江区将继续创新城市管理理念，整合信息服务资源，拓展数字化信息应用系统功能，延伸服务区域和覆盖范围，按照高位监督、高位协调、高位考核体系，遵循"大民生、大平台、大服务""共建共治共享"的思路，以"绣花"功夫推进数字城管精细化、有序化、智能化水平，助力数字化城市管理工作纵深发展。

第七章

杭州市余杭区数字城管实践实例

(杭州市余杭区城市综合管理指挥中心　供稿)

专家点评

　　杭州市余杭区数字城管经过近十年的实践与探索，率先在全市范围内实现数字城管建制镇全覆盖。形成了一套以临平城区为主，组团中心镇（街道）带动周边镇（街道）发展的数字城管运行模式："区级"平台"一级监督、一级指挥"，"镇街"平台"一级监督、两级指挥"。"扁平化"管理，降低了管理成本，有效促进问题及时解决。为加快推进新技术在城管领域的应用，该区通过科技企业进驻平台，以"数据换技术""技术换市场"的方式，形成以管理需求为导向的集研发、应用和推广为一体的科研管理新机制。目前借力"云上城管"，将"数字城管"视频监控网和共享专网监控点资源进行融合，实现市容秩序、环境卫生、市政设施、园林绿化等城市公共设施，以及城市管理突发事件、防汛抗台防冻等应急作业动态管理。通过搭建的犬类监管平台，不仅实现市民犬证办理"不用跑"，还可通过有源 RFID 电子芯片项圈，实现对养犬行为全方位、全过程监管。开发的垃圾分类信用管理平台，可以使垃圾来源精准到户，大大提升垃圾分类的质量。现代技术助推余杭区城市管理向精细化、动态化和人性化方向转化，成为"美丽余杭"建设数字城管运行模式一道靓丽的风景线。

一、余杭区概况

　　余杭区位于杭嘉湖平原南端，西倚天目山，南濒钱塘江，中贯东苕溪和大运河，从东、北、西三面拱卫杭州主城区，交通区位优越，是皖、苏、沪入境杭州的必经之地，区域面积东西长约63km，南北宽约30km，下辖 6 个镇、14 个街道、2 个管委会，截至2018年年底共有户籍人口 109.86 万人。同时近年来余杭区经济实力得到了大幅提升，2019年上半年余杭区生产总值1170.05亿元，同比增长 9.0%，财政收入首破 500 亿，在全省排名第一。

随着城市市容环境的不断提升、基础设施更高水平的互联互通、人民生活水平的日益提高，对城市管理提出了更高的要求，需要余杭区城市管理工作对标一流、促进城市精细管理提档升级，助推"全域美丽"建设。

二、统筹规划，多方联动，数字城管稳步推动

1. 适时拓展数字城管覆盖范围

将城市管理信息采集、管理融入当地社会治理网格，互为补充，2009 年 9 月余杭区在临平开展了"数字城管"试运行工作，经过近十年的实践与探索，率先在全市范围内形成了一套以临平城区为主，组团中心镇（街道）带动周边镇（街道）发展的数字城管运作模式。有效形成了"一级监督、两级指挥"的管理方式，"区级"数字城管采用区级平台统一受理、统一派遣的模式，而"镇街"数字城管采用区级平台统一受理，镇级平台分级派遣的模式，既整合了资源，又利于问题的及时处置。实现了覆盖面积的不断扩大，目前已在临平街道、南苑街道、星桥街道、余杭街道、塘栖镇、瓶窑镇、五常街道、良渚街道、径山镇、未来科技城、乔司街道、崇贤街道、仓前街道、临平新城、余杭经济技术开发区（东湖街道）、运河街道、闲林街道、仁和街道、中泰街道等 19 个镇街（平台）实施了数字城管，覆盖面积已达 136.965km²，此外今年还将完成黄湖镇、鸬鸟镇、百丈镇数字城管建设工作，实施数字城管在余杭区建制镇的全覆盖，如图 7-1 所示。

图 7-1　数字城管覆盖范围

2. 多部门协作保障城市管理问题有效解决

根据余杭区数字城管数据运行统计，2018 年数字城管涵盖了 156 类事部件（部件 82

类，事件 74 类），为事部件都能得到及时有效地解决，成立了区"数字城管"工作领导小组，由区主要领导任组长，切实发挥"指导、监督、协调、考核"职能，及时研究解决城市管理中的重大问题，制定余杭区数字城管的有关制度、规范、标准，形成了纵横衔接、高效运行的管理协调机制，为推动数字城管工作提供了坚实的组织保障。此外各属地镇街结合辖区实际，也成立了镇街数字城管工作领导小组，制定辖区实施运行办法。同时除 19 个镇街外，将全区 22 家单位纳入数字城管网络单位，并借助数字城管系统平台，明确工作职责、处置时限和处置标准，使城市管理由过去的"垂直管理"变成"扁平管理"，降低了管理成本，使城市管理问题得到有效解决。2016～2018 年度累计完成数字城管案卷 405237 件，问题及时解决率达到 99％以上，如图 7-2 所示。

图 7-2　数字城管三年案卷量

3. 加大考核力度提升处置实效

根据杭州市数字城管考核（考评）文件精神和数字城管考核结果将纳入市委市政府对区委区政府考核、城市管理目标考核、《杭州日报》月度排名公告和年度评优等要求，余杭数字城管每年都不断完善和制订余杭区"数字城管"考核评价办法，对区级"数字城管"网络成员单位和镇（街道）数字城管分别设定考核指标，并在每月通过简报公示结果的基础上，通过《余杭晨报》将季度考核成绩进行通报，并将考核结果纳入年度综合考评和城市管理目标考核。研究制定了《余杭区数字城管工作经费考核补助办法》，区财政从 2015 年起，在城市管理补助资金中统筹安排 100 万元作为全区数字城管工作补助资金，以数字城管年度综合考核成绩排名和问题处置量为依据，对年度问题及时解决率达到考核目标要求的独立派遣的镇街（相关平台）以及相关企业，分三个等次进行一次性奖励补助，如图 7-3 所示。

4. 线上线下互联服务民生实事

目前，余杭区"数字城管"通过电信全球眼以及华数网络视频监控专门在临平各主要路段设置 284 个"数字城管"视频监控网点，并通过专网共享了全区近 5000 个监控点资源，将市容秩序、环境卫生、市政设施、园林绿化等城市公共设施及城市管理突发事件、防汛抗台防冰冻等应急作业等纳入动态管理，同时通过对城市管理重点区域、重要路段进行全方位实时监控，许多违章行为"尽收眼底"，为中队快速发现违章行为、实时跟踪事件处理进展提供了有力支持，让城市管理变得更加精确、高效。此外围绕城市管理重点，强化专项普查，定期对采集信息进行梳理分析，每天对镇街问题发生最多的类别和道路进行排序，并及时反馈镇街，为各镇街路长提供第一手管理数据，不断提高数字城管综合运行效率和各类城市管理问题信息收集的能力，进一步助推城市管理精细化，2019 年以来共开展专项普查 161 次，普查问题 17970 个。指挥大厅及视频监控如图 7-4 所示。

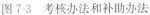

杭州市余杭区数字城管工作领导小组办公室文件

余数字城管〔2019〕3号

关于印发《余杭区2019年"数字城管"
考核办法》的通知

各镇人民政府、街道办事处、区直有关部门：
　　现将《余杭区2019年"数字城管"考核办法》印发给
你们，请认真贯彻执行。

杭州市余杭区数字城管工作领导小组办公室
2019年4月16日

余杭区2019年"数字城管"考核办法

杭州市余杭区数字城管工作领导小组办公室文件

余数字城管〔2015〕4号

关于印发《余杭区"数字城管"工作经费考核
补助办法》的通知

各镇人民政府、街道办事处、区直有关部门：
　　现将《余杭区"数字城管"工作经费考核补助办法》印发给
你们，请认真贯彻执行。

余杭区"数字城管"工作经费考核
补助办法

图7-3　考核办法和补助办法

图7-4　指挥大厅及视频监控

三、创新思路，智慧升级，积极打造云上城管

优化云上"数据城管"系统，聚智"城市大脑"，积极打造服务平台、建立监管、管理平台、完善执法平台。

1. 率先在全省推出"十分钟违停提醒"

在全省最先试行了违停10分钟短信提醒和引导的措施（每月仅一次），执法队员发现违停车辆，通过安装在单兵设备中的APP对车牌进行识别后，通过定位获取周边500m范围内空车位信息，后台系统会发送一条违停提醒短信至车辆登记联系人，告知车主其车辆目前处于违停状态，请于10分钟内驶离，否则将会按照相关法律法规进行处罚，并附空车位信息和导航链接。车主在收到提醒后如未在规定的时间内驶离，队员通过"执法通"对违停行为进行处罚，同时数据城管系统可实时查看违停车辆的车牌、违停地点和时间，如图7-5所示。自系统上线以来，路面巡查累计发现违停案件437768件，经违停提醒后驶离267527辆次，驶离率为61.11%。相比传统的贴罚单模式，信息化违停处理系统集提醒、引导、处罚相结合，疏堵结合的执法体现人性化、亲民化的工作理念，此外进一步提高了公共泊位利用率和队员的工作效率，信访数量较前期明显下降，违停系统如图7-6所示。新华社、澎湃新闻网、浙江日报等中央及省内外60余个网络媒体对该做法均进行了正面报道。《浙江日报》两次刊登评论文章"治理违停立规矩也讲人性"，充分肯定了余杭区这一创新举措。

图 7-5　违停手机端照片

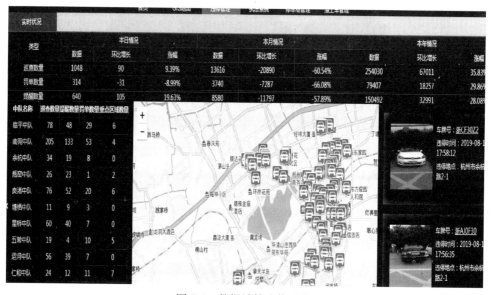

图 7-6　数据城管违停系统

2. 建立城市管理基础信息库

通过"执法通"，队员对城市管理范围内的基础信息进行采集，目前信息采集系统已开放 6 个子模块，分别为沿街商铺、建筑工地以及公厕、监控点位、停车场、中转站信息采集，其中沿街商铺信息采集 14780 个、建筑工地 148 个、公厕 468 个、监控点位 266 个、停车场 2 个、中转站 27 个。通过上述基础信息的采集，在系统后台可将这些城市组成要素在一张地图上进行展示，逐渐实现城市虚拟化，如图 7-7 所示。

3. 完善综合执法系统

综合执法系统导入了权力阳光系统 1400 余项执法事项，自由选取法律条款，实现了文书电子化；队员在违法现场可以通过执法通进行拍照取证，打印相关执法文书，对违法当事人的信息进行录入或通过定位选取信息采集系统数据，以短信的形式告知当事人的违法行为和整改期限；队员在一线执法的同时系统后台生成案件的信息、案件的处理进度，并对当事人的违法行为进行记录，联动基础信息采集系统，形成"城市管理信用记录"；同时该系统也对每个中队，每位队员的工作进行了量化，截至目前已经形成管理事项158351条。综合执法系统如图7-8所示。

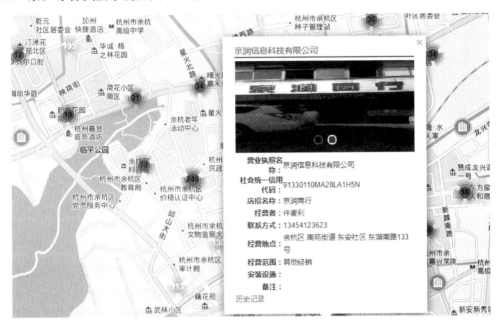

图 7-7 信息采集系统

图 7-8 综合执法系统

4. 建设停车场（暂扣车辆）管理系统

该系统主要为了对中队查处暂扣的涉案渣土车辆进行信息化管理，目前余杭区已有12家定点暂扣车辆的停车场。为进一步规范对暂扣车辆的执法行为，在采取行政强制措施进行查封扣押时，需要由执法队员和第三方停车场管理员以及当事人三方共同对违法车辆的暂扣和发还进行确认；后台系统实时对暂扣情况进行登记、更新，便于相关科室进行督查考核。查封暂扣期限与权力阳光系统对应，停车费用的支付与系统对应，截至目前入库车辆 2188 辆。停车场管理系统如图 7-9 所示。

序号	车牌号	当事人	车型	暂扣理由	执法中队	经办人	停车场	暂扣时间
1	浙A7A3E6	王庆朋	轻型自卸货车	未将装修垃圾运至指定消纳场所	物流中心中队	张嘉宾	余保良渚（立早）停车场	2019-08-15 18:51:13
2	浙AR06C06	李園	轻型自卸货车	未将装修垃圾运至指定消纳场所	未来科技城中队	沈宏韬	杭州航达道路清障服务有限公司	2019-08-15 18:41:33
3	浙A8M653	马恩成	重型自卸货车	无准运证运输工程渣土	临平新城中队	沈林涛	星桥街道印花埝停车场	2019-08-15 16:29:13
4	粤0930127	从蕾蕾	重型自卸货车	无准运证运输工程渣土	仁和中队	俞其洪	塘栖停车场	2019-08-15 11:33:45
5	浙E29766	浙E29766车主	重型自卸货车	无准运证运输工程渣土	仓前中队	何忠华	杭州航达道路清障服务有限公司	2019-08-15 01:11:55
6	浙E25215	浙E25215车主	重型自卸货车	无准运证运输工程渣土	仓前中队	何忠华	杭州航达道路清障服务有限公司	2019-08-15 01:09:20
7	浙E3735	浙E33735车主	重型自卸货车	无准运证运输工程渣土	仓前中队	何忠华	杭州航达道路清障服务有限公司	2019-08-15 01:06:50
8	浙E3579	浙E35739车主	重型自卸货车	无准运证运输工程渣土	仓前中队	何忠华	杭州航达道路清障服务有限公司	2019-08-15 01:03:43

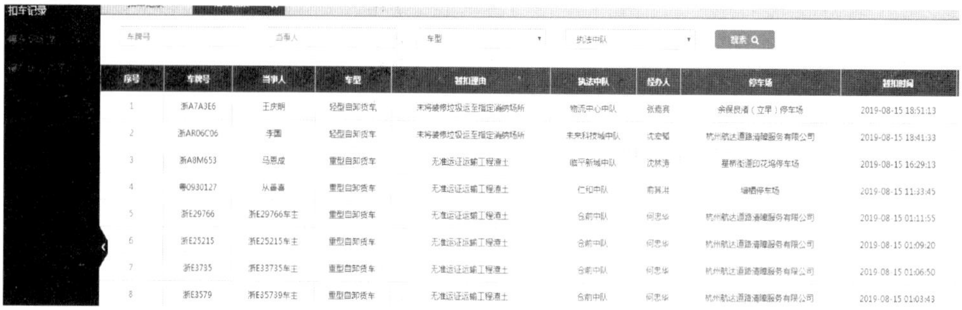

图 7-9　停车场（暂扣车辆）管理系统

5. 犬类线上监管系统

以百姓需求为核心构筑自助服务平台，犬主只需微信关注余杭城管微信公众号，进入便民服务中的犬证申请菜单，与手机号码绑定后，在家填写养犬人及爱犬的基本资料，经社区、街道和审批窗口审核通过后缴纳犬证管理费用，便可以享受犬证邮寄到家的服务，实现犬证办理“一次都不用跑”，自 2018 年 11 月上线以来已有 1090 人申请。同时，配套开发了犬类管理线上监管系统（图 7-10），养犬人办证时附送的项圈中配备 RFID 芯片的电子狗牌，既能帮助犬主找到走失的犬只，也能规范遛犬行为。如果犬主在禁止遛犬的时间段出户遛犬，将触发基站信号，启动自动报警，系统将自动推送一条短信给犬主，告知其违规遛犬的行为并提醒正确遛犬时间段和地点以及文明养犬的小知识。

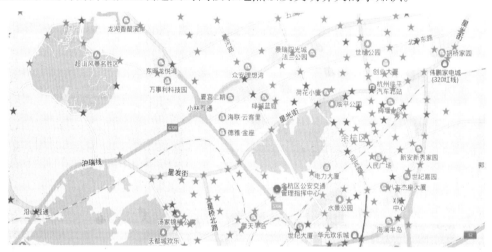

图 7-10　犬类监管系统（星号为基站）

6. 智能分析建立渣土车疑似偷倒系统

建立了集审批、实时监控、预警于一体的工程渣土管理系统及工程渣土车辆监控平台，与阿里城市大脑项目合作，引入最新数据算法，运用数据建模。利用渣土偷倒时 GPS 轨迹出现的多车辆折返、短时间停留的行为分析，智能判断疑似偷倒行为，生成疑似偷倒点（图 7-11），前期通过轨迹分析查获了海宁、余杭周边偷倒建筑垃圾的团伙，截至目前共分析报警 27 批次 151 辆次。通过视频监控、轨迹分析倒查固定证据，查处车辆 41 辆。

图 7-11　渣土车疑似偷倒系统

7. 开发"垃圾分类信用管理平台"

为进一步推进生活垃圾分类覆盖、深挖减量潜能，努力打好垃圾治理攻坚战，着力推进量化、精细化管理，余杭区城管局牵头建设了垃圾分类评价平台，对接各镇街的生活垃圾分类巡检数据，统一制定了生活垃圾分类巡检打分标准，将打分结果以短信推送告知，实现精准入户宣传、管理、执法，督促居民提高垃圾分类的准确率，逐步建立垃圾分类个人评价体系。同时，通过该评价系统，对街道、社区、小区、苑、幢、单元进行多层级排名，实现对垃圾分类工作的量化考核；此外在处置端通过接入湿垃圾处置点智能称重设备数据，全面了解全区生活垃圾处置情况和处置能力，加强对生活垃圾的全流程监管，如图 7-12 所示。该系统自 2019 年实行以来已覆盖 19 个街道、176 个村社、351 个小区、37 万余名业主。

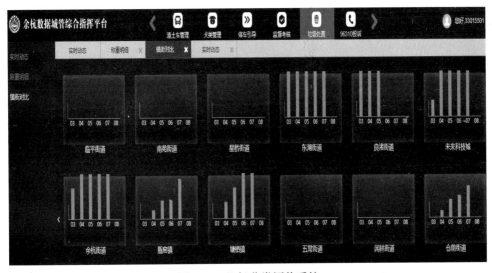

图 7-12　垃圾分类评价系统

8. 试点 AI 视频巡逻

在违停查处系统、综合执法系统的基础上，进一步完善运用人工智能开展视频巡逻，在南苑街道南大街试点 AI 视频巡逻，开启了余杭区城管执法领域"机器换人"新征程。

该视频巡逻功能由阿里巴巴团队研发的余杭区城市大脑智慧城管模块实现，充分利用现有的监控摄像头进行视频画面算法分析，自动抓拍南大街预设范围内的人行道违章停车行为，推送至区城管局"信息化违停系统"，同时向车主发送人行道违停提醒短信及附近可用泊位信息，督促车主自觉改正违法行为。若10分钟后系统再次发现同一车辆违章停车，将向附近的城管执法队员推送执法任务，要求队员快速前往查处该车违法行为。该巡逻系统在南大街重点路段试行以来，共巡查发现违停行为669起，发送提醒短信后，439起违停行为当事人自动整改（预警整改率约65.6%）。

接下来，余杭区将继续深挖智慧城管的技术功能，进一步推进城市管理智能化，提高城市管理精细化水平，利用信息化手段，积极打造优化管理平台、服务平台、监管平台、执法平台，实现数字城管质效并举，城市管理数据化监管有据可依，让信息多跑路，让市民少跑路，助力"最多跑一次"的浙江省政务服务改革目标。

第八章

宁波市鄞州区数字城管实践案例

（宁波市鄞州区智慧城管中心　供稿）

专家点评

宁波市鄞州区依托智慧城管工作机制构建起"全域覆盖、城乡一体、一网联动"的城市管理工作协同运行网络，充分发挥智慧城管中心"协同调度、考评监督、应急指挥、信息服务"的功能，全面推进城市精细化管理，努力构建省内"覆盖范围最广、反应速度最快、管理标准最高"的城市综合治理体系，打造走在全省前列、争创全国一流的品质城市。鄞州区智慧城管运行机制健全，制度保障完善，技术创新突出，队伍建设有力，积极构建"智慧＋"管理模式，走出了城市管理工作的新路子，很好地践行着"实干、担当、奋进"的新时代鄞州精神，成为了宁波市乃至浙江省智慧城管工作的发展急先锋。

一、鄞州区概况

鄞州区地处中国长江三角洲南翼，浙江省东部沿海，是计划单列市宁波市的核心城区。2016 年 9 月，宁波市经国务院批准调整行政区划，将奉化江以西的 9 个镇乡（街道）划归海曙区管辖，奉化江以东区域与原江东区合并，成立为新的鄞州区。目前，鄞州区下辖 9 个镇、12 个街道办事处，区域总面积为 814.2km²，户籍人口 84 万人。市行政中心、东部新城、南部新城等 CBD 商圈及多个重要交通枢纽均坐落于此，鄞州区已经成为宁波市新的行政中心、经贸中心、科教中心。

2018 年，鄞州区实现全年地区生产总值 1780 亿元，位居全市首位、全省第三。2019 年，鄞州区提出开展"重大项目攻坚年、改革深化突破年、基层治理创新年""三个年"活动，实施"项目大攻坚、产业大提升、动能大转换、改革大突破、空间大拓展、品质大提档、作风大提振""七大行动"计划，凝心聚力"二次创业"再出发，全面推进高质量发展、建设高品质强区，打造政治生态好、经济生态好、社会生态好、自然生态好示范区，力争高水平全面建成小康社会，跻身全国一流强区最前列。

二、鄞州区智慧城管建设情况

鄞州区智慧城管中心于 2012 年 4 月正式启动运行，在宁波市行政区划调整后，与原江东区智慧城管中心合并成为新鄞州智慧城管中心，是鄞州区综合行政执法局下属公益一类事业单位，行政副处级，内设综合科、业务科和信息技术科三个科室，拥有 150m² 指挥大厅一个，大屏 18m²，各类移动终端约 350 台，摄像头约 700 路（其中自建 250 路）。指挥大厅设指挥长 1 名、值班长 3 名，其余坐席员每月轮流排入平台立案岗、派遣岗、结案岗和热线受理岗，采取"白＋黑"24 小时值班制度，全年 365 天不间断运行。

按照宁波市统一部署，鄞州区智慧城管中心采用网格化管理方式，根据《宁波》市统一部署，鄞州区智慧城管中心采用网格化管理方式，根据《宁波市智慧城管道路分类管理立案、结案标准与规范》对城市管理事部件问题进行上报和处置，使用"宁波市智慧城管平台"进行信息流转，并接受市级监督。其中，区信息采集员负责对网格内的城市管理事部件问题进行巡查上报，区中心坐席员负责对上报至平台的问题进行立案审核、派遣流转及核查结案，市中心坐席员负责最终的结案审查和确认，市考评员负责对各区问题上报漏报情况进行监督，形成智慧城管平台工作闭环。如图 8-1 所示。

2018 年，鄞州区智慧城管中心共流转处置平台案件约 32 万件，解决率 100％，及时解决率 99.46％，受理市民热线投诉 17355 起，另外，办结市"行走甬城"专项行动督办案件 10291 起，办结区"鄞领城事"专项行动案件 14489 起，各项业务指标位居市六区前列，并先后于 2014、2015、2016、2018 年四次捧得宁波市智慧城管行业评比最高荣誉——"智慧城管杯"；2013～2018 年连续六年被评为浙江省数字城管工作先进集体；先后被授予省级巾帼文明岗、宁波市城管系统文明示范窗口和市级青年文明号等荣誉称号。

三、鄞州区智慧城管主要工作做法

（一）丰富信息采集手段，为城市精细化管理搭载"高清扫描"

1. 信息采集渠道多元化

将智慧城管专业信息采集和行业管理单位养护巡查、街镇属地管理自查及外部公众监督等多个领域结合起来，统一通过智慧城管中心进行问题汇总和处置流转，建立起智慧城管采集网、行业管理网、属地职能网和公众监督网"四网"叠加的快速发现城市管理问题机制；同时，利用视频监控、人工智能等手段丰富信息采集渠道，更智能、更广泛、更全面地完成信息采集工作。

2. 扩大采集视野和采集类别

按照城市精细化管理标准，结合宁波市城乡环境综合整治工作要求，不分网格内外，将采集触角延伸至公园、广场、小区等物业管理区域，以及城中村、围建工地、储备用地等易失管区域。而在采集类别方面，基于事部件 12 大类 186 小类的基础之上，将影响市容市貌、城市秩序的问题均纳入采集范围，确保问题采集不留空白、不留盲区、不留死角。

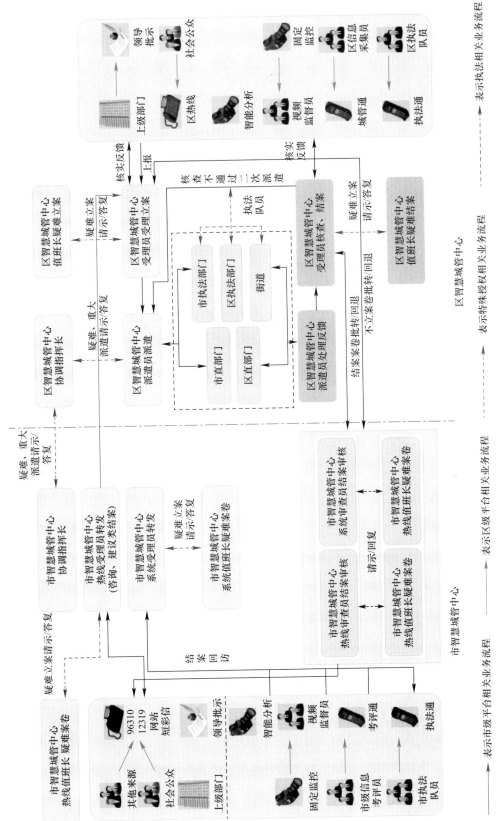

图8-1 宁波智慧城管市区两级工作流程图

3. 采用信息采集竞争比较模式

以中兴路—钱湖路为界，将鄞州区中心城区 117km² 的智慧城管网格覆盖范围分为东、西两个片区（Ⅰ标段和Ⅱ标段），并通过公开招投标的方式确定两家信息采集服务单位。中心定期对两家公司的工作实效进行考核比较，形成良性竞争机制，促进两家公司取长补短，共同进步，推动信息采集质量的提升。如图 8-2 所示。

图 8-2　中心城区智慧城管网格划分

（二）优化协同运行机制，为城市精细化管理配置"高速网络通道"

2018 年，鄞州区智慧城管网格覆盖面积由原来的 68km² 拓展至 117km²（东至东外环、西至奉化江、北至甬江、南至绕城高速），共划分为 99 个网格，覆盖中心城区 12 个街道、1 个管委会及邱隘、姜山、云龙、五乡镇等部分区域，完成"中心城区建成区智慧城管网格覆盖率达到 100％"的目标。同时，对下辖的姜山、横溪、邱隘、五乡、云龙、横溪、瞻岐、东吴、塘溪等九个镇，按照浙江省住建厅关于智慧城管向建制镇延伸的目标任务要求，采取"中心部署、统一接入"的方式，依托镇"四个平台"基础架构，建立乡镇智慧城管三级平台，成立乡镇智慧城管三级分中心，启动智慧城管运行，完成"建制镇三级平台全建立"的目标。至此，鄞州区达成了宁波市"城市管理一张网"和"智慧城管全覆盖"的目标设定，实现了智慧城管全域化布局，并依托智慧城管工作，建立健全全区、镇街、社区（村）城市管理三级管理机制，实现了网格化协同管理，构成了城市精细化管理的"联动网络"。

为确保协同运行"网络"畅通、高效，鄞州区智慧城管中心从以下三方面入手：

1. 建立健全城市管理综合协调体系，优化城市管理机构设置，成立以区政府主要领导挂帅的城市精细化管理工作领导小组，同时建立"两会两清单"制度，即每年召开城市管理大会，制定城市管理计划清单；定期召开领导小组办公室会议，完善权责清单，厘清部门与部门之间、部门与属地之间、管理与执法之间的职责边界。

2. 推行案件分级处置机制，细化案件处置程序，建立并畅通应急通道、专项通道、一般通道"三通道"问题流转和处置机制。其中，一般通道用于处理智慧城管常规事件类和部件类案件，并按照智慧城管平台运行规范、处置时限、立结案标准等要求及时妥善解决；专项通道用于职责权限不清的、存在较大处置难度的、需做专题研究或走响应程序的案件处理；应急通道用于处理上级督查督办的、媒体曝光的、有严重负面影响的案件，并采用"1124工作流程法"（1小时会商转办、1小时启动调查、2日内核查定性、4日内处置办结）进行解决。通过对一般、专项、应急案件采取不同管理措施，有效地体现出差别化管理，确保工作重点突出、关键到位，满足应急管理的需要，同时以"智慧城管"为单一反馈渠道实现问题快速解决，不断提升案件处置速度和质量。

3. 落实责任包片联系机制。中心安排专人负责包片联系街道和职能部门，即时传达工作要求，交流处置信息，收集意见建议，不仅增强了信息的对称性和处置的时效性，还加强了中心与各网络协同单位的沟通协作；同时，针对平台涌现出来的积压案件和疑难案件，中心定期整理汇总并安排人员组织相关方面进行现场辨认确权，努力破除难点。

（三）强化考核监督机制，为城市精细化管理增强"引擎驱动"

1. 将智慧城管工作纳入区政府目标管理考核体系

以《鄞州区城市管理工作目标管理考核》为主要依据，每年区政府对各区级部门、各镇乡（街道）和管委会的目标管理按照镇、城市型街道、南部商务区三类对鄞州区智慧城管工作进行分类考核。在区委、区政府整体目标管理考核中，城市管理工作考核分值占3分，其中，智慧城管工作占18%。同时，区智慧城管中心每月也对区级各协同单位进行量化考核，重点考核案件解决率、及时解决率、热线办理满意率等数据，并以区智慧城管工作领导小组的名义将月度考核结果通报至各协同单位，抄送区四套班子主要领导。见表8-1所列。

工作考核样表　　　　　　　　　　　　　　表8-1

专业部门	应解决数	已解决数	处置超时倍数	超时回退数	返工次数	解决率	及时解决率	服务满意率得分	热线办理满意率得分	基础工作得分	工作实效得分	附加分	综合得分
各街道													
明楼街道	330	330	0	0	1	100%	99.7%	5	2	5	28	0	99.85
东柳街道	901	901	0.28	2	11	100%	98.55%	5	2	5	28	0	99.28
百丈街道	964	964	0.08	0	16	100%	98.36%	5	2	5	28	0	99.18
东胜街道	451	451	0	1	10	100%	97.62%	5	2	5	28	0	98.81
福明街道	1001	996	0.54	10	11	99.5%	97.4%	5	2	5	27.5	0	98.15
潘火街道	1069	1069	0.01	16	14	100%	97.27%	5	2	5	27.5	0	98.14
白鹤街道	580	580	1.24	5	40	100%	92.62%	5	2	5	27	0	95.31
东郊街道	405	402	2.42	21	18	99.26%	90.05%	5	2	5	27	0	94.95
首南街道	1241	1239	8.32	3	68	99.84%	93.84%	5	2	5	26	0	94.90
钟公庙街道	1476	1435	25.14	205	83	97.22%	80.21%	5	2	5	27.5	0	89.33
中河街道	1547	1547	0	584	62	100%	70.54%	5	2	5	28	0	85.27
小计	9965	9914	38.03	847	334	99.49%	88.64%	5	2	5	27.59	0	93.86
管委会													
南部商务区管委会	204	202	0	30	9	99.02%	83.13%	5	2	5	28	0	91.47
小计	204	202	0	30	9	99.02%	83.13%	5	2	5	28	0	91.47

续表

专业部门	应解决数	已解决数	处置超时倍数	超时回退数	返工次数	解决率	及时解决率	服务满意率得分	热线办理满意率得分	基础工作得分	工作实效得分	附加分	综合得分
主要职能部门和企事业单位													
区农业农村局	2	2	0	0	0	100%	100%	5	2	5	28	0	100
区水利局	2	2	0	0	0	100%	100%	5	2	5	28	0	100
区文化和广电旅游体育局	1	1	0	0	0	100%	100%	5	2	5	28	0	100
区民政局	1	1	0	0	0	100%	100%	5	2	5	28	0	100

2. 实行领导领办

鄞州区城管局将每周一定为"局长马路办公日"，实行"战区制"等工作机制，领导领办，由局领导带队实地督查信息采集工作的精准度和全面性，对市民反映强烈的脏乱差问题、上级领导批办问题以及平台挂账、积压和疑难案件进行重点巡视、对接、督办，通过高位协调督办推进问题解决，确保工作抓实见效。如图 8-3、图 8-4 所示。

图 8-3 "马路办公"

图 8-4 城市管理工作"战区制"示意

3. 推行"路长制"，加大管理监督

对鄞州区建成区范围内 53 条主干道、126 条次干道、59 条支路和 84 条背街小巷的城市管理工作实行"路长制"，区委主要领导担任总路长，四套班子领导、法检两长、其他副区级领导担任区级路长。各级路长上路巡查时，将发现的问题通过微信小程序"鄞领城事随手拍"上传，其中，一般问题由智慧城管中心派单，各责任单位处理落实，重大问题提交区城市精细化管理领导小组办公室，由办公室汇总后报总路长落实处置，问题处置后统一反馈至智慧城管中心实施对账销号。如图 8-5 所示。

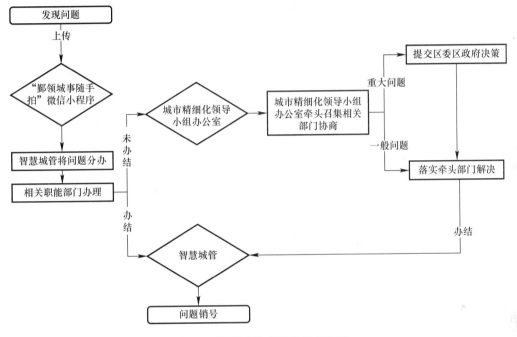

图 8-5 "路长制"问题处置流程图

4. 建立健全问题专报制度

鄞州区智慧城管中心对城市问题发现、处置情况进行常态分析与梳理，定期统计智慧城管平台积压案件，对阶段性、专向性的重大工作严格落实"每日一小报、每周一大报"制度，对处置不力单位在通报中予以直接点名，对处置缓慢的问题进行督办，对督办后仍处置不力的问题提交区两办督察室。

(四) 完善制度设计，为城市精细化管理升级"控制系统"

1. 建立健全"智慧城管联络人制度"

区协同单位制定专人担任"智慧城管协同联络人"，负责本单位智慧城管的日常业务对接，分管领导负责智慧城管工作绩效，将城市管理责任到人。

2. 建立代整治机制

为建立和完善城市管理问题日常养护与应急处置互为补充的工作机制，突出城市管理机动应变和综合保障作用，鄞州区自 2014 年 12 月起建立了"城市管理相关问题兜底和应

急处置机制"，对区域内无主设施、责任权属不清、存在较大安全隐患等各类城市管理问题进行兜底和应急处置，并对重大活动提供应急保障。如图 8-6 所示。

3. 建立"智慧城管专项资金补助制度"

为妥善解决物业退红空间部件维修与养护管理难题，鄞州区专门设立了"智慧城管专项资金补助制度"，就属地街道（镇）对物业类问题的处置投入进行资金补助，缓解属地街道处置经费紧张局面。其中，智慧城管专项资金的拨付与属地街道（镇）的智慧城管考核成绩相挂钩，由属地街道（镇）定期提交智慧城管案件处置信息，由第三方审计单位审计属地街道（镇）的部件维修投入，区智慧城管中心根据审计金额，结合属地街道（镇）智慧城管运行情况进行综合测算和经费拨付，从而有力促进街道（镇）发挥属地管理职能，提升案件及时解决率和解决率。如图 8-7 所示。

宁波市鄞州区城市管理局文件

鄞城管〔2014〕143 号

宁波市鄞州区城市管理局关于印发鄞州区城市管理相关问题兜底和应急处置办法的通知

各科室、局下属各单位：

　　为进一步打造品质城区，提升城市管理快速反应、应急处置能力，切实解决当前城市管理中出现的职责不清或权属不明等系列问题，经局长办公会议讨论决定，现将《鄞州区城市管理相关问题兜底和应急处置办法》印发给你们，请遵照执行。

宁波市鄞州区城市管理局
2014年12月23日

图 8-6　城市管理问题兜底和应急处置办法

宁波市鄞州区城市管理局
文件
宁波市鄞州区财政局

鄞城管〔2013〕26 号

宁波市鄞州区城市管理局宁波市鄞州区财政局关于印发鄞州区智慧城管专项资金管理办法的通知

图 8-7　专项资金管理办法

4. 推行"负责人签字制度"，严肃智慧城管平台运行纪律

对案件进行回退、挂账、缓办等操作时，各处置单位需填写《鄞州区智慧城管案件联系单》，书面说明理由并报分管领导签字确认后提交区智慧城管中心方能执行，积极遏制各类积案的产生，确保平台运行绩效。如图 8-8 所示。

5. 建立"智慧城管督办单制度"

对于区智慧城管中心发出的督办单，要求接收单位经办人、科处室长、分管领导层层署名签收，倒逼责任主体及时履行管理职能。督办不力的，由区智慧城管中心报区委区政府督察室及区纪委。如图 8-9 所示。

鄞州区智慧城管督办单

年　号

_____:

根据鄞州区智慧城管相关工作要求，你单位存在以下问题：

1、_____

2、_____

3、_____

现责成你单位按此督办单后立即进行整改，要求于___月___日前整改达标，并将整改情况报鄞州区智慧城管工作领导小组办公室。

特此通知。

鄞州区智慧城管工作领导小组办公室

年　月　日

督办内容	

鄞州区智慧城管案件联系单

单位名称（盖章）:

联系事项	□回退　□延期　□挂账　□其他:
陈述理由	
经办人意见	签字：　　　　日期：
科处室长意见	签字：　　　　日期：
领导意见	签字：　　　　日期：

注：本联系单一式两份，一份区智慧城管中心存档，一份责任单位存档。
附件可另附页。

签收与反馈	意见： 经办人 时间：
	意见： 业务科长/负责人 时间：
	意见： 分管领导 时间：

图 8-8　智慧城管案件联系单　　　　　图 8-9　智慧城管督办单

（五）推进"智慧城管 2.0"建设，为城市精细化管理注入"创新因子"

1. 开展鄞州区智慧城管一期项目建设

2015 年，鄞州区智慧城管中心建成涵盖三维 GIS 平台、局业务管理系统和高清监控的智慧城管一期项目，大大提升了精细化管理绩效和综合服务水平。一期项目以鄞州新城区 37km² 详细的地理信息数据为基础，将 71 类城市部件模型进行制作、208753 个部件属性进行录入、道路与人行道的模型进行功能切分，设计出 1：500 的三维城市模型。工作人员可以通过三维 GIS 平台直观地了解鄞州新城区监控点位的分布情况并通过定向筛选进行实时查看。同时，可对城市道路、绿地、内河等设施进行精确测量，对地下管线影像进行调取查看，实现多功能的业务管理。如图 8-10 所示。

同时，一期项目着力于全力打造全局视角集成展现中心和微观视角综合业务中心，根据业务科处室的不同需求有针对性地提供日常业务管理与信息展示。在业务平台上，各职能科处室可对基础数据、养护任务、工程管理、执法督查等工作进行智能化管理，同时可视化地展现工程建设、资金去向等业务开展情况和基础台账资料，让业务流程更透明、更公正，权力清单更"阳光"。如图 8-11 所示。

2. 推进鄞州区智慧城管二期项目的开发

在一期项目建设的基础上，鄞州区智慧城管二期项目利用大数据、物联网、人工智能等新技术，加强对城市体征运行情况的监测和管理，拓展区智慧城管的管理范围，推动智

图 8-10　三维 GIS 平台

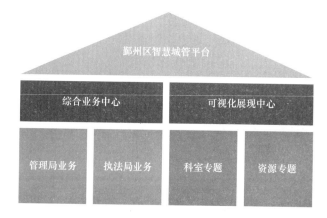

图 8-11　两大应用中心架构设置

慧城管向城市管理相关领域延伸，进一步提升城市管理的精细化和智能化水平，努力构建以人工智能为核心，以三维城市立体空间为基础，以机器视觉、物联技术为感知，以大数据深度挖掘为手段的新型城市管理体系，探索"智慧＋执法""智慧＋公共安全"等智慧化创新管理手段。

"智慧＋执法"，指的是利用人工智能设备接管重点区域的视频监控，利用机器视觉代替人工巡查，对影响街面秩序的"三乱"（流动摊贩、跨门经营、违章停车）和影响城市环境的渣土运输、倾倒等违法行为进行自动识别和判定，系统依据违法行为触发相应的处置流程，以"短信通知—电话警告—现场执法"三级处置力度进行案件执法，利用科技手段改变以往的"人海执法"，使城市执法更加人性化、精准化。经过一定的数据积累、数据分析及深度挖掘，形成执法热力图，从而预测流动摊贩、违章停车的高发时段、区域与等级，将原有"事后执法"升级为"前期介入、事前阻断、事后执法"新模式。如图 8-12所示。

图 8-12　"智慧＋执法"人工智能测试

"智慧＋公共安全"指的是在火、水、气的管理上进行创新应用，利用物联感知技术，构建城市公共安全监管网络。通过推广安装消防栓传感设备，起到实时监控消防栓倾倒、水压等情况的作用；通过在城市低洼区域（下穿）、城市排水区域（内河）布放水位传感器，起到实时掌握城区积水范围、深度的作用；通过为全区燃气储备点安装高清监控和物联感知设备，起到保障居民用气安全的作用。如图 8-13 所示。

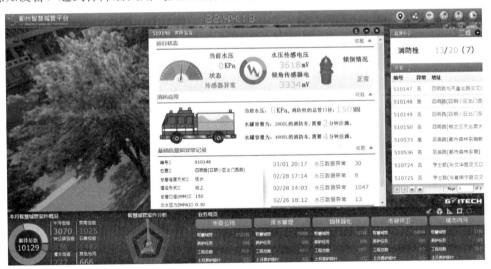

图 8-13　"智慧＋公共安全"之消防栓监测

（六）狠抓坐席员队伍建设，为城市精细化管理培养"运维力量"

1. 建立健全中心内部管理制度

中心研究制定了《中心请销假制度》《中心会议制度》《指挥大厅 4S 管理制度》《热线受理一般流程及文明用语》《首问责任制》等综合管理制度，在制度保障前提下，依托中心工作例会建立中心常规议事机制，使得中心各方面形成有机整体，有效联动，同时也使得坐席员依章办事，主动作为，秩序井然，推动中心迈入规范化运行轨道。

2. 建立"分级管理、绩效考核"管理模式

按照《中心科室职责和人员分工方案》，细化岗位要求，明确岗位职责，将坐席员按照"指挥长—值班长—坐席员"三个层级进行分级管理：指挥长负责统筹大厅业务；值班长负责岗位业务组织及绩效监督；坐席员采取轮岗制，每月在热线受理岗、立案岗、派遣岗、结案岗之间轮流上岗。中心根据《坐席员绩效考核办法》对坐席员的工作量及岗位作用进行科学评价，设立中心"亮绩榜"，将每月月度考核结果进行上墙公示，"表扬先进、鼓励后进"，同时，考核结果与坐席员个人年度评优评先及岗位聘用等相挂钩，激励坐席员不断进步。如图 8-14 所示。

图 8-14　坐席员绩效考核亮绩榜

3. 重视知识转化与经验传承

中心组织业务骨干结合中心业务对相关知识进行收集，对区域内城市管理养护分工情况、综合行政执法常规业务、市民投诉重点问题、智慧城管运行管理制度、岗位工作实践经验等综合性内容进行梳理和汇编，形成中心《业务内参》。零星的业务信息转化为岗位知识，个体经验固化为可传承的实践案例，《业务内参》成为中心坐席员业务提升的能量补给。

4. 做好培训组织

中心每年开展规模化坐席员业务培训，从中心内部发掘优秀骨干代表进行课程讲解和经验分享，采取"以师带徒"的方式培养新人，在岗位中一对一指导。同时，积极组织坐席员参加市智慧城管行业大比武，定期开展业务实测和热线实操，及时更新坐席员的业务知识储备，着力提升坐席员战斗力。在历届宁波市智慧城管行业大比武中，中心坐席员多次为中心捧回团体第一的好成绩。如图 8-15 所示。

图 8-15　组织开展坐席员培训

（七）积极深化服务内涵，为城市精细化管理引来"甘泉活水"

1. 热线受理实行"首问责任制"

鄞州区智慧城管中心负责统一受理城市管理工作相关投诉，包括热线投诉、网络舆情、媒体监督、领导督办等综合性来源投诉，同时对接市长热线、市智慧城管中心、区社会应急联动平台及市民公众，做到"一口受理"。中心热线受理执行《宁波市智慧城管热线受理管理规定》，落实"首问责任制"要求，加强担当意识，树立服务理念，无论是否为城市管理范畴的投诉，都要求给予积极响应。处置部门要主动履职、规范处置，在24小时内联系投诉人反馈案件处置情况；坐席员要热情服务、文明受理、高效落实、保持跟踪。同时，中心将协同单位值班情况、投诉响应情况、处置规范性和时效性、重复投诉及市民服务满意率等情况均纳入到对协同单位的投诉考核中，努力提高民生服务质量。

2. 推广"非接触性执法"

2016年起，鄞州区以万达广场为试点，智慧停车系统平台为基础，积极探索收费道路停车泊位非接触性执法工作模式。对于该区域采用"路面地感＋摄像头＋人工巡查"的停车收费管理模式，借助"智慧停车系统"平台提供的现场照片和后台数据，对停车未缴款的违法行为，提交执法部门审核确认后可直接作为执法证据使用。同时，该平台对接交警违停处理系统，在现场照片和后台数据通过执法人员审核后可直接推送交警违停查处系统，按照机动车违停类案件的简易程序对该类停车未缴款案件进行处罚，从而实现真正意义上的全程"非接触性执法"。如图 8-16、图 8-17 所示。

图 8-16 智慧停车泊位

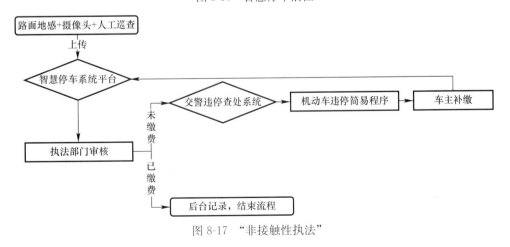

图 8-17 "非接触性执法"

3. 开展智慧城管大数据研究与应用

2018 年鄞州区智慧城管中心与研究机构合作开展"智慧城管大数据的挖掘与应用研究——以宁波市鄞州区市容环境类数据为例"的社科项目，依托鄞州区智慧城管平台数据，运用大数据分析方法，对鄞州区的城乡环境问题展开研究并提出城乡环境问题长效管理机制，成功试水了智慧城管"大数据"应用研究。研究从"问题高发类型""问题的时间分布""问题的空间分布""问题处置数量单位分布情况""问题处置效率""处置单位处置效能"等方面入手对数据进行分析，发掘问题成因，探索相关规律，将分析结果进行可视化呈现，并形成报告递交区委区政府，为领导决策提供参考意见。同时，也帮助相关处置部门充分了解到区域内问题分布情况，能在一定程度预测阶段重点问题，指导相关部门做出科学决策部署，切实提升区域及行业管理水平。如图 8-18 所示。

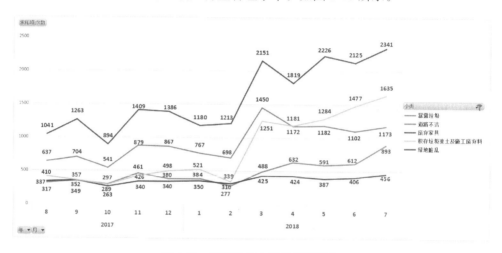

图 8-18　智慧城管大数据课题研究

4. 发挥应急指挥中心功能

鄞州区依托智慧城管工作机制和平台，逐步发展起以信息采集员为主要对象的"专业化问题发现队伍"，以智慧城管平台为轴心的"一站式问题流转机制"，以智慧城管协同网络单位为成员的"高效化问题解决网络"，对文明城市评比检查、中东欧博览会等重大活动保障，雨雪灾害天气应对防范，城乡环境综合整治等重大工作部署，可以迅速组织信息采集员做好专题采集，第一时间带回一线信息，为数据统计和信息报送提供依据，同时利用智慧城管工作机制迅速组织协同运行网络单位进行问题解决，应急指挥功能突出。

为深入贯彻落实习近平总书记"城市管理应该像绣花一样精细"的指示精神，2018年，鄞州区制定出台《关于加强鄞州区城市精细化管理工作的实施意见》和《鄞州区城市精细化管理三年行动方案（2019—2021)》，下一步，鄞州区计划通过 3 年努力，建立健全在省内走在前列的"覆盖范围最广、反应速度最快、管理标准最高"的城市综合管理体系，构建安全有序法治、高效便捷管理、天蓝地绿水清的城市环境，打造全省走在前列、全国争创一流的品质城市。

慈溪市数字城管实践案例

（慈溪市智慧城管中心　供稿）

专家点评

慈溪市智慧城管中心创建至今历时十余年，其从体制机制、管理手段、技术应用等方面入手，在宁波智慧城管体系框架下，创新探索出一条符合慈溪当地实际、富有实效的城市管理道路，解决了一批长期想解决但一直未解决的城市管理难点热点问题，提升了城市精细化管理水平，获得了上级部门、协同单位、市民群众的支持和认可。随着机构改革推进，慈溪市智慧城管中心要找准定位，善于利用现有优势，挖掘自身潜能，继续发挥中心在社会服务、综合管理、应急处置等领域的作用，开创智慧城管新局面。

一、历程概况简介

慈溪，因治南有溪，东汉董黯"母慈子孝"而得名。地处东海之滨，杭州湾南岸，是长三角经济圈南翼名城和宁波都市区北部中心，也是国务院批准的沿海经济开发区之一。

慈溪市智慧城管中心前身为慈溪市数字城管，2008 年慈溪市政府决定实施数字城管项目，2009 年 1 月开始在浒山街道虞波社区 2km² 范围内试点实施，同年 8 月覆盖中心城区 34.5km²。2014 年 8 月，在智慧城市建设的框架下，依托宁波智慧城管平台，完成了数字城管向智慧城管的升级改造。2018 年 1 月，慈溪市智慧城管中心正式划入慈溪市社会治理综合指挥中心（简称"市综合指挥中心"），市综合指挥中心为本次机构改革后新成立的市委市府直属正科（局）事业单位，整合了原先的市公共信息服务中心、市"两网融合"和市智慧城管中心所有职能，是市委市政府统筹社会治理、城市管理、政务咨询和便民服务的实体性工作机构和综合性工作平台，旨在服务群众、化解社会矛盾、维护社会稳定。

截至目前，中心覆盖区域已扩大到中心城区 50km²，共计 27 个单元网格，如图 9-1 所示，每个网格都有 1 名信息采集员负责巡查采集，实现了慈溪市中心城区建成区 47km² 网格全覆盖。目前，中心月平均采集处置城市管理案件 6000 余件。

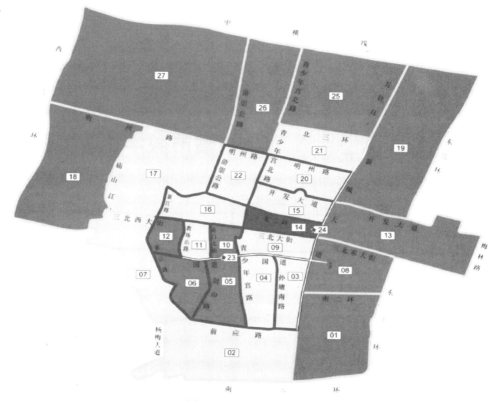

图 9-1　单元网格划分图

二、体制机制建设

1. 建立高位监管机制

根据实际管理需求，中心搭建了由 24 家成员单位组成的协同网络体系，如图 9-2 所示，成立了由分管副市长任组长、市级有关部门领导为成员的慈溪市智慧城管工作领导小组，制定实施了一系列规范制度，构建了"协同调度、应急指挥、考评监督、信息服务"为一体的运行处置体系，如图 9-3、图 9-4 所示。2015 年慈溪市政府将智慧城管工作纳入市级目标管理考核体系，同时，中心落实通报机制，每月编制《工作简报》，重点约谈问题单位，通过表彰、曝光等形式奖优促劣，多措并举提高案件处置成效。

2. 实施"条块结合、上下联动"的派遣机制

针对某些部门存在多个口子，如住建局包含园林处、自来水公司、排水公司等下属单位，如分开派单时常会因为职责交叉、分工不明出现相互推诿的现实问题，为此中心创新实施"一个口子对外"的派单方式，将案件派遣至主管部门，由主管部门牵头协调落实。有时遇到多个部门流转后仍未明确责任的案件，如部分绿地内垃圾，住建局、街道查看后都表示不属于其保洁范围，对此中心要求属地街道（镇）负责末端清理，最终形成并建立了"先部门处置，后属地兜底"的工作机制，进一步提高了案件解决率。

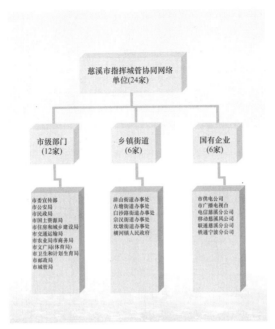

图 9-2 协同网络体系

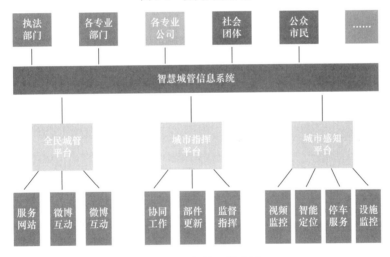

图 9-3 城市管理模式图

3. 创新建立案件应急处置机制

中心要求对延迟处置易造成重大后果的施工占道、无证挖掘、各类井盖、跨河（江）桥等 17 类城市管理问题进行快速处置，见表 9-1 所列，在通过智慧城管平台下派的同时电话或对讲机通知处置部门，要求其在接到指令后半小时内到达现场并回复，两小时内处置完毕或落实处置措施，中心每月对此类案件处理情况进行相应考核，形成"即时分流、限时处置、考核兜底"的快速处置工作模式，进一步提高突发性、危害性城市管理问题的处置效率。同时，对于存在安全隐患的无主部件，一方面通过考核加分机制鼓励成员单位代为处置，另一方面简化流程，实行即发现即处置的代治理模式，有效降低城市管理疑难问题带来的安全风险。

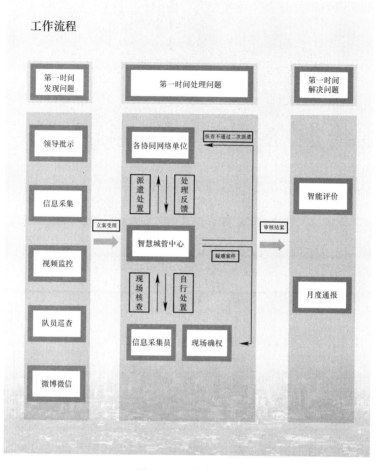

图 9-4　工作流程图

需快速处置采集事项明细表

表 9-1

序号	案件类型	派单条件	责任部门
1	雨水井盖	严重缺损、缺失等存在较大安全隐患的情况	养管所
2	雨水箅子	严重破损、缺失等存在较大安全隐患的情况	养管所
3	无主井盖	无其他部门认领且存在较大安全隐患的情况	养管所
4	跨河（江）桥	桥体严重破损，影响行人、车辆通行	养管所
5	综合井盖	严重破损、缺失等存在较大安全隐患的情况（仅限没有任何通讯公司使用的综合井盖）	养管所
6	车行道	严重破损等影响通行安全的情况	养管所
7	人行道	严重破损等影响通行安全的情况	养管所
8	路面塌陷	该类型本身属于突发性案件，存在较大隐患	养管所
9	道路（桥涵）积水	严重影响通行的情况	养管所
10	道路积雪结冰	严重影响通行的情况	养管所、环卫处
11	违章接坡	正在施工的情况	养管所
12	无证挖掘	正在违法施工、围护不到位、围护外作业和乱堆物料、无安全警示标志、道路扬尘、道路污染、存在安全隐患，影响道路通行等	养管所、城管中队

续表

序号	案件类型	派单条件	责任部门
13	施工占道	正在违法施工、无防护措施、乱堆物料、存在安全隐患，影响道路通行等	城管中队
14	两道上的占道经营、占道作业	由于时效性较强需双重派单	城管中队
15	无照经营游商	由于时效性较强需双重派单	城管中队
16	违法设置广告牌匾、招牌、横幅的行为及广告牌匾、招牌、横幅破损问题	正在违法设置或严重破损等影响通行安全的情况	城管中队
17	建筑垃圾乱倾倒	正在实施的情况	城管中队

4. 健全通信设施"包干"机制

为有效预防和减少中心城区通信类窨井井盖破损和架空线缆下垂等安全事故的发生，中心探索建立综合协作机制，分别于 2014 年 11 月 27 日和 2015 年 4 月 9 日会同慈溪市广播电视台、中国电信股份有限公司慈溪分公司、中国移动浙江有限公司慈溪分公司、中国联通有限公司慈溪分公司在内的四家通信公司召开专项协调会议，签订了《中心城区通讯类窨井井盖及架空线缆长效管理方案》及其补充备忘录Ⅱ，进一步明确养护责任划分，在前期权属单位处置为主、片区养护责任兜底处置为辅的基础上，如图 9-5 所示，对案件采集方式、处置方式、管线性质甄别进行了优化，规定对于处置工程量小、工序相对简单、能简易处置的管线和所有综合性通信窨井由片区直接处置，其余由片区单位牵头联系其他相关单位落实处置，大大减少因权属问题反复派单耗费的流转时间，从而提升案件处置效率。另外，为保证公平公正，片区养护责任单位每半年调整一次，如图 9-6 所示。据统计，截至目前，中心已累计处置相应的通信类案件 2200 多件。

图 9-5 疑难管线现场确权照片

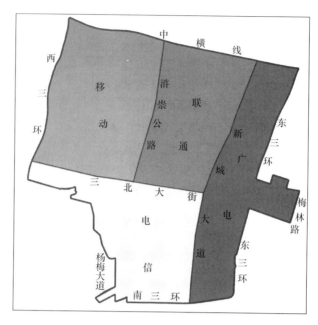

图 9-6　通信公司责任划分示意

三、业务拓展创新

1. 主动作为，平台扩大化

中心主动与市府办、市政法委沟通对接，采用"集中部署、统一接入"的方式，推动智慧城管平台向乡镇延伸。2017 年底前，中心完成 4 个中心镇、卫星镇三级平台建设并投入试运行，其中周巷镇试点作为宁波县（市）首个中心镇智慧城管平台，如图 9-7 所示，被人民网、浙江住建网、宁波广电等多家媒体先后报道，截至目前，周巷镇智慧城管三级平台已上报各类城市管理问题 64000 余件。2018 年初，中心又大力推进外围 8 个建制镇三级平台建设并于年底完成所有乡镇三级平台搭建，其中匡堰镇作为宁波县（市）首个建制镇智慧城管三级平台于当年 7 月份投入试运行，如图 9-8 所示。至此，慈溪市顺利实现智慧城管市级、县（市）级、乡镇级平台紧密协作、上下联动、左右协调、齐抓共管的城市管理工作新格局。

图 9-7　周巷智慧城管三级平台办公大厅

图 9-8　中心工作人员赴匡堰镇进行业务指导

2. 实时响应，办公移动化

根据实际工作需求，中心创新研发"掌上城管"移动端，如图 9-9 所示，实现"路上办公"。该客户端基于企业微信平台进行开发，集成了办公管理、投诉管理、审批管理、巡查管理等 10 大类功能模块，涵盖了城市管理日常业务内容，打通了城市管理领域从发现问题到解决问题的数据壁垒，实现城市管理各环节之间互联互通，提高城管工作效率。之前执法队员要确定某个摊贩是否存在屡教不改的情况是非常困难的，但有了"掌上城管"，执法队员只需要输入当事人关键信息，所有过往记录都会一一呈现，为执法队员合理使用自由裁量权提供依据。自平台投入运行以来，已累计处理各类办公文件 3100 余条，投诉信访 4100 余件，审批监管 1600 余条。

图 9-9　"掌上城管"界面

3. 多级联动，采集全面化

中心创新建立了信息采集与路面管理的问题发现互补机制，将路面管理队员、协同处置人员反映的问题作为中心全面深化采集的重要补充，逐步形成"路面主动管理、后台数据支撑"的工作模式，进一步提高了城市管理的联动性。

四、数据挖掘应用

1. 首创疑难案件信息库

为进一步理顺智慧城管平台运行过程中一些责任主体不明确、职责交叉涉及多部门但又无人处置的城市管理问题，提高城市问题的处置效率，慈溪市智慧城管中心在落实综合协调长效方案的基础上，充分发挥数据挖掘分析优势，在宁波大市范围内创新研发疑难案件信息库，如图 9-10 所示。该信息库以智慧城管平台运行过程中被认定为疑难案件的数据为基础，记录其案件类型、案发地址、地图定位等重要信息，目前疑难案件主要包含多部门流转后确权问题、属地兜底加分处置内容、红线退让部分案件等。一旦有新的疑难案件产生，该平台会对其重要信息与过往案件信息进行快速比对，最终根据相似度从高到低进行智能排序，帮助管理人员确定最终的处置方案，同时也为智慧城管中心下一步集中"兜底"清理无人认领的疑难隐患类问题提供数据支持。自信息库投用运行以来，中心已整合各类疑难类案件信息 250 余条，初步实现了城市管理疑难类问题的归档整理、智能分析和精准研判。该举措先后被人民网、浙江新闻网、宁波日报、甬派等多家新闻媒体报道转载。

图 9-10　疑难案件信息库

2. 集成可用数字资源

为提高城市管理精细化、智能化、信息化水平，中心通过数据共享、业务整合、流程再造等手段，创建了智慧城管空间可视化管理平台，如图 9-11 所示。空间可视化平台集智慧城管信息采集、执法车辆、执法单兵、环卫车辆、环卫监控等监管系统，并对接共享管理数据，形成邮政书报亭、中心城区主要积水点位、公益横幅设置点等管理热点问题档案库，如图 9-12 所示，实现对市容问题分布、勤务装备管理、重点对象监管等城市管理领域相关数据的可视化分析和实时调取，截至目前，该系统共整合各类信息资源 420 万条，形成了一张条块结合、互联互通的城市管理综合指挥网。智慧城管信息采集数据分析，可以通过选择时间、地点、人员、问题等筛选条件获取所需信息，也可以直接在地图上拉框选择，所有数据都会直观地呈现。执法车辆监管系统，通过该系统可查看执法车辆从现场传来的实时图像，如图9-13所示；同时也可以查询执法车辆GPS定位及行驶轨迹，如图9-14所示；执法队员单兵系统，可实现实时定位、呼叫、视频取证等功能；环卫部门的监管系统，可查询环卫车辆行驶轨迹及餐厨垃圾处理厂的实时监控视频。

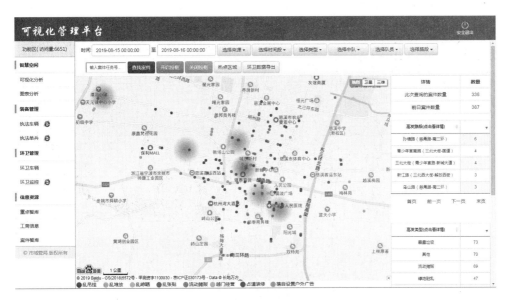

图9-11 空间可视化平台

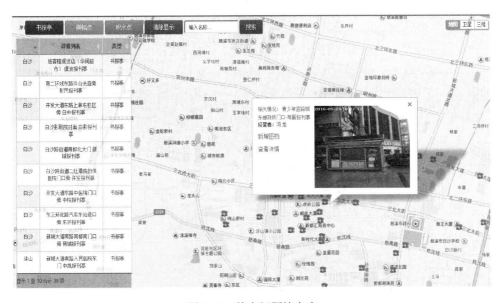

图9-12 热点问题档案库

3. 整合公安天网视频

为拓展案件发现渠道，中心对接共享了20000余路公安天网视频，如图9-15所示，并落实专人每天对学校、医院、商场等重点区域的城市问题进行滚动监控，一旦发现情况及时告知相关单位。遇到台风等灾害天气，中心也会根据以往信息采集数据分析结果，紧急调取相关易积水点位监控探头，对其进行 24 小时不间断关注。近日，中心又根据管理重点，试点自建两路监控探头用于智能发现，进一步弥补了人工采集的不足和缺陷。慈溪市智慧城管中心从原先完全依赖于人工采集发展到现在人机结合，实现了人力管理更有序、技术手段更先进的管理模式。

图 9-13　执法车辆现场传回的图像

图 9-14　执法车辆行驶过的轨迹

图 9-15　公安天网视频界面

五、多元互动交流

以"智慧城管开放日"为载体，深化社会动员机制。通过"网眼看城管"、"暑期城管开放月"、微信微博等形式邀请群团组织、网络名人、学生等热心市民走进智慧城管，进一步提升城管工作社会知晓度和影响力，自运行以来，累计开展活动 90 多次，参观人数达 3000 余人，如图 9-16、图 9-17 所示。2016 年中心被评为宁波市大中专学生暑期社会实践活动"优秀基地"，并入选 2017 年慈溪市市民幸福体验点。

图 9-16　慈溪日报小记者参观慈溪市智慧城管中心

图 9-17　宁波大学科学技术学院走进慈溪市智慧城管中心

六、工作频结硕果

慈溪市智慧城管中心在上级部门和单位领导的关心指导下，在中心全体工作人员的共同努力下，紧紧围绕"实战、实用、实效"的工作要求，以考核为抓手、以协调为主线、以服务为核心，完善平台建设、强化队伍管理、深化工作内涵，整体工作成效显著，受到各级各部门的充分肯定，相续荣获省级、宁波市级、慈溪市级多项荣誉，被评为 2017 年度省"巾帼文明岗"，宁波市行业宣传文化工作先进单位，2018 年度省智慧城管绩效评价优秀单位，连续三年蝉联省智慧城管工作先进集体、连续四年获得宁波市"智慧城管"杯以及连续多年保持宁波县（市）组考核第一，如图 9-18 所示。

图 9-18　荣誉墙

七、社会治理趋势

随着慈溪市智慧城管中心正式划入市综合指挥中心，智慧城管平台如何在社会治理中找准自身定位，成为我们不得不去面对和回答的问题，因为其管理模式与"两网"平台相似，都是运用网格化的管理思维，通过网格员（"信息采集员"）对片区内的问题进行主动巡查发现，区别在于智慧城管平台通过外包形式组建了专业化的采集队伍，形成了更加成熟的采集标准和自上而下的管理体系，实现高位监管；而"两网"平台则主要通过街道（镇）、社区（村）党员、干部等兼职人员对片区内的问题进行发现，再通过自下而上（小事不出社区、大事不出街道）的处置要求进行相应处置，实现扁平化管理，如图 9-19 所示。其实两个平台各有所长，那么我们能否打破两个平台之间的壁垒，实现数据、功能、资源等互通共享，优势互补，让两个平台的案子在需要的时候可以在任意平台"跑"起来，进一步提升案件处置能力，达到"1+1＞2"的效果。无论是智慧城管平台、"两网"平台还是其他社会管理平台，最后终将融合，这是社会管理的大趋势。

图 9-19　"两网"平台

二、特色篇

第十章

北京市大兴区数字城管实践案例

（北京市大兴区网格化中心　供稿）

专家点评

作为"京南之门"和北京南部发展新高地，大兴区通过建立大数据分析机制，创新"两网"融合模式，实现基层治理体系建设，群众诉求得到快速解决；创新"网格化＋大数据"模式，通过网格精准化巡查和用数据说话，把大数据融入城乡规划建设、管理服务决策、问题巡查解决、绩效考核全过程，用数据助力城市规划建设发展，增强对民生服务、城市管理、经济发展的支撑能力，推动了城市建设管理朝精细化、智能化、数字化方向发展。

北京市大兴区作为"京南之门"和北京南部发展新高地，自施行数字化城管模式七年以来，在网格化与大数据的结合、数字化与智慧化的结合方面具有较好的示范引导和实践指导意义。一是创新"两网"融合模式，精准识别、快速解决群众诉求；二是利用现代技术手段，实时监控、智慧管理、精准巡查；三是加强平台建设，用数据说话，把大数据融入政府决策、城乡规划、建设发展、巡查考核、管理服务及问题解决全过程，进而推动城市建设朝精细化、智能化、数字化方向发展。

大兴区位于北京南部，面积 1052km²，北部与本市朝阳、丰台等区交界，南部与河北省廊坊市交界，属于典型的城乡接合部地区。在新的发展形势下，大兴区利用"网格化＋大数据"的管理新模式，在推动城乡接合部地区发展规划、建设实施和服务管理上发挥了良好作用。

一、基本情况

大兴区区域管理类型复杂，既有以黄村卫星城为主的城市建成区，也有南部 57.6 万亩耕地为主的农村地区，还有处在转型发展阶段的城乡接合部地区。同时，作为"京南之门"和北京南部发展新高地，大兴区人口数量近年来呈快速增长态势，截至 2018 年末，辖区常住人口为 179.6 万人，其中外来常住人口达到 76.5 万人。城乡接合部特有的管理特征和人口的快速增长，为大兴区的城乡建设发展带来了巨大的挑战。

为了促进城乡区域协调发展，2012 年大兴区开始推进以网格化管理为抓手的服务管理模式，通过网格主动巡查结合群众诉求办理的"两网"融合模式，实现了对全区三种区域类型、14 个镇、6 个街道、2 个大型产业园区的管理区域和管理事项"全覆盖"。遵循均衡性、完整性、便利性、差异性的网格划分原则，按照以一个村庄、社区或产业园区为单位进行基本网格划分。在全区范围内划分了 708 个基本网格，3722 个单元网格（图 10-1）。同时，以大数据分析为主线，串联网格问题、群众诉求、网民留言、公众参与等多渠道信息数据，成为辅助领导决策、助推区域发展、密切党群关系的重要抓手和数据支撑平台。

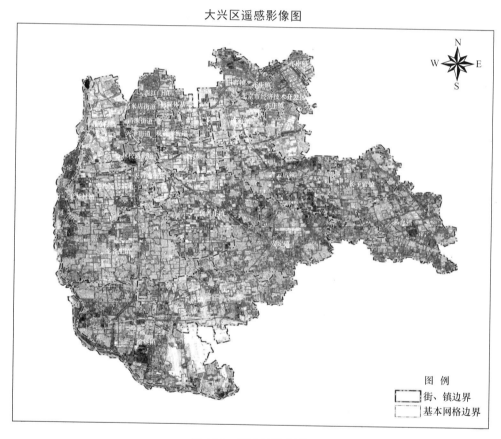

图 10-1　基本网格划分

二、城乡接合部管理存在的突出问题

（一）区域发展不够均衡

大兴区在规划区域建设时，先是以较为成熟的街道地区为圆心建设卫星城；北部地区因为北京经济技术开发区辐射地带，聚集了高档办公区和住宅；中部地区以旧宫镇、西红门镇为首正在开展大规模的低端产业清除腾退工作；南部地区历经征地拆迁、村民"上楼"后，目前仍有 386 个以农业耕地为主的建制村庄，城市基础设施薄弱；最南端"大兴国际机场"2019 年内已实现通航。不同的发展阶段和快速的发展节奏导致城市地区和农村地区发展失衡，基础设施建设和运营维护投入存在较大差距。

（二）城乡管理相对复杂

大兴区与丰台区、朝阳区、通州区等地交界，部分交界地区因权属不清存在失管漏管问题。区内不仅涉及国有和集体土地的分割，还有大量中央级企业、市属单位和驻区部队大院的产权土地，基层单位难以统一管理，客观上影响了环境和经济产业发展，给城乡管理和发展带来新的挑战。

（三）各类人群矛盾凸显

城乡接合部地区和农村地区"瓦片经济"盛行，部分人员通过私搭乱建、出租公寓和群租房等方式获取短期收益，违法建设等现象屡禁不止。在城乡接合部地区，居住着城市居民、农村村民和流动人口三大群体，不同人群关注点和利益诉求不同，产生了诸如在环境、就业、教育、公共安全等诸多方面的矛盾。

三、"网格化＋大数据"在推动城乡接合部地区发展的实践

（一）用数据辅助领导决策

大兴区网格化管理开展之初即开展数据分析工作，2015 年通过开展网格化管理数据分析研究课题，建立了社会治理高发、易发、频发问题的分析模型，依托网格信息平台数据源，按照日、周、月、季度、年度分类出具分析报告，至今编制各类日报、月刊、快报、专报、数据研究报告等 600 余期（图 10-2），总字数达到 200 万字，2019 年得到市委领导的重要批示（图 10-3、图 10-4）。在区领导批示的 231 次中，涉及房屋漏雨、自备井供水水质差、京开辅路加装隔音屏等 112 次领导批示，日后作为议题在区相关工作会上进行讨论，并最终形成决议。建立大兴区网格化管理考核评价体系，设计十余项考核指标，并将分析结果运用到区政府绩效考核，为领导决策提供了有力的数据支撑。

（二）用数据指导城乡规划

从某种程度上来讲，大数据就是规划，其核心是预判。大兴区基于对网格问题和群众诉求的分析，结合人、地、事、物、组织数据，及时掌握不同发展阶段城市地区、农村地区和城乡接合部地区存在的突出问题和矛盾，在编制城乡发展规划时提前做出预判，充分摸清不同人群的诉求点，做好学校、医院、商场等公共基础资源的配置规划，使交通、环卫、园林绿化、能源等专项规划得以持续发展。同时，结合多渠道搜集的社会治理问题及时修正规划存在的缺失，2018、2019 两年先后将网格发现和群众反映集中的老旧小区失管漏管、"水黄""两灯"、物业管理、公厕管理、安全隐患、绿化、环境脏乱等 18 项集中反映的民生类问题列入区政府实事。围绕老旧小区失管、漏管问题，研究制定物业全覆盖

方案，制定国有企业应急托底机制；针对“水黄”问题，在部分小区开展了供水管道改造；针对群众反映的农村环境脏乱和安全隐患问题，在全区 65 个重点村开展村庄安全治理，拆除私搭乱建 38 万平方米；围绕群众如厕难问题，制定厕所革命实施方案，9 月底前大兴区域内 734 座公厕全部达到二类以上公厕标准；围绕群众增加绿化的建议，主动对接市司法局、市园林绿化局、首创、首农等部门新增平原造林 1.6 万亩。

周立云同志

网格快报

2019 年 第 1 期 （总第 97 期）

大兴区城市管理指挥中心　　2019 年 1 月 23 日

新城地区社区环境、可燃物专题巡查情况

为营造安全、稳定、祥和的节日氛围，区城市管理指挥中心于 2019 年 1 月 17 日至 21 日，共出动网格监督员 380 人次，针对新城地区的社区乱堆物、楼门内乱堆物、暴露垃圾等问题开展了专题巡查。

一、巡查情况

本次专题巡查共发现社区乱堆物、楼门内乱堆物、暴露垃圾等问题 466 处，详情如下：

序号	属地	社区事项			街面秩序	市容环境	合计
		社区乱堆物	楼门内乱堆物	社区内暴露垃圾	乱堆物堆料	积存垃圾渣土	
1	观音寺街道	77	16	4			97
2	清源街道	77	7		3	5	92
3	兴丰街道	59	18		1		78
4	林校路街道	59	9	3	5	1	77
5	高米店街道	57	4			1	62
6	天宫院街道	27	30	3			60
合计		356	84	10	9	7	466

领导批示：

网格专报

2019 年 第 14 期 （总第 136 期）

大兴区城市管理指挥中心　　2019 年 3 月 22 日

2019 年 1 月人民网“地方领导留言板”留言办理情况

一、基本情况

2019 年 2 月，区城市管理指挥中心共接收人民网“地方领导留言板”涉及大兴区留言 53 条，环比减少 18 条，同比增加 15 条。其中，群众致市委书记留言 26 条、市长留言 3 条、区委书记留言 16 条、区长留言 8 条，留言主要涉及住房、城市管理、拆迁、农村管理等类别。（详情见附件）

二、办理情况

我区 53 条网上群众留言，由区城指中心根据群众留言内容涉及诉求，按照权属责任将留言交办至魏善庄镇、兴丰街道、旧宫镇、教委等 24 家单位进行办理。截至 2019 年 3 月 18 日，经区主管领导审核，已全部公开回复。（详情见附件）

领导批示：

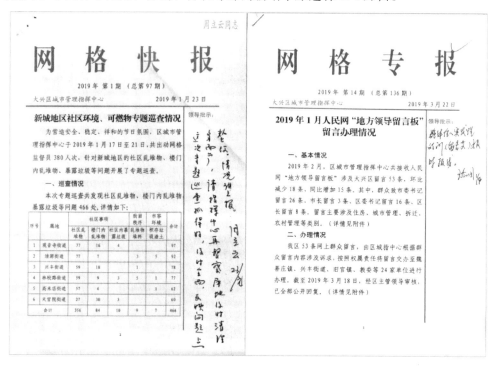

图 10-2　网格快报、网格专报

领导批示抄清

蔡奇同志1月16日在《大兴区委区政府关于落实蔡奇书记在<市民热线反映>批示有关情况的报告》中批示：**大兴区重视市民反映事项办理，这种做法好。既是解决群众身边问题，也应是调解纠纷、化解矛盾，完善基层治理体系的过程。**

图 10-3　蔡奇书记批示

（三）用数据助力建设发展

2018 年，大兴区发布《大兴区新型智慧城市总体规划》，计划在 2020 年前完成建设“一云两平台”（图 10-5），包括智慧云，公共服务平台和城市运行管理平台，其中网格化信息平台是城市运行管理平台的重要组成部分，推动实现数据资源汇聚和大数据应用水平的提升，形成对民生服务、城市管理、经济发展的信息支撑能力。用大数据助力智慧城市纵深发展，在城乡接合部地区开展智慧电子眼、智慧门禁、智慧停车、智能路灯等基础设施更新建设。同时对辖区产业进行升级，结合城乡接合部特色，将智慧农业、智慧仓储、智慧制造、智慧跨境商务、智慧国际会展、智慧园区等，打造成大兴区产业发展的新名片。

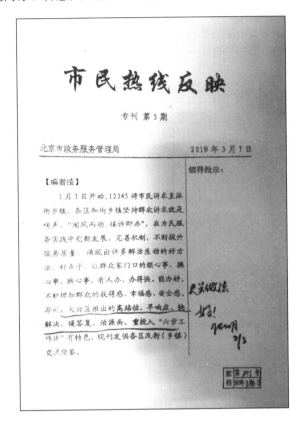

图 10-4　市委领导批示

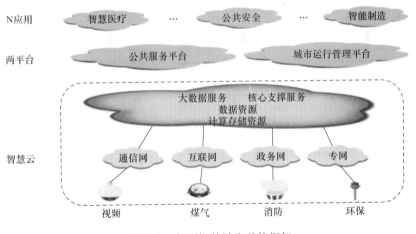

图 10-5　新型智慧城市总体框架

(四) 用数据引导精准巡查

以网格巡查为抓手，按照城市核心区、北五镇（城乡接合部地区）和南九镇（农村地区）三种区域类型开展分类巡查，通过区域面积、人口、部件数量、事件发生数及区域分布等数据，为全区 708 个基本网格科学合理地配置工作力量，将 3735 名网格发现、管理、处置、执法人员实名落实到基本网格，提升网格效能。透过不同时期、不同区域事件发生特点和规律，分析事件趋势引导重点巡查。按照区域不同，城乡接合部地区主要以违法建设、环境卫生、停车秩序等为主，农村地区主要以人居环境、社会治安、河道污染、乱堆物料等为主；按照季节不同，汛期主要巡查雨水箅子、道路积水等，冬季主要巡查焚烧秸秆、散煤堆放、大气污染等问题。从而合理使用政府资源，推动网格精准化巡查发现。

（五）用数据促进问题解决

通过 7 年来网格化信息平台累积的近 150 余万条网格案卷和群众诉求派单数据，结合法律法规、职能部门三定方案等，将 29 大类、229 小类、769 项管理事项建立与管理区域和主责部门一一对应的权属责任关系，与全区 92 家职能部门和属地签订权属确认单，形成8000 余条派遣规则录入信息系统，90％以上的网格问题和 60％以上的群众诉求实现自动派遣。其他跨区域跨部门、无法确认权属的复杂难题，通过"镇街吹哨，部门报到"机制推动解决，在城乡接合部这种特殊管理环境下，基本实现了系统案卷零积压。（图 10-6、图 10-7）

图 10-6　网格案件变化趋势

图 10-7　"12345"市民服务热线群众诉求变化趋势

（六）用数据推动管理服务

从管理上，2017 年底"三大行动"期间，由于快速清退疏散低端产业，大兴区西红门、旧宫等地区流动人口产生集中就业诉求，区政府很快关注到这一数据变化，立即开设专场招聘会，将该地区流动人口及时疏解到合规企业中；根据"大兴国际机场"拆迁村民的诉求数据，区政府为拆迁群众提供了一定配额的工作岗位，解决村民就业问题，从源头消除了可能产生的社会问题。

从服务上，大兴区在群众反映停车难问题集中区域建设立体停车楼，2019 年继续推进停车资源挖潜工作，计划增加社会停车位 1000 个；在疏解整治区域开设 90 个便民菜店、便利店；推进 72 个美丽乡村建设，修缮更新 170 个农村候车亭等，进一步推动精准化服务。

四、"网格化＋大数据"在助力新型社会治理中的经验

(一) 健全工作机制，是推动数据分析开展的基础保障

1. 建立大数据分析机制

问题发现是基础，核心在于透过对大量案件数据的分析挖掘，找准各部门问题症结，精准施策，是检验政府工作是否到位的重要标准。大兴区通过购买服务方式组建了专职数据分析队伍，对网格巡查、群众诉求、网民留言等多渠道的高发、易发、频发、季节性等问题进行分析，以数据分析为核心，通过数据反映的趋势变化开展指挥调度、应急响应、工作决策。

2. 健全权属责任体系

为推动网格问题和群众诉求快速、精准分转，大兴区在网格化管理开展之初即着手开展权属责任体系的建设，以各单位"三定"、法律法规为依据，建立网格管理事项、责任部门与法律条文一一对应的权属责任关系，形成派遣规则录入信息系统，作为网格问题和群众诉求自动派单的依据，目前大兴区 90% 以上的网格问题和 60% 以上的群众诉求实现了系统自动派遣，权属责任体系也成为分析不同区域、不同行业部门问题数据的基础保障。

3. 推动两网融合机制

促进网格化管理与市民服务热线相结合，将群众反映的城市管理类问题纳入网格闭环办理流程，利用网格化管理模式推动群众诉求快速解决，利用群众反映的集中问题和区域指导网格重点巡查方向。通过融合网格问题和"12345"群众诉求的问题分类、办理流程等，扩充社会治理问题数据来源，同时逐步纳入城市管理水、电、气、热等数据，建设大兴区城市运行管理数据中心库，为开展数据分析提供资源基础。

(二) 强化平台支撑，是开展数据分析的重要依托

1. 搭建网格信息平台

网格化管理运行平台是城市管理的重要资源，是城乡建设管理的实践积累，依托数据分析机制建立的大兴区网格信息平台，发挥了历史数据的决策支持作用，促进了"多网融合"、提高了指挥调度能力、提升大数据分析水平、实现了各环节移动化办公，推动多渠道问题一网办理、多业务数据一网查看、多部门考核横向评价，如图 10-8 所示。

2. 建设"吹哨报到"系统

大兴区深度落实"街乡吹哨、部门报到"工作机制，推动解决跨区域、跨部门的疑难杂问，依托网格信息平台，建设"吹哨报到"管理系统，汇集网格员上报、"12345"热线、网络诉求渠道等哨源，支持镇街、区直单位线上"吹哨""报到"，实现全过程留痕。精确挖掘业务数据，对镇街"吹哨"和部门"报到"情况进行精准分析、评价，建设可视

化展示大屏，对全区"吹哨报到"运行情况进行全方位展示，为全区"吹哨报到"工作落地提供系统支撑。

图 10-8　网格信息平台

（三）推动精准发现，是开展数据分析的信息来源

1. 突出精准巡查

建立日常巡查、重点巡查、专题巡查相结合的模式，日常针对主要大街、背街小巷环境秩序、公共秩序等常态化问题开展无缝隙、全覆盖巡查；重点时期针对消防隐患、环境保护、公共安全、营商环境、"疏整促"等开展重点巡查；围绕市、区中心工作，结合季节特点、区域特点开展专项巡查，推动网格巡查发现精准高效。

2. 坚持融入中心

坚持网格巡查融入中心任务、融入重点工作、融入区域特点，网格巡查必须围绕中心、服务大局，为重点任务、重大工程、重要节点提供第一手社会运转数据。同时，由于北五镇、新城地区和南九镇处于不同的发展阶段，功能定位、工作重点不尽相同，网格巡查要紧密结合本地区、本部门的实际开展工作。

3. 优化队伍体系

分类建设三支网格工作力量，作为收集社会治理问题数据的主要抓手。建立城市管理网格员队伍。按照"一格一员"的标准，打造城市管理网格员队伍，针对主要大街、背街小巷、社区内外的可视化问题，进行无缝隙、全覆盖巡查。建立社区民情工作队伍。充分发挥社区（村）两委作用，在管辖区内主动上手，入门入户，采集群众诉求和建议，打通服务群众的"最后一公里"。建立专业网格工作队伍。环保、消防、公安、环卫、工商等专业性强的部门按照全区统一的网格，逐格实名制下沉执法人员和管理力量，确保发现问题快速定位、精准处置。

（四）坚持创新思维，是开展数据分析的长足动力

1. 加大科技应用

运用卫星遥感监测手段，通过对"北京二号"小卫星影像数据进行分析，开展河道大

型漂浮物、裸露土地和非正规垃圾堆监测工作（图 10-9），开展"五纵两横一联络"综合交通主干路网周边环境与大棚分布摸底监测，形成专题报告（含问题遥感影像截图）、专题分布图、空间矢量数据等监测成果，同时开发配套支撑平台，进一步强化监测数据应用，实现在线问题发布核实，监测成果可视化展示，为全区专项巡查工作提供了有力支持。

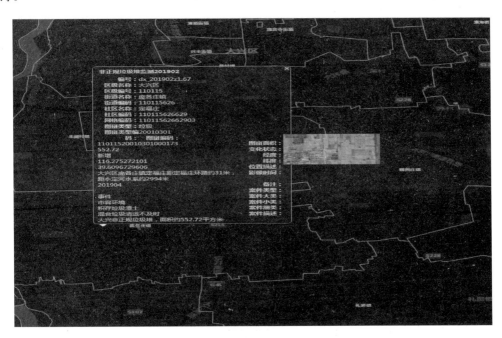

图 10-9　卫星监测非正规垃圾堆

2. 加强开拓创新

借助物联网、云计算等新兴技术，利用卫星、"天网"摄像头等手段采集数据，发现违章建设、环境污染等社会治理问题，通过监测居民水、电、气等资源使用情况，及时发现群租房等社会热点问题，通过多渠道数据收集、整合分析，实现数据创新，推动社会治理问题的解决。

可以预想，"网格化＋大数据"的管理模式还将在大兴区这个典型的城乡接合部地区发展中持续发挥作用，作为政府直接了解民生诉求和社会治理突出问题的前端，持续输出数据信息，通过加强物联网和智慧城市建设，逐步缩小城乡建设差距，推动城乡接合部建设发展更加精细化、科学化、智能化。

第十一章

沈阳市数字城管实践案例

（沈阳市数字化城市管理监督指挥中心　供稿）

专家点评

　　沈阳市数字城管通过创新"一张网、一张图、一平台"的建设模式，实现了城市管理对象"底数清、情况明"，形成了"管理有网、网中有格、格中有人、人有其责""和人在格中转、事在格中办"的精细化管理工作机制和市区一体的城市管理"问题发现快捷化、案件处置扁平化、评价考核标准化"工作模式。通过创建"全响应、全移动、全管控"的数字城管应用体系，形成"一点发现、全网响应、流程跟踪、限时结办、考核通报"的长效运行模式。

一、沈阳市智慧城管概况

　　作为全国第三批数字化城市管理试点城市，沈阳市于 2009 年全面启动了数字化城市管理系统建设工作，积累了丰富的数字城管运行及管理经验，2017 年初为全面贯彻落实《中共中央国务院关于深入推进城市执法体制改革改进城市管理工作的指导意见》（中发〔2015〕37 号）文件精神，从沈阳实际出发，以感知、分析、服务、指挥、监察"五位一体"为最终目标，加快数字化城市管理向智慧化升级工作。最终打造了"一张网、一张图、一平台"（图 11-1）的精细化、智慧化管理新模式。目前系统覆盖一市九区，实现市、区一体化运行，总覆盖面积 1600 余 km²，划分城市管理单元网格 51495 个，普查城市管理部件 236 万余个，全市共组建 1318 余名监督员在网格内不间断巡查，日均受理各类城市管理案件 9000 余件。

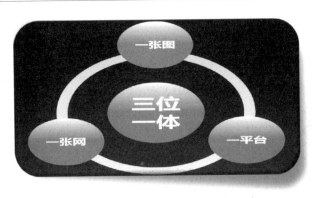

图 11-1　三位一体

二、沈阳市数字化城市管理监督指挥中心简介

沈阳市数字化城市管理监督指挥中心，为沈阳市城市管理综合行政执法局所属事业单位，机构规格相当于正处级。中心主要业务范围是：负责市级数字化城市管理系统的建设、运行、管理和维护；负责编制全市数字化城市管理技术标准、运行规范和规章制度；负责处理市级数字化城市管理系统平台信息；负责对全市数字化城市管理运行情况进行统计、汇总、分析和评价；负责对各区数字化城市管理系统建设、运行和管理的指导；负责上级交办的其他工作。中心内设置综合科、业务科和考评科。

综合科：负责中心的后勤保障工作，具体内容包括会务接待、对外沟通协调、内勤管理、在编及派遣制人员人事劳资、票据审批、文件收发存档、印章管理等相关工作。

业务科：负责全市数字化城市管理系统的建设、运行、维护；负责编制运行规范、指挥手册和规章制度；负责处理市级数字化城市管理系统平台的信息；负责大厅坐席人员的日常管理；负责指导各区数字化城市管理工作的开展。

考评科：负责开展市级外考评工作；负责统计、汇总数字化城市管理系统中的相关数据，形成分析报告；负责对各区政府及市直部门的数字化城管工作进行考核评价。

三、"一张网"＋"一张图"＋"一平台"

"一张网"是实现四级网络的互联化和管理责任的网格化。依托沈阳市大数据局，项目采用全市统一的电子政务外网，实现市、区、街道、社区四级网络互联互通，根本上解决了原有各区及各部门间的信息孤岛、数据分散现象。促进各层级、各部门之间的信息交互、数据共享、业务协同。划分全市统一的城市管理单元网格和责任网格，共划分单元网格 51495 个，责任网格 1093 个（图 11-2），责任网格中除了每天不间断巡查的信息采集员，还将每个责任网格内的巡查路线、巡查点位、问题类别、问题的处置单位及问题的责任人落实到网格当中，形成"管理有网、网中有格、格中有人、人有其责"和"人在格中转、事在格中办"的精细化城市管理工作机制。

"一张图"实现城市管理对象的数字化和精细化。沈阳市数字城管运行 10 年时间，城市部件情况及城市管理基础地形图一直处于待更新状态，造成了城市管理基础数据"建而不知、知而不全"的尴尬局面，极大影响了沈阳市城市管理的精细化管理。系统建成后基于全市统一的基础地形图，对全市 1600 余 km² 监管面积的基础地形图和城市管理部件进行拉网式普查，共普查城市管理部件 5 大类 127 小类，部件数量 2366827 个，新增部件数量超过 150 余万个（图 11-3），委托专业公司将所有普查地理信息数据进行脱密处理，提高了数据利用的灵活性，并且明确每个部件的名称、归属部门等信息，做到"底数清，情况明"。建立周期更新机制，根据各区行政区域变化按季度更新沈阳市基础地形图，确保数据的现实性、准确性。

图 11-2　网格划分

图 11-3　部件普查柱状图

"一平台"实现市区一体的城市管理"问题发现快捷化、案件处置扁平化、评价考核标准化"。强化数字城管核心应用系统各项功能（国家九标系统），建设特色城市管理各项拓展应用，创新全移动办公的城市管理新模式，提升惠民便民服务应用。通过建设市区一体化的智慧城管平台，实现各区、各级部门统一平台接入，消除信息孤岛，形成市区一体的精细化城市管理体系；运用移动互联网、物联网、云计算、大数据等先进技术，创建"全响应、全移动、全管控"的智慧城管应用体系，形成"一点发现、全网响应、流程跟踪、限时结办、考核通报"的长效运行模式，为实现感知、分析、服务、指挥、监察"五位一体"的智慧城管新平台奠定了坚实的基础。

最后，通过编制全市统一的《沈阳市城市管理指挥手册》，明确所有管理对象的主管部门、权属单位、处置单位、处置时限和结案标准等，保障问题准确派遣、快速处置，推动城市管理由粗放管理到精细管理转变。

四、"市民＋考评员"双轮驱动

沈阳市智慧城管系统建设之初本着尊重市民对城市管理的知情权、参与权、监督权，大力建设并推广"我的沈阳·城管一键通"（图 11-4），建立市民上报机制，鼓励市民通过"城管一键通"上报城市管理问题，市民通过"城管一键通"可随时查看所上报案件办理状态，督促各相关部门高效响应市民关注问题，将处置情况纳入绩效考核体系，真正实现城市共治共管、共建共享。

图 11-4　城管一键通功能页

2017 年，沈阳通过媒体宣传等方式大力推广"我的沈阳·城管一键通"（图 11-5），推广效果显著，注册人数近万人，举报案件 17348 件，成功处理案件 13840 件。

图 11-5　主流媒体推广版面

在市级层面组建专职考评员队伍，建立巡查发现扣分机制。考评员在日常巡查中及时上报发现的问题，系统将自动扣分。通过抽查考评问题形成倒逼机制，提高各区及各级部门的履职能力，进一步完善"高位监督、监管分离"的城市管理运行体系。通过市民上报和考评员抽查扣分，完善了城市管理的外评价和内评价体系，最终形成双轮驱动的监督工作机制。

五、"三融五跨"大协同

沈阳市智慧城管系统打造了"网络通达、业务上云、数据共享、统一授权"的智慧城管新型基础设施，覆盖和平区、沈河区、铁西区等9个行政区，接入22个市直部门、615个区级部门及处置单位，整合公安视频探头26000余路，多样化的监管手段实现了城市管理全覆盖。推动城市管理"技术融合、业务融合、数据融合"，促进"跨层级、跨地域、跨系统、跨部门、跨业务"协同管理和服务，实现城市管理由经验式、粗放式管理向科技化、精细化管理转变。

六、坚持用四化原则推动网格化建设

近年来，沈阳市坚持以人民为中心，积极探索并建立城市管理"逻辑网格"为突破口，以此推动城市管理水平不断提升。逻辑，也就是事情的因果规律，也是客观事物的规律性。网格化涉及的每项工作都应遵循的逻辑原则是：复杂的问题简单化、简单的问题流程化、流程的问题定量化、定量的问题信息化。

首先是复杂的问题简单化，这里并不是把问题简单处理，而是以简单的方法去微分复杂的问题，把庞大、繁杂的问题，一眼看不透的问题，采取"切片""CT扫描"的方式，一个环节、一个个分解动作地去做微分，这样就可以看透了，然后从中找到规律性的东西。具体到城市管理和服务上，把复杂的单元细化成若干个简单的单元，把大的单元变成小的单元，小的单元变成微的单元，这就是所谓的网格。对于网格，网格一定不是单纯的物理网格，而是逻辑网格。是微分的过程，所以网格一定要贯穿逻辑。没有逻辑的思维方式，就分不清、分不准，分不到闭环。比如，城市管理中的井盖，如果只分成一个种类，其实是没有意义的，因为实际上井盖是分门别类的，有水、电、暖、信等等，而水又有给水、排水之分，排水又有雨水和污水分流、合流之分；同时又有市管、区管、社会专业公司管之分。如果不对这些井盖进行细分，实际上是没有意义的。而在进行了细分之后，不用逻辑来穿透这些井盖，这些井盖和权属单位、行业管理部门不用逻辑来穿透，仍是一盘散沙，是无法感知和协同的。对于这些部件、事件数据，客观上必须有一条逻辑的线条来串连。这才是逻辑网格的本质含义。

对城市事件和部件进行有效管理，在物理网格的基础上做到全覆盖、全过程、全天候。全覆盖是把精细化管理要求覆盖到各个空间、各个领域和所有人群；全过程是把精细化管理要求贯穿到城市规划、建设、管理全过程，实施全生命周期的精细化管理；全天候是把精细化管理要求体现在一年365天、一天24小时，还可以再划分到一小时的60分钟，这就形成了动态的逻辑网格，实现了管理的精细化、简单化。同时，网格化的关键在于"线"不在于"格"，定格是前提，定线才是关键，一定要把巡检的路线制定出来，再确定巡检频次。巡检频次和管理模式可以适时调节，如果问题多的巡检频次就加大，问题少的巡检频次就可适度拉长。这时候的网格就不再是僵硬的网，而是有了弹性和张力的网，如蛛丝般，看起来纤细，却可以捕捉到所有设定的问题。

简单的问题流程化。就是分解动作，有程序性的安排。要通过感知、规划、决策、执行，形成逻辑闭环，并按照程序安排，将每一个环节、每一个节点都执行到位、处理到位，才能实现真正的网格化，实现对每个城市部件和事件的有效管理。

流程的问题定量化。就是要达到"定格、定人、定责、定线、定时、定质、定量、定论"的"八定"标准。在发现问题、解决问题过程中，一定要有过程管控。还是以井盖为例，当巡查员或群众反映一个井盖缺失或破损，首先要确定这个井盖是谁的，是哪个单位的。假设是水务集团的，要确认是市公司管的还是区分公司管的，是由区里协调还是市里协调，这就涉及交办给谁，谁来交办。所以还是利用逻辑网格思路，要把每个井盖普查清楚，定位到坐标点上，在问题上报时就确定这是区分公司管理的井盖，然后系统就由区级平台转交到区分公司，区分公司交办到下边的所（队）或管理站，管理所（队）或站交办到责任人，责任人按时限和标准处置，处置完毕再反馈到平台予以结案，市区平台再通过验收确认处理效果，并记入后台，实现评估和评价。只有将工作量化之后，这种量化的过程，就是上述两个问题的延伸，是逻辑发展到这里必然产生的承接，这是网格化中理论向实践转化和具体实践的过程，因此是十分重要的环节，因为有了这个环节，才能有针对性地做工作规划和安排。

定量的问题信息化。信息化是所有问题处置的基础载体，通过信息化可以实现发现问题快速便捷、处置问题规范高效、定论考核科学公正的目的。横的分类就是各类数据的汇总分析，纵的分类就是形成工作台账和纵向的机制。每个网格都用这种逻辑去穿透，就会有了微观局部的全覆盖，进而实现宏观全域的全覆盖。这种数据的积累是十分重要的，当数据积累到一定数量之后，这些海量的数据就开始自己说话了，就开始有了预知、预告、预警、预判等功能，而这些功能就是智慧化的构成要素。

七、实施"八定"工作法

网格化"八定"工作法，就是通过"定格、定人、定责、定线、定时、定质、定量、定论"，对城市管理区域和管理对象进行微分、切片，逐一分解、细化、量化，形成"逻辑网格"的标准化工作程序，实现"物理网格"向"逻辑网格"的转变。

原来的网格大部分是物理网格，自上而下划定，存在网格面积过大、网格巡查不到位、不严谨等问题，每天巡查几遍、巡查什么内容都没有细化的规定，有的点位几天看一次也行，有的一个月看一次也行，甚至长期不看也行，经常出现每年年初都要开展越冬垃圾集中清理、"五一""十一"市容环境突击整治等情况。（1）定格，现在按照逻辑网格来划分的目的不是为了画网格，而是对这个城市的事件和部件进行有效管理，定格主要采取自下而上的方式。由各地区在全市统一的城市管理基础单元网格基础上，充分考虑自然环境、人口构成、商业业态、巡查路线、巡查方式、重访频率等可能影响工作开展的因素，根据实际设定不同面积的巡查重访区域，确定不同类型的网格。例如沈阳市和平区以每300～500户为标准，沿街商户20家左右，三四级马路总长度1公里左右，巡查点位50个左右设定1个网格。按照这种方式设定网格，如果采取1小时重访1次的频率，那么城市管理问题就不会存在超过1小时。只有强调重访，才能使网格达到逻辑穿透，这种巡检巡查才是有意义的。所以无论在大小网格中，都要设定科学合理的若干条线，同时设定符合实际的重访时段，保证问题存在的时间不会超过设定的时间。（2）定人，也就是要确定网格的巡查管理责任人，可根据管理层级设定网格员。目的就是要落实网格的巡查责任制，并且不同类型的网格员可以合理编组开展巡查重访工作。（3）定责，即确定网格员巡查重访的主要内容，明确工作责任。比如和平区一百多个社区、三百多个小区，工作内容就是空间所及的地区，包括路、小区、河道、公园、广场和绿地等，网格员就是负责把路看住、把河看住、把公共空间看住，根据不同类别设定需巡检巡查的具体内容，这样就都能覆盖到位。所以，定责也是逻辑的要求，没有责任要求和设定的巡查和重访，仅仅是健步走式的锻炼身体，是没有意义的。（4）定线，也就是要规定网格员巡查重访的路线轨迹，从管理上规避漏巡或者不巡的情况。网格化关键不是"格"而是"线"，定格是前提，定线是关键，一定要把巡检的路线制定出来，然后确定巡查频次。定格的核心是定线，不定线就无法重访，就没有办法定时或定频次，因此巡查路线非常关键。和平区在开展网格化试点工作时，市长与巡查员还建立了联系，并亲自带领办公厅人员一道与网格员进行实地考察，与网格员一起走线，测定时间，逐个签到点和问题点以及处理问题的耗时都亲自去实地踏勘，从而总结和归纳出科学合理、符合实际的线路和时间。可见这是一个自下而上、现场确定的过程，如果没有进行到这一步，就不会发现过去的网格存在过大、区域偏差、图上错误等问题。这也是调查研究的过程，是方法论的鲜活例证。实践出真知。（5）定时，即明确各类问题、各工作环节在巡查重访、上报问题、解决问题等工作环节的程序和时限。巡查模式可以适时调整，如果问题多巡检频次就加大，问题少巡查的频次就可以适当拉长。（6）定质，也就是对巡查重访、上报问题、解决问题的质量提出工作要求。巡查重访时，要严格按照点位清单进行巡查重访；上报问题时，要按照案件类型科学分类，准确上报；解决问题时，要按照责任部门准确派遣，按期解决。（7）定量，即明确不同类型网格的任务种类，需要完成的工作量。重点是对各级网格责任、相关人员工作任务及工作成本进行明确与核定，是人力资源与事件、部件间建立起的一种科学的配比关系，从根本上也是资源配置的科学化。通俗地讲，是把干事的人，放在有事的地方；有事的地方，一定有干事的人。既不浪费，也不空置，这是精准、精细、精益的体现。（8）定论，也就是对各区域、各部门和各岗位人员在各环节工作的推进情况、完成质量进行考核评价。要对网格员的巡查轨迹、重访频率、上报问题数量、上报问题质量进行定论评价；对审核人员立案和派遣时间和准确性进行定论评价；对处置部门受理时间、处置人员进场时间、解决问题时长、解决问题质量等进行定论评价。没有定论评价的工作，就一定是说不准好坏的工作。而这样的工作也必定是没有激励作用和效果的工作。这样的工作会很快衰减成无效劳动。

在完成"八定"工作后，每个网格内的每个问题都要围绕"发现、立案、派遣、结案、监管"的逻辑闭环进行处理，同时按照计划、频次、标准、路线，对城市部件、事件进行重访，重点地区重访频次要加大，实现对网格的逻辑穿透。如果这"八定"全部落实到位，城市管理精细化的系统性、逻辑性建设就完成了，而且会不断地向更高水平发展，因为"网眼"在这个过程中会自我越织越密，大问题没有了，就自动去找小问题，达到"绣花式"的管理水平。

八、全移动办公、扁平化处置

信息采集员通过手机移动办公平台将问题上报至监督指挥中心，监督指挥中心坐席人员通过对案件的确认和分类，同时根据问题所在网格选择相应的协同处置单位和人员，将问题直接派遣至该单位。处置单位手机端接收到相应案件后根据案件严重程度、发生位置等信息，第一时间到达案件现场，同时对于不能及时处理的案件可根据实际情况申请延期。当协同单位处置完成后，通过移动办公平台直接将案件上传至监督指挥中心。整个案件流程依托全移动办公平台完成。如图11-6～图11-9所示。

图 11-6　协同单位处置通

图 11-7　查看案件详情

图 11-8　案件操作菜单

图 11-9　案件批转页面

九、定标准、下考核、高监管

制定方案标准，细化考核内容，运用考核结果、高位协调督办成为解决问题的有效手段和抓手。通过制定和下发网格力量配备工作方案和通知，指导各区完成对所辖片区网格力量的配备。定时通过沈阳市城市治理办公室的名义下发各区网格力量配备情况，并就各区情况实时向主管市长做专题汇报。目前全市共有信息采集员 1300 余名，新增网格力量 800 余名，较数字城管阶段增加人员数量 2.5 倍。网格员在岗情况查询如图 11-10 所示。

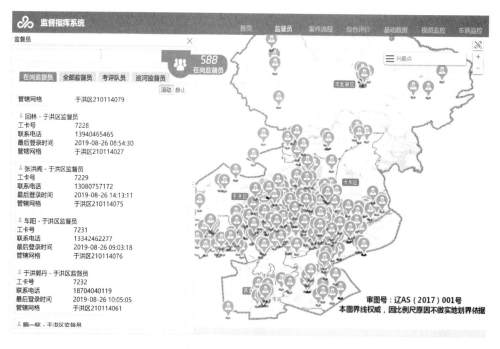

图 11-10　网格员在岗情况

按照"定格、定线、定人、定责、定量、定时、定质、定论"的"八定"要求，全面加强城市管理网格化工作：一方面细化城市管理网格，划分为核心区域网格（重访时限 1 小时）、重点区域网格（重访时限 2.5 小时）、一般区域网格（重访时限 4 小时）、非主城区网格（重访时限 1 日）共计 1093 个，在每个网格内制定具体巡查路线，并设置打卡点位，规范网格员巡查工作，充分发挥网格员的"眼睛"作用，提高城市管理问题的发现能力；另一方面加强统计分析、考核通报，对各地区、部门的城市管理网格化工作情况进行周统计、月考核，每周向主要市领导汇报，督促各地区、部门完善处置机制、加强处置力量、提高处置效率。目前全市四类网格共设置打卡点位 14919 个。网格员巡查路线完成情况、网格员巡查路线设置分别如图 11-11、图 11-12 所示。

系统每天实时记录各区信息采集员实时在岗情况、打卡点位情况、缺勤人数、案件上报情况等各项指标，通过月考核专报的形式下发各区政府部门。

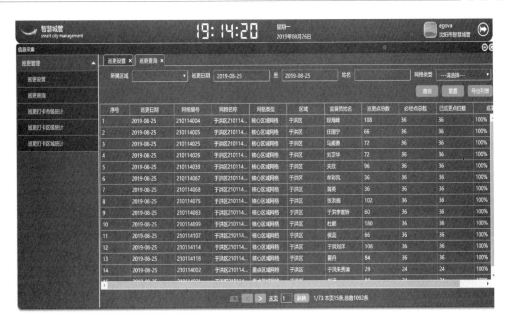

图 11-11　网格员巡查路线完成情况

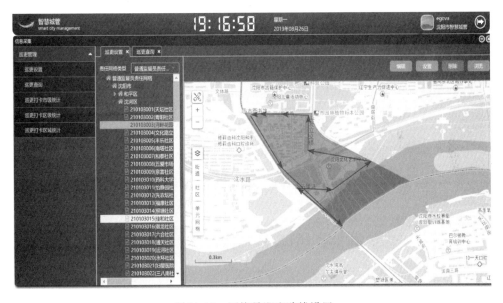

图 11-12　网格员巡查路线设置

沈阳智慧城管走到今天可分为三个重要里程碑，起步期、升级期、探索期。2009 年至 2017 年初的 8 年时间里，沈阳通过运用数字化城市管理新模式发现并解决各类城市管理问题 190 余万件。2017 年初至 2018 年中，沈阳进入全面升级阶段，积极学习先进城市工作经验实现了数字城管向智慧城管的跨越升级，共发现及有效解决各类案件 55 余万件，大大提高了发现问题及处置问题的效率。2018 年至 2019 年中，沈阳在全市各级领导的大力支持下，总结多年城市管理经验，以"四化""八定"为工作原则，使智慧城管更加精细化、责任化、扁平化，短短一年的时间里解决各类城市管理问题 100 余万件，结案率高达 99％。一大批城市管理问题得到及时、高效解决，同时也为沈阳市创卫工作的巩固提供有力支撑。

未来，沈阳将继续探索城市管理之道，将大数据、视频智能分析等纳入其中，通过智能化的应用解决日益繁重的城市管理工作，同时加深政府与市民之间的良性互动，拓展市民监督渠道，将"我的沈阳·城管一键通"、微信公众号、微信小程序等多种监督应用接入到城市管理当中，实现全民共建、共治、共管、共享。

第十二章

长沙市数字城管实践案例

（长沙市城市管理监督指挥中心　供稿）

专家点评

长沙市严格按照标准建设了功能全面的数字城管系统，创新了广泛发现问题、快速处置问题的工作机制，建立了覆盖全市各区、各相关部门的高位考核监督体系。一是拓展信息采集渠道，实现专职与市民、人采与车采、地面与空中相结合的模式，消灭了采集死角，提高了信息质量。二是创新管理方式，对监督员"十个一"的管理要求和第三方监督员的介入，强化了制度管人，提高了监督员的素质和工作效率。三是健全考核机制，通过调整考核指标、扩大考核内容、强化考核应用，充分发挥了数字城管的监管作用。四是不断探索，努力推进数字城管向智慧城管的升级。

一、基本概况

长沙市位于湖南省东部偏北，是湖南省政治、经济、文化、交通、科技、金融、信息中心。下辖 2 市 1 县 7 区，全市土地面积 1.1819 万 km^2，其中城区面积 556km^2，建成区面积 374km^2。2018 年，长沙市常住人口约为 815 万人，实现地区生产总值 11003.41 亿元。近年来，长沙先后获得了创新驱动示范市、法治政府建设典范城市、国际化营商环境建设标杆城市、全国文明城市等称号。

长沙市城市管理监督指挥中心成立于 2006 年，是长沙市城市管理和综合执法局直属的全额拨款副处级事业单位，编制人数为 43 人，设有综合管理科、信息管理科、网络管理科、绩效考评科、"110"接（处）警中心 5 个科室，承担六项工作职能，如图 12-1 所示。长沙市城市管理监督指挥中心在加强城市管理、改善城市环境、提升城市形象上作出了积极贡献，被授予"湖南省文明单位""全国青年文明号""长沙市五一劳动奖状""先进基层党组织"等多项荣誉称号。

1. 指挥、协调、监督各区、市直各部门的城市管理工作

综合管理科

110接(处)警中心

4. 负责市级数字化城管信息系统的管理维护，指导、监督各区数字化城管工作

2. 对巡查发现、群众投诉、媒体曝光、领导交办的城市管理问题进行统一受理、分类、移交相关责任单位处置，并进行跟踪督办

信息管理科

绩效考评科

5. 负责"110"接(处)警和"12319"城市管理服务热线工作

网络管理科

3. 负责城市管理应急事件的调度指挥

6. 承担城市管理考核、评比的有关基础性工作等

图 12-1 长沙市城市管理监督指挥中心科室及职能

二、建设与运行

长沙数字城管按照《关于深入推进城市执法体制改革改进城市管理工作的指导意见》（中发〔2015〕37 号）要求和《数字化城市管理信息系统》国家标准，建设了功能全面的数字城管系统，如图 12-2 所示。建立了广泛发现问题、快速处置问题的工作机制，实行了覆盖全市各区、各相关部门的高位考核监督。

图 12-2 数字城管系统功能

（一）系统建设

长沙市数字城管系统从 2007 年开始建设，按照标准，对 213km² 城区实施了基础地理信息普查，获取 58.9 万个部件资料。同时，将部件划分为 7 大类、69 小类，将事件划分为 8 大类、112 小类，将普查划分的 4705 个单元网格按照工作需要设置了 123 个信息采集责任网格。

2019年，在九大标准子系统的基础上，拓展建设了巡查人员管理子系统、无线数据处理子系统等八大特色子系统，设计并开发了市级监督指挥、区级监督指挥、网格化管理三套问题处置体系，实现了城市管理问题的高效联动和及时处置。目前，长沙市区两级监督指挥平台共用一套系统，市区数据一网查询、互联互通。系统总体架构如图12-3所示。

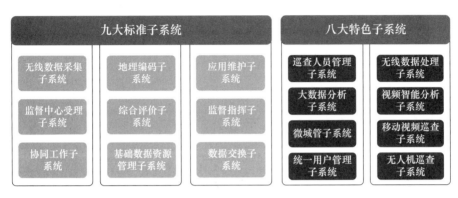

图 12-3　系统总体架构

（二）系统运行

按照标准建立了信息采集、案卷建立、任务派遣、任务处理、处理反馈、核实结案、考核评价闭环工作流，如图12-4所示。信息采集采取服务外包的形式，通过政府采购委托社会专业公司开展工作，由361名市级采集员实行全年365天上午7：30至夜间9：30的常态化采集模式。通过服务外包招录54名坐席员，对数字化城管信息系统内的城市管理问题、天网视频抓拍案卷、市民投诉进行立案派遣及核查结案。成立了一支21人组成的信息采集监督员队伍，对市级信息采集员工作开展全方位的监督。同时，数字城管承担"12319"热线、"12345"城管工单、市民有奖举报等工作的受理、派遣、回访、结案等任务。

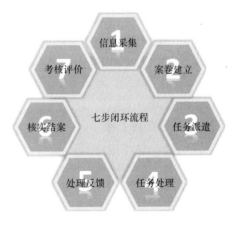

图 12-4　闭环流程图

（三）评价考核

长沙市成立了以市委、市政府和19个市职能部门为成员的长沙市城市管理委员会，并制订印发了《长沙市城市管理工作考核办法》。数字城管考核成绩纳入长沙市城管工作考核体系，负责对全市5个城区政府、高新区管委会和15个相关市直部门的城市管理工作进行考核，问题类型覆盖112个小类，数字城管在对各区城管工作考核权重中占65％，如图12-5所示。对相关市直部门城市管理工作的考核权重占到100％。考核结果应用于各区绩效考评，并在主流媒体上向社会公布考核结果。通过数字城管的日常考核，有效推动各城区各职能部门维护城市秩序、环境的积极性，保持了城市管理的常态化、精细化。根据系统统计，

2018 年，长沙市区两级共计采集各类城市管理问题 1358307 件，结案率 98.91%，按期结案率 95.42%。

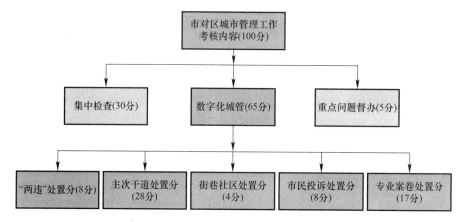

图 12-5　城市管理考核占比权重

三、主要特色

（一）信息收集渠道广

1. 开展专项普查

在日常信息采集的基础上，根据重点任务开展专项普查。一是聚焦重大活动，如中非投资论坛、农博会、全国糖酒会等活动保障；二是围绕阶段性重点问题，如乔木补栽补种、夜市摊点、暴雨积水等问题；三是落实重要任务，如裸露黄土、别墅区违法建设、河道垃圾等的普查。2018 年，开展各类专项普查 15 次，普查问题数量 18000 余个，特别是对裸露黄土问题多次的普查和复核，为长沙市蓝天保卫战工作的调度、考核提供了问题来源和数据依据。

2. 鼓励市民上报

开发市民随手拍软件，如图 12-6 所示。下载注册后可上报环境卫生、市容秩序、私搭乱建、井盖缺失及大气污染等 5 类问题，经核查属实后生成有效案卷。2018 年，通过"市民随手拍"软件有效立案 1.7 万起，发放奖金 11.4 万余元。

3. 运用视频抓拍

2016 年 5 月，数字城管正式接入并启用公安"雪亮工程"天网视频探头 33705 个，安排 12 名坐席员每天对全市主次干道、重要场所进行轮巡并抓拍，如图 12-7 所示。2018 年共抓拍城市管理案卷 12945 起。

4. 建设智能视频分析系统

在城市管理问题易发区建设高空瞭望视频探头，利用智能视频分析技术，对视频信号自动化进行区域分析和行为分析，主动监测违章事件，对违章停车、店外经营等城管问题进行自动预警和采集，抓拍到问题照片和视频可直接形成案卷进入系统流转，如图 12-8 所示。

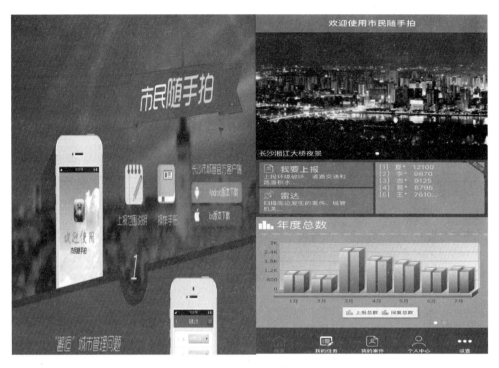

图 12-6　市民随手拍软件

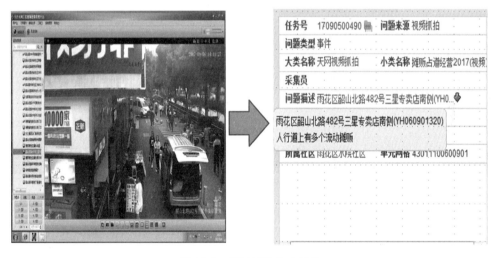

图 12-7　天网抓拍生成案卷

5. 运用先进设备采集

借助 4G、GPS、移动视频等信息技术，运用工业级无人机、全球眼巡查车为城市安装空中观察器和陆地扫描仪，解决采集区域盲点问题，实现信息采集三维立体化模式的全方位覆盖，飞行、车行中抓拍到问题照片和视频直接形成案卷进入系统流转。无人机航采如图 12-9 所示。

（二）人员管理要求严

对信息采集员、监督员队伍制订相应的管理制度和考核办法，创新管理方式，强化制度管人，严格奖惩措施落实。

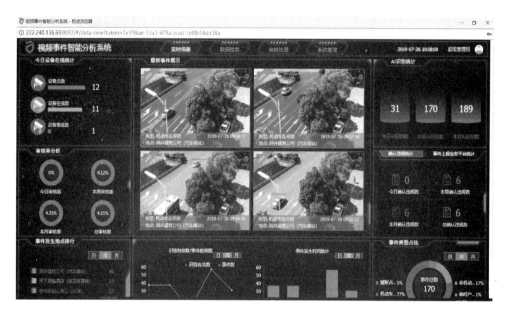

图 12-8　智能视频分析系统

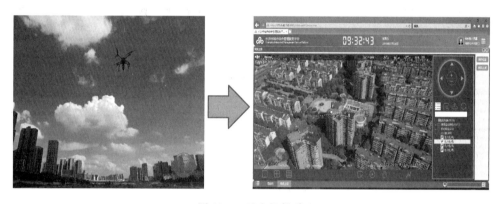

图 12-9　无人机航采

1. 对采集员实行"十个一"日常管理

一天分两班，每天采集工作 14 小时，一个班次工作 7 小时，上午班从 7：30 到 14：30，下午班从 14：30 到 21：30；一周一分析，每周分区域、类别、部门等对象进行数据分析，并与前期参考均值进行比对，如图 12-10 所示；一周一通报，采集公司将一周督查发现的问题进行通报；一周一调度，采集公司每周召开工作调度会，解决本周的问题，并对下周采集重点进行传达和布置；一月一培训，每月召开案卷分析会，统一案例标准，明确细化情形；一月一考试，采集公司对采集员进行业务考试，考试结果纳入当月考核；一月一总结，每月对数据进行分析总结；一月两考核，中心对采集项目公司进行考核，采集公司对采集员进行考核；一月一讲评，每月召开项目考核讲评工作会；一月一测评，信息采集监督组每月向各区处置部门、门店派发民主测评问卷。

一、3月5日至11日上报情况

区域	上报数	立案数	立案扣分立案数	立案扣分立案占比	处置案卷立案数	处置案卷立案占比	不立案数	差错率
芙蓉区	2626	2383	1255	47.79%	1128	42.96%	203	7.73%
天心区	2162	2020	1097	50.74%	923	42.69%	122	5.64%
岳麓区	2123	1907	911	42.91%	996	46.91%	146	6.88%
开福区	2502	2246	933	37.29%	1313	52.48%	202	8.07%
雨花区	2311	2065	898	38.86%	1167	50.50%	216	9.35%
高新区	666	586	1	0.15%	585	87.84%	52	7.81%
全市	12390	11207	5095	41.12%	6112	49.33%	941	7.59%

分析结论：

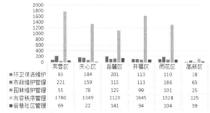

各区域5类立案情况

	芙蓉区	天心区	岳麓区	开福区	雨花区	高新区
环卫保洁维护	83	184	201	113	110	18
市政维护管理	221	159	115	113	186	65
园林维护管理	55	78	125	99	101	25
市容秩序管理	1780	1349	1123	1645	1328	125
街巷社区管理	69	22	141	94	104	34

　　根据上图可以看出，3月5日至11日主要上报的大类为市容秩序管理，共采集7350件。其中芙蓉区的市容秩序问题数量最高，主要集中在芙蓉区远大路沿线、八一路沿线、车站路沿线和东二环沿线；天心区白沙路沿线、芙蓉路沿线、书院路沿线和新开铺沿线；岳麓区安居路沿线、茶子山路沿线、含光路沿线、麓山路沿线、银杉路沿线；开福区北二环沿线、蔡锷北路沿线、车站北路沿线、德雅路沿线、芙蓉路

图 12-10　一周一分析比对数据

2. 引入第三方监管

　　招聘第三方监督公司负责对市级信息采集员开展全方位监督，明确监督内容和监督措施，如图 12-11 所示。（1）对信息采集员失报漏报问题进行倒查，利用系统功能比对信息采集员巡查轨迹，对当班信息采集员开展谈话调查；（2）监督员主动进行走访，对处置部门和门店业主开展问卷调查，及时了解并收集信息采集中的问题和建议；（3）开展采集数据分析，通过发现数据的异常波动，对可能存在的问题进行线索摸排。2018 年走访门店调查 847 次，走访街道社区调查 295 次，通过"两违"案卷倒查约谈采集员 39 人。

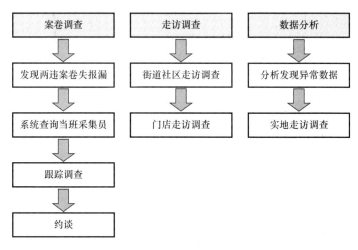

图 12-11　监督内容和措施

3. 信息采集实行轮岗轮班制度

为了杜绝采集工作中普遍存在的懈怠、拉关系等不良问题，除了加强素质教育和技能

培训外，专门研发了采集员自动排班系统，如图 12-12 所示。其功能：一是每个月按一定比例对采集员实施跨区轮岗交流，直至完全轮转后再循环；二是区内网格轮换，采集员每日责任网格分配无规律可循；三是按照"就近"和"无序"的原则系统自动排班，网格信息一对一发送，只有排班专员和当班人员知晓；四是按网格追究责任，网格内出现失报漏报、选择性采集、作风纪律投诉等问题，首先问责当班采集员。

图 12-12　采集员自动排班系统

（三）考核评价力度大

1. 指标设置新

长沙市数字城管在设置结案率、按期结案率、返工率等常态指标的基础上，创新增设了重复案卷扣分、复核案卷扣分两项考核指标。重复案卷是指在 100 米范围内，一个考核周期中反复出现 3 次以上的同类别问题，于次月初对相关处置部门交办该问题，并安排督查人员对现场情况进行多次核实，只要问题重复发生即进行扣分。复核案卷是对考核中已结案的问题进行实地再检查，对处置不到位的问题再次纳入考核扣分。通过上述两项指标的设置，迫使各部门加强了问题的源头管理，同时也进一步提高了处置效率。

2. 考核内容全

根据《长沙市城市管理工作考核办法》规定，在对各区城管工作的考核总分中，除信息采集员上报的问题外，由相关专业人员进行的集中检查以及执法队伍建设、渣土管理、亮化管理等专业考核都统一用数字城管系统进行流转与考核，进一步发挥了数字城管系统的应用。专业考核系统如图 12-13 所示。

3. 监管措施实

长沙市数字城管考核结果定期上报市委、市政府主要领导，并在长沙晚报等当地权威媒体上进行通报公示，如图 12-14 所示。城市管理工作考核结果排名与每年 2000 万元的城市管理奖励专项经费挂钩，并作为影响各区绩效考核的重要指标和问责的重要依据，以强力考核促市容提升。

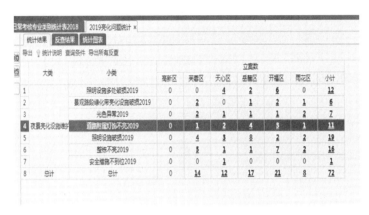

亮化专项考核

图 12-13　专业考核系统

图 12-14　长沙晚报通报公示城市管理考核结果

(四) 市民投诉服务优

长沙市数字城管以"热心、耐心、真心、爱心"做市民的"服务员、解说员、通讯员、协调员"为宗旨，通过"12319"城管服务热线、市民随手拍 APP、微城管和

"12345"市民热线工单处置等途径，在严格处置时限、升级有奖举报、提升服务水平等方面采取措施，解决了大量百姓生活中的城市管理难题。

1. "2小时处置"＋双向回访

"12319"热线实行实时接单实时派单，严格限制处置时限，要求处置部门半个小时赶到现场，2小时内进行处置。建立双向回访模式，市民投诉问题经处置部门回复市民处置结果后，数字城管再次回访市民，确保问题处置到位，确保市民对处置结果满意。自运行以来，"12319"热线共派遣市民有效投诉15万余件，办结率99.7％，市民满意率99.6％。截至2019年6月，"12345"热线系统工单办理考核指标每月综合得分连续39个月全市排名第一。数字城管市民投诉工作流程如图12-15所示。

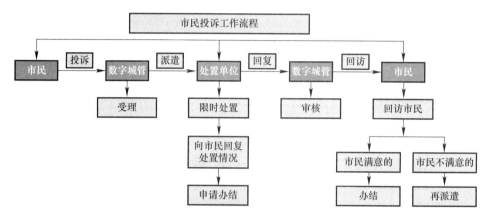

图12-15　数字城管市民投诉工作流程

2. 积极做好应急保障

关注与市民生活息息相关的民生问题，做好应急保障工作，如"三考"静音行动、集中降雨、低温雨雪天气期间，积极响应市民的紧急求助。2018年夏季连续暴雨期间，共受理应急警情1000余起，处置率100％，最大限度地避免及减少国家和人民生命财产的损失。

3. 创新有奖举报方式

为鼓励广大市民积极参与城市管理，实时举报发生在身边的城市管理问题，长沙数字城管于2010年推出长沙城管短信平台，2013年升级为市民随手拍APP，2019年再次升级为长沙微城管市民随手拍，如图12-16所示。对于投诉有效信息的市民给予5元至200元不等的话费奖励，提升了市民参与城市管理的积极性。

经过十余年的运行实践，长沙市提出了数字城管向智慧城管转型升级的"1＋3"总体建设思路，即1个中心（智慧城管中心）、3个平台（城管大数据平台、应用管理平台、公众服务平台）。在已实现部分行业系统信息共享的基础上，计划分3年时间逐步上线25个行业平台，最终形成长沙城市管理综合服务平台，以功能强大的信息系统为支撑，促使城市管理工作再上新台阶。长沙智慧城管总体架构如图12-17所示。

图 12-16　微城管举报问题

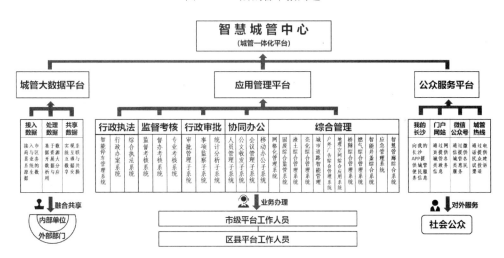

图 12-17　长沙智慧城管总体架构图

第十三章

柳州市数字城管实践案例

（柳州市城市管理信息中心　供稿）

专家点评

　　柳州市通过争当"十个者"树立"十样板"，打造数字城管工作"率先模式"，以新技术应用为基础，以制度落实为根本，以服务民生为目的，在数字城管的基础上，通过对市政、环卫、执法等行业管理的智慧化改造，增强了城市智能管理能力，实现了城市管理从粗放到精细、从静态到动态、从开环到闭环、从分散到集中的转变，城市管理水平得到提升，城市环境得到明显改善，取得了良好的社会效益，是数字城管制度智慧、管理智慧的成功实践。

一、基本概况

　　柳州，又称龙城，是一座极具现代化、又不失古典气息的历史文化名城，是广西最大的工业城市，是我国西南地区的工业重镇和交通枢纽、商贸物流中心、山水景观独特的国家历史文化名城、西江经济带龙头城市。享有"中国人居环境范例奖城市""中国节能减排20佳城市""中国十佳宜居城市""国家甲级旅游城市""国家卫生城市""国家园林城市""国家森林城市""国家智慧城市试点"等殊荣。柳州在大力发展工业经济的同时，坚持绿色发展，锻造出一座"山水城市中工业最强，工业城市中山水最美"的城市。李克强总理评价"柳江不输漓江，柳州不逊桂林"。时任中共中央政治局常委、国务院总理温家宝到柳州考察时，称赞柳州"山清水秀地干净"。柳州数字城管在服务创城、巩固提升城市品牌等方面做出了突出贡献。柳州市全景如图13-1所示。

（一）柳州数字化城市管理系统建设情况

　　柳州市在数字化城市管理工作中，率先采用"公司投资、政府租用、部门使用"的建设模式，实现了与天网工程、政务云平台、国土地理信息系统资源共享、互联互通。柳州数字城管系统按照住房城乡建设部监督与指挥"两个轴心"分离的要求，综合运用现代成熟的计算机、"3S"空间、网络通信、行业实体库等信息科学技术，采用万米单元网格管理法、城市部件管理法，搭建了"信息采集""监督受理""协同指挥""绩效评价"等32个业务子系统，通过电子政务外网实现了与各委办局协同办公，如图13-2所示；共享"天网"工程一万余个监控探头，实现了现场监控资源的互联互通；开发了与市国土地理框架信息系统的接口实现国土地图信息在线调用，引入百度、腾讯等第三方地图数据，为数字城管各应用子系统提供丰富的地理数据支持；研发了重点路段考核子系统，实现城市管理问题按道路、区域等级评价，考核成绩更科学；通过接口开发，与"柳州1号""龙城市民云"等新媒体、公共服务APP合作，拓宽受理渠道；通过"门前三包"子系统，针对责任单位、个人形成独立的诚信台账，确保全面履行城市管理责任。

图 13-1　柳州市全景图

图 13-2　柳州数字城管系统页面截图

（二）柳州数字城管项目建设进程

柳州市数字城管系统按照住房城乡建设部相关标准和规范，由市工信委、市城管执法局牵头，中国电信柳州分公司投资，分三期建设：一期建成市级监督和指挥平台、四城区二级指挥平台；二期建成柳东新区、北部生态新区（阳和工业新区）二级指挥平台，数字城管终端延伸至街道、社区；三期建成柳江区（原柳江县）二级指挥平台，并将数字城管网络逐步拓展至各县，实现建设目标。覆盖网格如图13-3所示。

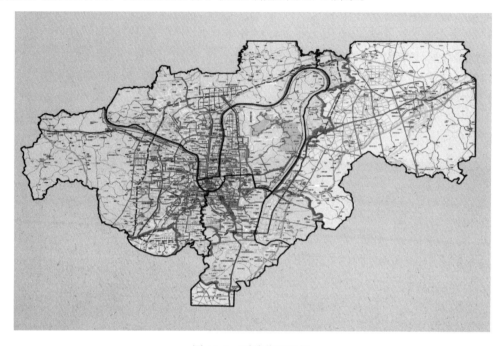

图13-3　覆盖范围网格

柳州市委、市政府高度重视城市管理工作，主动跟进数字城管系统建设，于2010年12月完成系统建设并启动试运行，2011年8月，数字城管系统一期项目竣工验收。2015年、2019年，分别对柳东新区（含阳和片区）、柳江区地理信息普查测绘、建库、系统扩容，监管范围由最初的124km²拓展至286.86km²，责任单元网格由48个增加至109个，覆盖到38个街道（镇）、317个社区（村）。

（三）柳州数字化城市管理机构设置概况

柳州是广西第二家建设数字化城市管理系统的城市，柳州市城市管理信息中心于2010年8月30日批准设立，同年12月28日挂牌运行。2013年11月经自治区批准为柳州市城市管理委员会下属正科级参公事业单位，编制20人，负责市数字城管系统的规划、建设及运行管理，制定相关技术标准、运行规范等，巡查采集、受理核实、立案派遣、督办核查列入监督范围的城市管理部件、事件，并根据案件处置结果对相关主管部门或责任单位进行监督评价。业务流程分别如图13-4所示。

中心内设综合协调科、人事科、监督科、派遣科、考评科、技术保障科等9个职能部门，下设城中、鱼峰、柳北、柳南、柳东五个采集中队（其中柳江暂成立采集分队），如图13-5所示。一线市容巡查员每天08：00-21：30分三个班次，按照每个班次主要路段巡查不少于三遍、次要路段巡查不少于两遍的要求进行不间断巡查，第一时间主动发现城市管理问题，并对市民举报的问题进行核实、对案件处置结果进行核查；监督和指挥两个大厅坐席员24小时值班，负责受理、立案、派遣"12319"市民投诉、巡查发现、"柳州是我家"微信公众号等渠道反映的各类城市管理案件，并对案件处置情况进行督查、督办。完善考评体系，全市纳入数字城管考核的单位49家。监督指挥大厅如图13-6所示。

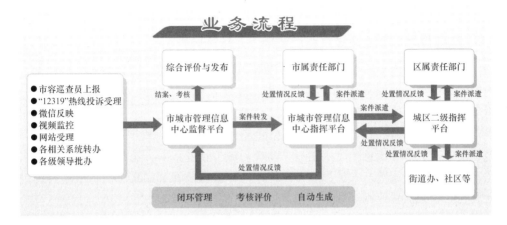

图 13-4　业务流程

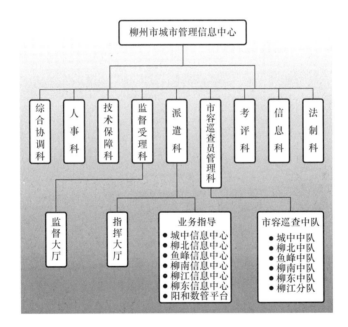

图 13-5　机构设置

图 13-6　监督、指挥大厅

二、主要特点

（一）引入市场机制，整合资源打造柳州"数管模式"

柳州市委、市政府按照"整合资源、信息共享、注重实效、厉行节约"的原则，以构建"大城管"格局为目标，遵循"经济实用、高效安全"的建设理念，采用"公司投资、政府租用、部门使用"的运作方式，由市工信委、市城管执法局牵头，中国电信柳州分公司投资，"数字城管"项目分三期建设，已建成并投入使用的数字城管系统、"天网"工程、电子政务云平台等信息化应用项目，实现了城市管理数据云服务部署、大数据云平台整体运筹、案件网上流转、人员移动办公等功能，极大节省了建设、运行成本，进一步整合与开发利用政务信息资源。数字化城市管理平台如图 13-7 所示。

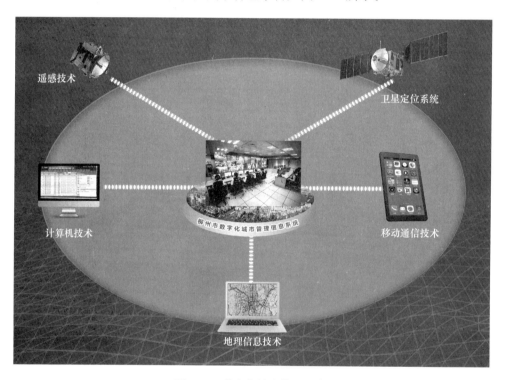

图 13-7　数字化城市管理平台

（二）建立健全规章制度及长效机制，多措并举实现高位监督

为保障数字化城市管理系统的规范建设和高效运行，建立城市管理长效机制，柳州市市政府、市城市管理委员会办公室分别出台了《柳州市数字化城市管理实施办法》《柳州市数字化城市管理部件、事件立案与处置标准》《柳州市数字化城市管理考核实施细则》等文件（图 13-8），明确数字城管规划建设、运行管理、经费保障、考核评价等各方面工作；全系统实现了有效衔接、运转顺畅。以案件未处理、超期处理、返工率、延期率、反复发案、公众评价、二次派遣等作为基本考核参数，由系统自动生成各责任单位的评价结

果及排名；每月下发通报、每季度编发《简报》，将阶段考核结果报送市领导、发送各城区（新区）及相应单位，并在《柳州日报》和柳州市数字化城市管理公共信息网站上公布；将数管工作年度成绩、排名、案件量、结案率四项指标纳入柳州市绩效考评体系，并将数管月考评得分按比例计入城市管理目标责任制"金壶杯"竞赛活动评分，形成社会监督与市级高位监督的有机融合。

柳 州 市

人民政府文件

柳政发〔2012〕59号

柳州市人民政府关于印发
《柳州市数字化城市管理实施办法》的通知

各县、区人民政府，市直机关各委、办、局，柳东新区，阳和工业新区管委会，各有关单位：
《柳州市数字化城市管理实施办法》已经 2012 年第 15 次市政府常务会议审议通过，现于印发实施。

柳州市城市管理委员会办公室

文 件

柳城管办〔2017〕294号

关于印发2018年《柳州市数字化城市管理
考评细则》的通知

三城区城管委，柳东新区，北部生态新区（阳和工业新区）城管委，市直机关各有关委、办、局，各有关单位：
现将新修订的 2018 年《柳州市数字化城市管理考评细则》印发给你们，请遵照执行。

2017年12月25日

合并方式：不予合并

柳州市城市管理委员会办公室   2017 年 12 月 25 日印发

图 13-8 《实施办法》《考评细则》

（三）鼓励公众参与，营造积极、理性的舆论氛围

柳州数字城管每周在市广播电台《政风行风热线》进行"12319 城市管理零距离"连线互动，在《柳州日报》《柳州晚报》上专版刊登"柳州是我家"典型微信案例，每月在《柳州晚报》"数字城管帮帮您平台"宣传数字城管工作的成果和经验、"小人物大作用"宣传数字城管基层先进典型；每季度在《柳州日报》"数字城管监督台"公布各城区、委办局、企业的案件处置情况（图 13-9、图 13-10）。每年开展"3·19 城市管理日"宣传活动，开展广场文化、板报展出，处置单位业务培训，城市管理知识"全民竞赛"等活动，深入社区、学校、企业发放宣传资料。作为全市第一批 12 家社会科学普及基地挂牌单位之一，面向公众开放，组织市民参观数管平台，着力普及数字化城市管理知识、标准和技术；通过"柳州是我家"微信公众平台，每周向微友推送城市管理最新动态、政策法规、热点问题解析等内容，把握舆论导向，正面宣传引导，鼓励市民积极参与城市管理，目前平台经常互动的微友达 16000 余人，月均受理市民咨询投诉类信息 6000 余条，形成了"人人管理城市，人人共享城市"的和谐之景。

（四）优化内部管理，不断提升业务能力和服务水平

柳州市城市管理信息中心作为数字城管平台建设与运维部门，坚持"四带两通过"

图 13-9　媒体公布安全隐患案件处置情况

图 13-10　柳州市主流媒体宣传报道

（制度带人、业务带人、知识带人、感情带人，通过管好骨干带好队伍，通过搭建平台锻炼团队）的管理理念，不断提高服务城市管理相关单位的精准能力。市容巡查员全覆盖、不间断、无遗漏巡查上报、核查核实工作网格内城市管理问题。采用系统点名查岗、GPS在线管控、业绩考核等技术手段，形成"人管系统、系统管人"闭环管理，每月组织员工考核并按A、B、C三等各1/3的比例进行排名、公示和奖励，激发员工工作积极性，持续提升行政效能，如图13-11所示。目前，柳州市"12319"城市管理服务热线已成为联系群众、服务群众的"连心桥"，并荣获自治区级"青年文明号"、市级"巾帼文明岗"、"三八红旗集体"等荣誉称号。

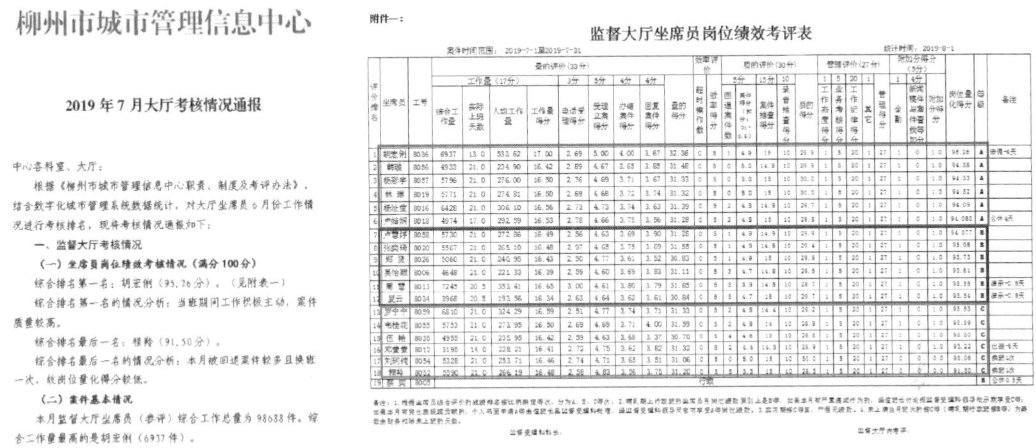

图 13-11　监督大厅考核通报

（五）制定协同机制，助力市政设施应急处置效率提升

为解决无法确定权属单位的城市管理事、部件无人处置的问题，柳州市通过不断探索、总结，制定疑难案件的协调机制，增大外勤协调力度，定期召开处置单位联席会议及现场协调会，建立首派轮值处置制度。移动、联通、电信、中移铁通、广西广电网络5家管线单位按月轮值，数字城管将紧急、权属不明、区域交叉等涉及公共安全和疑难案件首派于当月值班单位，由其确认权属并做好现场安全防护措施排除安全隐患。对于协调无果的案件由当月值班单位牵头处理。协同机制的建立，处置效率的提升，有效地保障了市民安全出行、解决了城市管理疑难问题，现场协调如图13-12所示。成立8年以来，管辖区域范围内，未发生过一起因井盖、线缆、立杆等市政公用设施损坏而造成人员伤亡的事故。

（六）争当"十个者"树立"十样板"打造数字化城市管理工作"率先模式"

1. 争做先行者，率先打造共享模式样板

通过"建设＋"，实现了系统资源互联互通。柳州市在数字化城市管理中工作，率先采用"公司投资、政府租用、部门使用"的建设模式，实现与天网工程、政务云平台、国土地理信息系统资源共享、互联互通，形成了"建设样板"。目前，柳州数字化城市管理终端已延伸至五城区、两新区的街道、社区，已在逐步将数字化城市管理网络拓展至全市所有县份。数字城管系统更是研发搭建了"信息采集""监督受理""协同指挥""绩效评

价""渣土车监控管理""电子城管""大行动"等 32 个业务子系统。

通过电子政务 OA 网、互联网实现了与各委办局及相关企业之间的事、部件数据和案件信息高效流转；与市应急联动中心链接，实现了应急与非应急联动的无缝对接；开发了与国土地理框架信息系统、市政务云平台系统的接口对接以及 APP 应用处置通、短信互动、行政审批等应用功能；通过接口开发，引入百度、腾讯等第三方地图数据，为数字城管各应用子系统提供丰富的地理数据支持，实现了对三维实景数据的浏览与控制和责任单元网格的有效监控。

为贯彻落实《中共中央国务院关于深入推进城市执法体制改革改进城市管理工作的指导意见》（中发〔2015〕37 号）以及《广西壮族自治区住房和城乡建设厅城市管理监督局关于加快推进数字化城市管理平台建设的通知》相关要求，柳州市城市管理行政执法局在"智慧城管"一期项目里，增加数字城管市县一体化平台的建设内容，将为市辖各县搭建数字城管平台运行的九大核心子系统，平台建成后，柳州市各县可直接使用"智慧城管"平台提供的配套基础功能，实现市级平台与县级平台的数据对接。数字城管系统将对柳州市下辖五县城市管理工作发挥重大作用。以目前已建成的柳江区（原柳江县）数字城管平台为例，自 2018 年正式运行以来，柳江区数字化城市管理系统充分发挥各部门的职能作用，及时有效地解决了管道堵塞、道路坑洼、井盖损坏、立杆倒斜、线缆掉落等涉及民生的热、难点问题，尤其是市政公用设施类部件，处置时间由建成前的 1 至 2 天提升到目前的 2 小时内，处置效率提升了几倍甚至几十倍。大幅度提升的案件处置效率使得市民对城市管理工作的满意度明显提高。数字化城市管理"建设＋"模式，延了线，拓了面，提了质。

2. 争做领衔者，率先打造微信公众平台样板

2013 年，柳州市在广西建立首个"柳州是我家"微信公众平台，通过市民的"监督眼"发现城市管理问题。柳州数字城管研发"柳州是我家"微信公众平台与市数字城管系统无缝对接。对微信接口进行二次开发，市民可通过微信向"柳州是我家"公众号发送图文信息，留下详细的个人基础信息、联络信息、咨询投诉信息等，这些信息通过微信互动平台自动进入数字化城市管理系统，经审核、立案、分派及处置等环节，当案件处理完成后，结案信息再经微信平台反馈给市民；市民也可通过受理时产生的案件编号随时查询案件的办理过程，拉近了城市管理部门与市民间的距离。"柳州是我家"微信公众平台牵起了城市管理与广大市民的手，广大市民主动参与城市管理，当起城市的"管理员"，新闻发布会如图 13-13 所示。

图 13-12　现场协调

图 13-13　"柳州是我家"公共微信
平台开通新闻发布会

3. 争做先驱者，率先打造应用平台样板

柳州市研发了"处置通"APP 应用（图 13-14），实现了城市管理问题在线办理、查询、地图定位、通信呼叫交流等功能，确保采集、立案、派遣、监督、处置和管理各环节图文信息对称，实现移动办公，便于各相关单位处置回复、在线管理，提高了案件的处置效率和管理效能。

图 13-14　"城管通"及"处置通"手机页面

一线处置人员使用时，可将城市管理问题处置情况直接反馈给市数字化城市管理指挥中心，不仅简化了问题处置流程，案件处置的精准率还提高到了 100%，使信息交换更加快捷、高效。

4. 争做开拓者，率先打造抓拍平台样板

通过"视频＋"，实现"专业电子眼"实时监控。柳州数字城管率先搭建视频分级管理子系统，整合"天网"视频监控、城管监控、施工工地监控等摄像头资源，实时对全市主次干道、在建工地、柳江河道等重点区域进行视频监控、抓拍，及时准确地掌握所监视路口、路段的街面秩序，并将各城区（管委会）平台视频监控、抓拍情况纳入系统考核，城市管理更显精细化、科技化。

5. 争做奠基者，率先打造数据共享样板

通过"研发＋"，运用云平台助力精准决策。柳州市城市管理信息中心率先研发大数

据分析系统（图 13-15），将各城区（管委会）、委办局、企业的数据集中、数据共享等云服务部署，满足数字城管各终端用户的业务需求，为城市管理决策提供实时数据支撑，精准服务和保障城市建设与管理大局，下一步将依托柳州市统一的"政务云"平台，实现数据云存储、地图云调用、数据云备份、使城市管理更具科学性。

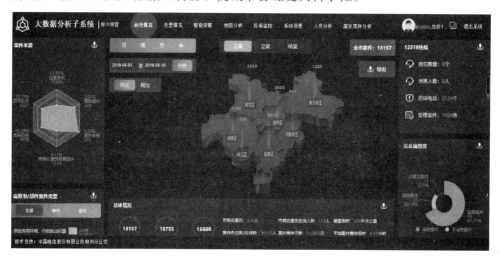

图 13-15　大数据分析子系统

6. 争做创立者，率先打造规范有序样板

通过"北斗＋"，实现对渣土运输车辆的全程监管，如图 13-16 所示。柳州市率先给渣土车运输车辆安装卫星定位智能监管系统，通过"互联网＋北斗"导入数字化城市管理平台的技术手段，可实现车辆实时监控、运输过程监管、数据统计分析三大业务功能。

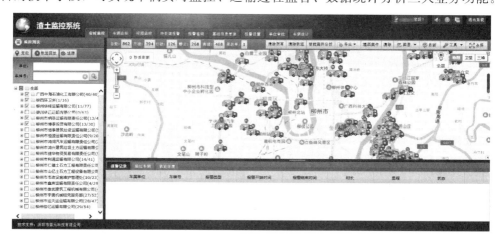

图 13-16　渣土车监控管理平台

7. 争做探索者，率先打造科技创新样板

通过"智能＋"，升级城市管理问题自动识别能力实现"举一反三"。柳州市"电子城管"作为"智慧城管"拓展执法应用领域的新尝试，在数字城管系统建设的基础上，通过搭建智能化视频分析服务器，实现可视化监控管理。该功能实现了自动抓拍、自动识别城市管理问题，自动生成案件地点、问题描述、所属街道社区等相关信息，对违法行为做到

第一时间发现，第一时间抓拍，第一时间形成视频证据，从而实现城市管理工作由"被动"向"主动"的转变，实现城管执法由粗放式向精细化转变，不断提升城市管理的智能化水平。"电子城管"破解了城市管理执法成本高、时段管理难、依法取证难等问题，为信息资源和科技创新在城管执法过程中发挥作用开辟了新的路径，对"智慧城管"建设具有重要指导意义。

8. 争做研发者，率先打造智慧政务新样板

通过"智慧＋"，将柳州"特产"——小e新能源汽车融入城市管理，加大推动"三车一平台"项目建设，助力数字城管智慧升级。为全面贯彻落实广西壮族自治区《加快广西新能源推广工作的通知》的工作部署，柳州市城市管理行政执法局不断探索新能源汽车的公务使用环境，2019年，联合上汽通用五菱公司以"创新、绿色、共享"为总体目标，基于"智慧城管"建设基础，探索、研发"三车一平台"（即智慧信息采集车、移动执法工作站、智慧环卫车，城市管理大数据管理平台）。此项作为柳州市"数字城管"向"智慧城管"转型的创新特色，打破原有的徒步执法办案模式，将现场检查、立案、调查取证等办案程序，智能分析形成图片和视频证据，通过 AI 智能算法自动快速识别违法行为，全过程自动、高效。新装备接装仪式如图 13-17 所示。

智慧信息采集车（图 13-18）将"互联网＋"、大数据和云计算等前沿技术融入城市管理工作中，通过 AI（人工智能）算法，对城市管理问题实现自动抓拍，并能够实时传送有效数据供监督大厅审核。目前智慧信息采集车已实现对占道经营、无证经营游商、店外经营、沿街晾挂等 10 余种案件的智能分析与识别，减少人工成本，极大程度提高日常巡查效率；移动执法工作站环境适应性高，可实现一站式办案功能，全程网上办案，案件处理全过程纳入互联网监管，有效杜绝有案不立、有案不查、违规办案；智慧环卫车通过自动感应，智能识别垃圾信息，自动检测道路尘土，实现道路自动清洗、冲洗、保洁，不断提高环卫机械化作业程度，减少大气污染，打造清洁、智慧优美的城市环境；城市管理大数据管理平台是"超级大脑""幕后军师"，根据智慧信息采集车抓拍的案件数量、数字城管系统案件立案率等核心数据进行科学统计与分析，为决策提供数据支撑，实现城市管理问题"举一反三"，让城市管理更现代、运行更智慧、执法更高效。"新能源＋智慧政务车"开创了国内新能源环保汽车与"智慧城管"有机融合的先河，有效提升城市管理服务水平，推动绿色发展，倡导节能减排，助推"智慧城市"建设。

图 13-17　柳州市智慧城管新装备接装仪式

图 13-18　智慧信息采集车

9. 争做节能者，率先打造"国字号"金招牌

通过"绿色＋"，倡导节能减排。柳州市城市管理信息中心一直致力于稳步推进绿色发展，不断延伸和拓展数管工作，实现科学管理、绿色合规、贴心服务的管理目标，2017年12月，由工业和信息化部、国家机关事务管理局、国家能源局三部委联合评审的第一批"国家绿色数据中心"，柳州数字城管入选49家获奖单位之一，成为全国惟——家市直机关二层公共服务机构的国家绿色数据中心。

10. 争做示范者，率先打造"全国效应"样板

通过"经验＋"，展示独具特色的数字化城市管理建设运行模式。2016年8月，国家住房和城乡建设部在柳州市召开的"数字化城市管理技术应用培训班"。来自全国各地的200多名专家、学者和数字化城市管理同行认为，数字化城市管理的"柳州模式"在国内中小城市数字化城市管理建设运行中具有很强的代表性，部分功能模块甚至走在了全国前列。柳州数字化城市管理硕果累累。率先出版数字化城市管理专著，通过梳理、总结数字化城市管理建设、运行、管理经验，出版了《数字化城市管理建设与应用研究》，在《城市住宅》《中国建设信息化》上分别发表《中小城市数字城管系统的建设与应用——以广西柳州市为例》《数字城管让龙城更美丽》等系列文章，"柳州模式"广为人知，并在实践中得到了丰富和完善。

三、工作成效

通过不断提高城市管理水平，让城市更加智能，柳州数字城管从管理、制度、业务等方面不断提升精细化水平。

（一）实现城市管理工作由"被动"到"主动"的转变

各处置单位可随时通过数字城管系统了解城市管理情况，发现城市管理问题，指导城市管理工作，监督管理工作效果，增强"现场感"，主动发现城市管理问题的能力比系统运行前有了大幅度的增长。

（二）实现城管问题从"单打独斗"到"齐抓共管"的转变

通过建立统一的监督平台，实行市、城区两级指挥，整合全市70多家管理部门的部件数据资源，将城市管理的相关部门关联起来，主动发现问题，统一指挥协调，打破以往城管部门"单打独斗"的被动局面，"大城管"格局初步形成。

（三）实现解决城管问题能力由"弱"到"强"的转变

系统运行以来，市容巡查员日均上报案件1500件左右，发现城市管理问题的能力比系统运行前增长了12倍；井盖丢失等问题以前3至5天都难以确认责任单位，处置问题需要十天半个月，现在通过系统2至4小时就可以解决，工作效率提高了10倍以上。

（四）实现城管难题从"难解决"到"有办法"的转变

数字城管系统采用"城市事部件管理法"，可以第一时间找到责任单位处置，杜绝了

相互推诿的问题。实现监督轴与指挥轴完全分离，责任单位到一线巡查、执法、维护、协调的值勤率得到大幅度提升，联动处置效果明显。

（五）实现城市管理由"粗放式"向"精细化"的转变

数字城管系统助力柳州生态都市建设，抓实每个微环节、精雕每个细枝末节、解决每个细问题，全面执行严管模式。通过"百日大会战"开展城市扬尘治理，强化密闭化运输管理，推行使用新型智能环保渣土车，整治露天烧烤，及时发现车辆遗撒、车轮带泥等污染城市道路问题，积极配合"飓风行动""生态花园·五彩画廊"工程，使市区空气二氧化硫、二氧化氮年均值稳定在国家二级标准，可吸入颗粒物（PM10）、细颗粒物（PM2.5）均值分别下降 23.9% 和 25.4%，全面完成自治区下达的"十二五"节能减排目标任务。

随着"智慧城市"建设的兴起，数字城管向智慧城管的转型成为必然，柳州市将围绕"智慧城市"建设目标，逐步实现"数字化城市管理"向"智慧化城市管理"的转变，积极探索研究运用物联网、云计算和大数据等现代信息技术，做好"延伸服务"，开展"顶层设计"，逐步推动"互联网＋"智慧城管大平台建设，进一步提升日常工作的数字化、信息化，将"智慧城管"打造成"智慧城市"应用体系中核心组成部分。

第十四章

南通市数字城管实践案例

（南通市城市管理监督指挥中心　供稿）

专 家 点 评

　　南通市在江苏省率先建成市县一体化平台，实现数字城管数据实时抓取，形成了监督、协调、指挥到位的数字城管监管体系。并依托市城管委高位协调作用，构建以数字城管为主体的城市管理指挥协调体系，有效形成了各部门各司其职、齐抓共管的"大城管"格局。为提升城市精细化、科学化管理水平，南通市委、市政府共同颁布《城市长效管理考核办法》，整合文明城市建设和城市长效管理考核体系，将考核结果与市级机关综合绩效考评和对各区城建资金拨付紧密挂钩，同时纳入市纪委监委综合电子监察系统，充分发挥数字城管的监督考核对实际工作的导向作用。

一、基本概况

　　南通，是江苏惟一同时拥有沿江沿海深水岸线城市，陆域面积8001km²，下辖如东县、海安、如皋、启东、海门4市，崇川、港闸、通州3区及南通经济技术开发区。2018年全市常住人口731万人，城镇化率67.1%，全市生产总值和一般公共预算收入分别为8427亿元和606.19亿元。近年来，南通市先后获全国文明城市、国家环保模范城市、国家卫生城市、国家园林城市、国家生态市、全国社会治安综合治理优秀城市、全国科技进步先进市等荣誉称号。南通市区夜景如图14-1所示。

　　2008年，南通市数字城管工作正式启动，2009年9月市区系统试运行，2010年3月实现市区全覆盖运行，并开通"12319"城市管理服务热线，2011年3月通过省级验收，2015年在省内率先实现县（市）区数字城管全覆盖。2016年市区数字城管系统完成整体智慧化升级改造，2018年被评为智慧江苏重点工程。

图 14-1　南通市区夜景

二、建设与运行

南通市严格遵循国家和住房城乡建设部相关标准建设数字城管，除九大子系统外，还拓展建设了视频监控、雨雪冰冻灾害应急指挥、市县一体化监管、建筑垃圾综合监管等其他子系统，确保了系统闭环高效运行。十年来，系统建设不断完善，运行质量不断提高。目前年均受理案件 15 万件左右，结案率长期保持在 98% 以上，一大批城市管理热点、难点问题得到有效解决。数字城管系统运行情况分析如图 14-2 所示。

图 14-2　系统运行情况分析

(一) 机构建设

2009 年，南通市成立城市综合管理委员会，下设办公室，增挂南通市城市管理监督指挥中心牌子，办公地点设在市城管局。中心设综合考评处、指挥协调处、监督受理处 3

个正科级处室，核定参公编制 16 名，主要负责城管委办公室日常工作和数字城管工作。2014 年，将原市城管局督察执法队伍整合划入市城市管理监督指挥中心，挂市城市管理行政执法督察支队牌子，为市城管局副处级直属机构。2018 年，结合城管执法体制改革，整体划入原住建系统执法队伍和人员，改挂市城市管理综合执法支队牌子，仍为市城管局副处级直属机构。

（二）机制建设

1. 建立健全信息采集机制

充分运用专职城管监督员队伍开展常态化巡查，定期调整监督员责任网格，对网格人员配置、采集内容、工作重点进行适当调配，确保信息采集数量相对均衡、质量稳步提升。从 2018 年下半年开始，将城市管理网格与社会治理网格深度融合，数千名社会治理全要素网格员作为城管监督员的补充，分区域开展采集工作，案件通过智慧城管平台交办、流转和处置。目前系统每天平均受理城管监督员上报、群众举报、社会治理网格交办、市民巡访团交办、媒体网络舆情监管、来信来访及领导交办的案件 500 件左右。受理案件分析如图 14-3 所示。

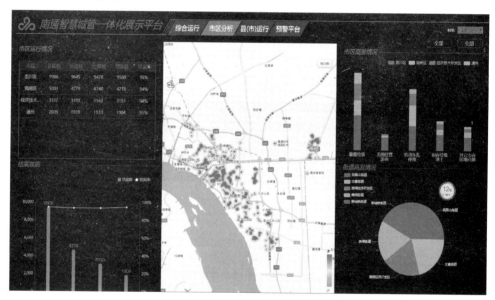

图 14-3　受理案件分析

2. 优化完善协调督办机制

以市政府名义印发数字城管案件接处工作规程并结合机构改革、执法体制调整及时进行修订，明确各区、各职能部门城市管理工作职责，确保案件处置有章可循。对群众关注、媒体曝光、领导交办等问题，灵活运用电话、系统、现场、书面等多种督办方式，推动重点疑难问题解决。

3. 制定案件延期和代整治标准

制定案件延期操作规范，严格延期标准，合理确定延期期限，对处置情况描述不清、申请理由不充分、审批程序不规范以及严重影响市容市貌、存在安全隐患的案件一律不予办理延期手续。对确实无法明确责任主体的案件以及存在重大安全隐患的紧急案件，按照规定程序实施代整治。

（三）系统建设

南通数字城管建设在遵循住房城乡建设部技术标准的基础上，结合实际形成了四大明显特色：

1. 充分整合资源

先后整合了市信息中心电子政务外网、国土规划地理信息系统、100 路公安视频监控和建筑工地视频监控资源等可利用信息化资源。

2. 拓展系统功能

实现公共自行车以及公厕智能查询，新增公众在线举报和市民服务互动功能。开发市县一体化监管和建筑垃圾综合监管平台（图 14-4），充分拓展系统应用功能。

图 14-4　建筑垃圾综合监管平台

3. 促进资源共享

积极配合其他政府部门充分利用智慧城管系统平台和资源数据，加强市政设施管理和城市应急管理，实现了系统应用价值最大化。

4. 融合先进技术

先后多次运用最新技术对地理信息系统资源进行更新，更新数字城管系统地形图、城市部件、标志物、兴趣点、地名、地址为实现智慧城市数据库资源共享奠定了良好基础。

（四）运行模式

南通数字城管按照"一级监督、二级指挥、三级处置、四级网络"的管理模式，市级建设监督指挥中心，区级建设指挥中心，街道、社区设置案件接收反馈终端，共有 20 个市级部门（单位）和四个区（管委会）、21 个街道、88 个单位的终端接入该系统，每年平均受理城市管理案件 15 万条，结案率和群众满意率高达 98％以上。

按照"统一规划、分步实施、适用适度"的原则和"有计划、分步骤、可执行"的方式建设市县一体化监管平台，通过有效利用各县（市）区数字城管平台的建设成果，形成全市统一的数字城管监管平台，在省内首家实现了数字城管各县（市）区联网运行（图14-5）。运用市县一体化监管平台有效归集各县（市）区数字城管系统的各类运行数据，实现了市级平台对县（市）数字城管平台的数据实时抓取、综合分析、综合展示、综合预警、监察督办等功能，形成了监督到位、协调到位、指挥到位的数字城管监管体系。

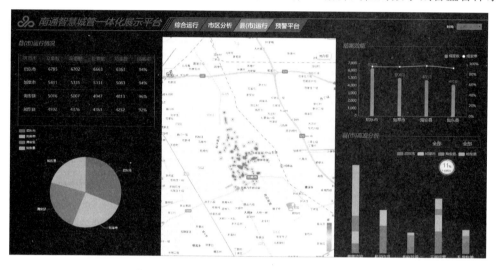

图14-5　市县一体化平台县（市）区运行情况

（五）运行效果

南通市坚持将数字城管作为推进城市长效综合管理的重要抓手，变突击整治为天天管、日日清，基本实现了城市管理问题的主动发现、及时派遣和有效处置，部分城市管理疑难问题也得到有效解决，有效提升了城市长效综合管理水平。充分发挥数字城管覆盖范围广、发现问题快、交办问题准的优势，结合先后开展的两轮三年城市环境综合整治，对市区重点河道、灯箱霓虹灯、公交站亭、交通设施广告、违法废品收购点、马路市场等各类问题进行了集中专项采集交办，并由信息监督员及时对整治效果进行核查核实，有力推动了环境综合整治的全面深入开展。在集中整治基本结束后，再由监督员对已完成整治路段进行全面巡查，一旦发现问题回潮及时督办，有效跳出了整治—回潮—再整治的城市管理怪圈。规范疏导点、便民服务亭分别如图14-6、图14-7所示。

图14-6　规范疏导点设置　　　　　图14-7　便民服务亭

三、亮点特色

（一）建立完善"大城管"高位监督机制

2009 年，南通市政府成立市城市综合管理委员会，由市长亲自担任主任，相关副市长为副主任，各职能部门和各区政府（管委会）主要负责人为成员。市城管委下设城管办，设在市城管局，代表市政府履行城市管理指挥协调、监督检查、考核评比等职能，日常工作由市城市管理监督指挥中心具体负责。各县（市）区按照市级做法，相继建立了本级城管委，全面形成了市、县两级各部门齐抓共管、职责明确的大城管格局，为推进城市长效综合管理奠定了良好基础。

市城管委建立例会机制，由城管委主任主持召开或由副主任受委托召开，每年一般不少于召开两次全体会议，集体讨论城市综合管理中长期规划、重大事项、重大问题和年度工作计划，通报点评数字城管系统运行、城市长效管理考核和市容环境综合整治情况。市城管办不定期召开会议，由市政府分管领导主持，各区政府和市各相关部门分管负责人参加，对城市管理阶段性重点工作进行研究部署（图 14-8）。市城管委、城管办高位指挥协调平台的有效运作，有力推动了城市管理长效机制的不断健全完善，为城市长效综合管理的进一步深化提供了良好保障。

（二）整合健全长效管理考核体系

南通市从 2010 年数字城管正式运行开始，就探索数字城管考核体系，多次对考核办法进行优化调整，考核办法规格从市城管委发文上升到市政府发文再到市委、市政府联合发文，建立了比较健全、科学、有效地长效管理考核体系，为不断提升南通城市精细化、科学化管理水平提供了强有力的制度支撑。

1. 考核探索阶段

2010 年南通数字城管系统运行后，同步对各区、各部门案件处置情况进行了内部模拟考核，考核结果发给各相关单位但不对外公布。经过一年多的模拟运行，各项考核指标已基本成熟，各单位对考核的认可程度普遍较高。2011 年，经市城管委全体会议讨论通过后，以市城管委文件形式印发考核办法，对各区实行数字城管考核占 70％、专项检查考核占 30％；对市级职能部门只进行数字城管考核。考评情况与市级机关综合绩效考评得分以及和各区 1100 万元城建资金拨付奖励直接挂钩。

2. 初步整合阶段

2013 年，南通市区城管执法体制进行调整优化，违建和绿化方面的执法权划转到城管部门，各区城管局将执法队伍派驻到各街道，城市管理的重心下移到街道一线。为了适应城管体制的调整，市城管办同步对考核办法进行修改并以市政府名义印发实施。新考核办法增加了对市区 19 个街道的考核，整合了城管系统内部各项单项考核，对各区、各街道的考核采用数字城管考核占 40％、现场检查考核占 30％、执法队伍考核占 30％；对市级职能部门仍然只进行数字城管考核。对各区考核资金从 1100 万元增加到 1600 万元，并专门拿出 30 万元用于奖励月度考核排名靠前的街道。

3. 全面整合阶段

2014 年，为更好适应文明城市建设工作，实现创建工作的常态长效化，南通市委、市政府决定将市城管办、市文明办两套考核体系整合为城市长效管理考核，以市委、市政府名义联合印发考核办法。遵循一套考核体系、一个考核标准、一支考核队伍、一个考核结果、一个结果运用的"五个一"原则，形成了城市管理领域科学、全面、合理的考核体系。考核对象实现了全覆盖，对各区的考核资金增加到 1900 万元。对考核内容进行适当简化，数字城管考核占 60%、文明城市现场考核占 40%，强化对城市管理重点问题的考核。数字城管考核中对新发生的违法建设、新设置的违章户外广告、大量的暴露垃圾（包括建筑垃圾、生活垃圾）、马路市场以及市领导交办、媒体曝光、市民巡访团和现场考核中发现的重大问题等列为重点交办案件进行考核，权重为一般案件的 5 倍。

4. 顺势提升阶段

2016 年，考核办法再次进行修订，新增了对执法队伍履职情况考核，主要考核基层执法队伍依法行政、路段管理责任制落实情况、专项任务保障情况、公众举报问题快速处置情况、队伍作为作风等工作，并将对各区、各街道的考核比例修改为数字城管考核占 40%、现场考核占 40%、履职考核占 20%；对各部门的考核仍为数字城管考核占 60%、现场考核占 40%。同时强化了公众举报案件的考核权重，为一般案件的 2 倍。

2018 年，结合文明城市建设和城市管理的新形势，对考核办法进行了重大调整。考核对象新增通州区 13 个农村街道，实现了对市区乡村街道的考核全覆盖；新增对各区城管局、市场监督管理局、环卫处的专业考核。根据街道城市化率和管理要素的不同情况，对街道实行分类考核，共分为 ABCD 四类，并将对街道的考核奖金增加到 120 万元。对考核比例进行调整，对各区和 ABC 类街道为数字城管考核 35%、现场考核 40%、履职考核 25%；对 D 类通州区乡镇街道为现场考核 40%、通州区自行考核 60%；对市级职能部门仍为数字城管考核 60%、现场考核 40%；对各区城管局、市场监督管理局为专业考核 60%、现场考核 40%；对各区环卫处为数字城管考核 30%、专业考核 30%、现场考核 40%。建立健全加减分制度，对十月度工作成绩显著、在重大活动中作出突出贡献的部门予以一定加分，对于工作不力、造成严重后果或重大社会影响的部门予以一定扣分。长效考核办法如图 14-9 所示。

图 14-8　市城管委会议点评工作

图 14-9　长效管理考核办法

（三）充分发挥考核导向作用

通过多年来的考核实践，南通市逐渐形成了一整套的考核评价体系，通过定期公布考核情况、严格执行奖惩措施、领导约谈落后单位、挂钩帮扶相关街道、综合运用监察措施等方式方法，对考核结果进行综合运用，充分发挥考核对于实际工作的"指挥棒"作用，促进提升城市管理水平。

1. 强化考核组织领导

建立由市委、市政府分管领导任组长、副组长，市相关部门负责同志为成员的市区城市长效管理考核领导小组。领导小组下设办公室，由市文明办和市城管办相关负责同志任主任、副主任，办公室成员由市文明办、市城管办及市有关职能部门、各街道代表组成。建立考核专家库，市级 A 类部门各 1 人，市区街道各 1 人，共 36 人。每月考核前从中随机抽取市有关职能部门代表 1 人，四区街道代表各一人共 5 人，参与现场考核及加减分的评定，让更多的单位和部门参与考核，监督考核工作。考核约谈、现场检查分别如图 14-10、图 14-11 所示。

图 14-10　约谈考核落后单位

图 14-11　现场检查

2. 建立考核通报制度

从数字城管系统运行以来，坚持每月印发考核通报公布当月考核情况，发至市委、市政府主要领导、分管领导和各区、各市级相关职能部门，已连续印发 100 多期。从 2014 年开始在《南通日报》《江海晚报》和市政府网站等市级主要媒体上公布每月、每季度和年度长效管理考核排名，向市民群众报告城市管理"成绩单"。考核通报、媒体公布分别如图 14-12、图 14-13 所示。

3. 严格落实奖惩措施

设定年度考核成绩基准分，达到基准分的全额返还各区考核资金，每高出 1 分由市财政另行奖励考核资金的 2%，低于基准分的每少 1 分扣除考核资金的 3%。市级职能部门年度考核成绩低于基准分且排名靠后的，在市综合绩效考核中予以一定扣分。每月根据街道考核排名，专门安排一定资金用于奖励考核居于前列的街道。从 2018 年开始，每年奖励资金增至 120 万元，每月对考核成绩 A 类前两名、BC 类第一名分别予以一定奖励。市委、市政府分管领导对季度考核排名靠后的街道主要负责人、相关区分管领导进行约谈，并由市城管办、市文明办会同各区政府（管委会）对落后街道进行一对一帮扶。各区职能部门年度考核排名末位的单位在区政府年度综合绩效考核中不得评为优秀等次。数字城管系统接入市纪委、监察局的综合电子监察平台，实现了电子监察系统对"12319"案件处置全程监控、跟踪督办、督查考核，对于反复多次延期、督办或者久拖不办的案件自动黄灯、红灯预警并直接交办，整改情况纳入市综合绩效考核，累计红、黄灯预警案件达数百件。

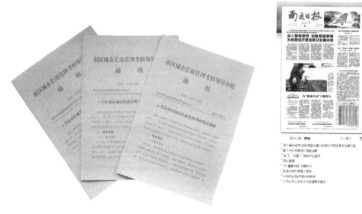

图 14-12　月度考核通报图　　　　　　　　图 14-13　媒体公布考核结果

　　南通市将根据"智慧城市"建设的总体要求，按照"1＋2＋3＋N"的建设思路（即一中心：南通城管大数据指挥中心；二平台：市县一体化数字城管应用平台、城市管理综合执法平台；三支撑：运行环境支撑、基础应用支撑、网络安全支撑；N应用：建筑垃圾监管服务系统、人工智能分析系统、户外广告监管服务系统、城市管理社会信用系统、智慧城管大数据分析系统），加快推进实施数字城管智慧化升级建设总体规划，继续发挥高位指挥考核导向作用，为实现城市精细化智能化科学化管理作出新的贡献。

第十五章

马鞍山市数字城管实践案例

（马鞍山市数字城管指挥中心　供稿）

专家点评

　　马鞍山市在安徽全省率先实现数字城管"市县一体、市县共享"的建设和运行模式，此模式下区县可开发各自的个性化系统功能，满足不同层级和不同业务的信息化应用需求，实现了标准统一、功能增强、集约高效。马鞍山市总结多年创文成功经验，建设数字城管与文明城市创建考核联动和市委党建日常考核常态长效机制，有效促进了数字城管案件的处置和解决，充分体现了数字城管服务创建和行业管理的强大功能，市民对城管的满意度得到提升。

一、基本概况

　　马鞍山位于安徽东部，横跨长江两岸，毗邻南京，是长三角经济协调会成员城市、南京都市圈核心层城市和皖江城市带承接产业转移示范区核心城市。现辖三县三区，以及1个国家级开发区、1个国家级高新区、1个综合保税区和6个省级开发区。面积4049km²，人口230万人，城市化率达66.5%，是伴随着中华人民共和国成长起来的一座工业之城、港口之城、绿色之城、文明之城，是一座既充满生机和活力，又富有历史底蕴，集现代文明与历史文化于一体的城市。

　　近年来，马鞍山经济社会快速发展，综合实力显著增强，主要经济指标总量和人均值稳居全省前列，综合实力居长三角城市中等水平。马鞍山城市依山环湖拥江而建，人文风光秀丽，生态环境优美，是中部地区首个全国文明城市，同时拥有国家卫生城市、国家园林城市、中国优秀旅游城市、中国人居环境范例城市、联合国迪拜国际改善居住环境良好范例城市、国家科技进步先进城市、全国双拥模范城市、全国绿化模范城市、国家环境保护模范城市、中国投资环境百佳城市、中国综合实力百强城市、全国国土资源节约集约模范市等荣誉。

为进一步提高城市精细化、数字化管理水平，2013 年，我市建设了一期数字城管平台并于当年 10 月正式运行。2017 年，我市对平台进行升级，数字城管覆盖范围从以前的市本级建成区拓展到三县、三区、市经开区、慈湖高新区，实现市、县（区）两级既互联互通，又可各自独立运行的数字化城市管理新格局。

二、特色工作及亮点

（一）高位设置的实施机构

马鞍山市数字城管工作在市城管委领导下运行。市城管委主任由市长担任，副主任分别由市委秘书长、宣传部长以及分管副市长担任。市城管委设立办公室在市城管局，负责数字城管日常运行工作。办公室主任由市政府副秘书长担任，副主任由市城管局局长担任。市城管局内设数字城管指挥协调科和数字城管信息管理科，负责具体工作。市级数字城管指挥中心目前有坐席员及管理技术人员 35 人，信息采集员 120 余人。如图 15-1 所示。

马鞍山市城市管理委员会文件

马城管委〔2019〕1 号

关于调整马鞍山市城市管理委员会
组成人员名单的通知

各县、区人民政府，园区管委会，市直各部门，直属机构，有关单位：

鉴于机构改革及人事变动，现将市城市管理委员会组成人员调整如下：

主　　任：左　俊　市委、市政府

副主任：何志中　市委

　　　　夏劲松　市委

　　　　方　文　市政府

成　　员：阿克斌　市政府

　　　　史达睿　市委组织部

　　　　梁发年　市委宣传部

　　　　吴　玲　市城管局

　　　　章　莉　市委编办

图 15-1　市城管委成员

（二）"市县一体化"建设及管理模式

中共中央、国务院《关于深入推进城市执法体制改革改进城市管理工作的指导意见》（中发〔2015〕37 号）一文中，明确指出："到 2017 年年底，所有市、县都要整合形成数字化城市管理平台"。马鞍山市的数字城管平台当时只覆盖了主城区，所辖三县以及博望区（在主城区之外）都没有建成。鉴于此，市城管办经过详细调研，决定对现行的数字城管平台进行升级，按照市县一体化的标准和要求重新搭建运行平台。

市城管办印发了《马鞍山市数字化城市管理县（区）级平台建设指导意见》。该意见明确了"市县一体、市县共享"的建设和运行模式。即马鞍山辖区内所有县、区、开发园区共享一套核心系统平台，采用合库的方式集中部署，数据存储统一使用马鞍山市政务云资源。系统地图服务采用政务版在线天地图，实现专网专用。市级负责统一采购部署数字化城市管理核心业务系统，免费提供给各县、区使用。各县、区同时可根据自身工作需要，自行增加部分业务拓展子系统，体现各县（区）实际和特色。这种共用"一套系统、一个数据库、一张地图"全面整合资源的模式不仅缩短了建设周期，有效避免了重复投资建设，大大节约了财政资金，而且促进了信息资源的集约化、管理的高效化。

2017 年 12 月中旬，新系统平台正式上线运行后，马鞍山三县三区实现数字城管全覆盖。数字城管采集范围从以前的市本级建成区拓展到三县、三区、市经开区、慈湖高新区所有建成区；覆盖面积从 78km² 增加到 187km²；各县区新建视频监控 300 路，共享整合其他部门视频 1156 路，并开通了"12319"城市管理服务热线电话，与"12345"并线统一受理。"市县一体化"如图 15-2、图 15-3 所示。

图 15-2　"市县一体化"平台建设指导意见

市级指挥中心按照"一级监督、两级指挥、三级管理、四级网络"的机制运行，市级指挥中心连接花山区、雨山区、博望区、市经济技术开发区、慈湖高新区 5 个区级指挥中心，各区级指挥中心连接区级专业部门及乡镇（街道），乡镇（街道）连接基层城管中队、社区及物业公司。所有区级专业部门、街道城管中队、社区及物业公司处置人员手机上均装载"城管通"APP，第一时间接收、处置、反馈案件。市级指挥中心对主城区实行一级监督，对主城区 101.5km² 范围内主次干道、公共场所、居民小区的城市建设与管理、市容环境、公共设施、园林绿化、交通秩序等存在的问题，进行信息采集、实时监控并立案派遣。

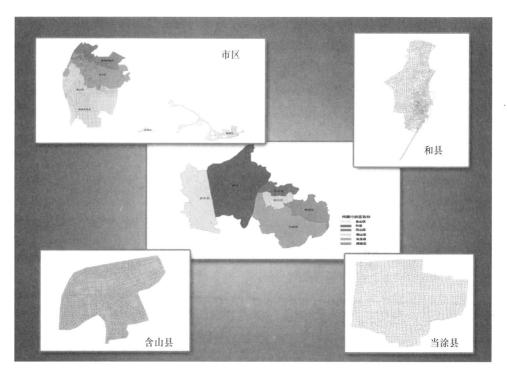

图 15-3 "市县一体化"

三县分别设立数字城管指挥中心，独立招标采购、建立信息采集员和坐席员队伍，独立对县域范围内的城市管理问题进行采集，指挥、协调县级专业部门处置问题。市级指挥中心通过系统平台可对各县指挥中心采集工作及平台运行情况进行监控，对案件质量进行抽查，对县级专业部门办理情况及县级指挥中心指挥作用发挥情况进行指导监督。另外，结合系统数据及空间分析，市城管局对各县的城市管理问题频发点和频发问题进行现场抽查、实地测评，纳入每月考核，使现场抽查更加有的放矢，有利于问题从根源上治理，提高各县长效管理水平（图 15-4～图 15-8）。

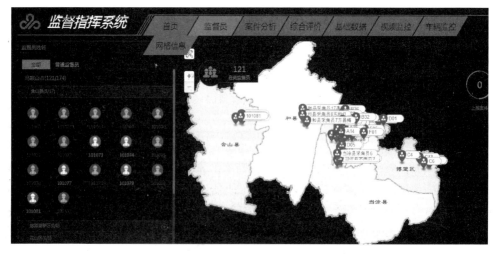

图 15-4 采集员管理

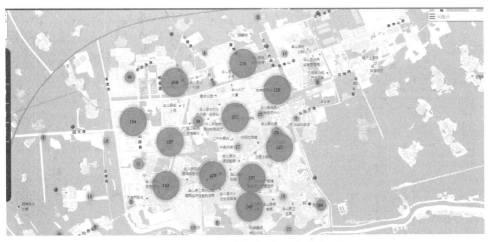

图 15-5　含山县暴露垃圾问题热点图

考核单位名	处理部门	立案数	应处置数	处置数	待处置数	超时待处置	处置完	超时处置	按期处置率	应结案数	待结案数	结案数	结案率	按时结案数	超时结案数	按期结案率	返工数	返工率
1	和县	2653	2653	2260	0	393	2138	122	80.59%	2653	394	2259	85.15%	2137	122	80.55%	110	4.87%
2	当涂县	2099	2099	2072	0	27	1954	118	93.09%	2099	37	2062	98.24%	1947	115	92.76%	0	0.00%
3	含山县	1885	1885	1832	0	53	1774	58	94.11%	1885	68	1817	96.39%	1764	53	93.58%	0	0.00%
4	小计	6637	6637	6164	0	473	5866	298	88.38%	6637	499	6138	92.48%	5848	290	88.11%	110	1.78%
5	总计	6637	6637	6164	0	473	5866	298	88.38%	6637	499	6138	92.48%	5848	290	88.11%	110	1.78%

图 15-6　2019 年 7 月份三县数字城管案件办理情况

图 15-7　市级指挥中心

（三）数字城管采集覆盖小区

为提高全市各类居民小区尤其是非物管小区的管理水平，及时解决群众家门口的城市管理问题，自 2017 年 5 月起，我市结合全市全域环境整治工作，开展数字城管进小区试点，将数字城管采集范围从道路向小区延伸，将采集员的责任网格由线向面扩展，逐步实现全覆盖，无空白，无死角。

市级指挥中心在监督指挥手册中增加了小区大类，含 10 个事件小类、2 个部件小类问题。这 12 个小类都是当前小区内易发的共性问题。明确了立结案标准、办理时限和责任主体。考虑到小区管理有别于道路管理的特殊性，在办理时限上比普通的结案时限更为宽松。首批试点以非物业小区为主，各区总共报送了 50 个小区名单，由市级指挥中心联系开通账号、搭建系统工作流、智信 APP 安装和业务培训。各区、街道相应配备人员、手机端，并建立区级联动机制，确保案件能派得下去、反馈上来。在试点小区处置效率良好的情况下，我市将数字城管采集全面向主城区 227 个小区推广、扩展，包括物管小区与非物管小区，对于物管小区由各区、街道进行宣传发动，纳入考核管理，市指挥中心负责开通好账号，各区指挥中心统一培训。2018 年小区案件共上报 13908 件，结案 13874 件，结案率 99.76%。

图 15-8　各县、区指挥平台

小区的城市管理问题，是群众身边的问题，数字城管进小区是政府部门变被动为主动，解决群众关心的城市管理问题的重要表现，是提高城市文明水平和城市管理水平的有力抓手，是提高群众满意度和获得感的一项民生工程。数字城管进小区一方面使街道、社区大为重视小区内部管理，建立长效管理机制；同时也倒逼物业管理上台阶，如雨山区将各物业公司的数字城管案件的发案以及办理情况与物业管理考评、补贴挂钩，促进物业管理提效（图 15-9～图 15-11）。

马鞍山市数字化城市管理监督指挥手册

大类名称	小类代码	小类名称	事件说明	主管单位	具体处置单位	管理范围	立案条件	处置时限	结案规范
小区事件类（共10小类）	01	新增违建	违法搭建的建筑物、构筑物、沿街开墙打洞、住宅改门面等行为	各区（管委会）	各区（管委会）	小区内	新产生的违法建筑物、构筑物等	1工作日	制止
							新发生的开墙打洞、住宅改行为	1工作日	制止
								7工作日	恢复原状
	02	暴露垃圾	未按规定及时清理的散装、袋装生活垃圾问题	各区（管委会）	各区（管委会）	小区内	未按规定及时清理的散装、袋装生活垃圾（面积不小于 0.25 m²）	1工作日	清除
	03	建筑垃圾	未按规定及时清理的散装建筑垃圾、渣土问题	各区（管委会）	各区（管委会）	小区内	未按规定及时清理的散装建筑垃圾、渣土（体积不小于 5 m³）	3工作日	清除
	04	焚烧垃圾	焚烧树枝树叶、垃圾或者其他废弃物等	各区（管委会）	各区（管委会）	小区内	正在焚烧树枝树叶、垃圾或其他废弃物等现象	紧急1工作时	制止并清理
								一般1工作日	清除
	05	废弃家具设施	废弃家具设备，废弃、弃用的家具问题	各区（管委会）	各区（管委会）	小区内	废弃家具设备，废弃、弃用的家具设备	3工作日	清理
	06	养鸡种菜	养鸡种菜，擅自散养鸡鸭，毁绿种菜等问题	各区（管委会）	各区（管委会）	小区内	养鸡种菜，擅自散养鸡鸭，毁绿种菜等	3工作日	清理

图 15-9　小区事、部件立结案规范

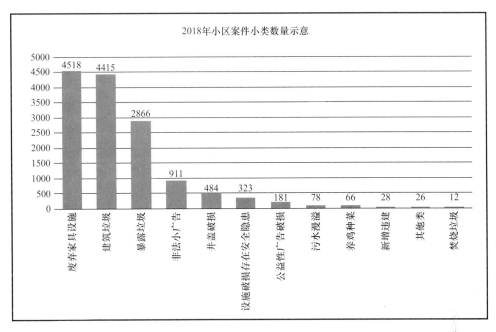

图 15-10　小区案件小类数量示意

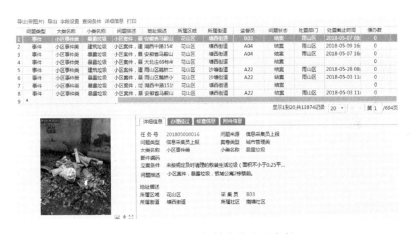

图 15-11　2018 年结案的小区案件

（四）建立、运用联合考评体系

数字城管的绩效评价体系是保证数字城管健康运行的核心和生命线，是数字城管技术、城市管理体制机制和市民对城市管理体验的综合反映，也是城市精细化管理成效的检验依据。

1. 建立更加科学公正全面的考核机制

将纳入数字城管系统的所有县区、开发园区、市直部门、企事业单位分为四类，通过按期结案率、结案率、返工数、推诿数、反复立案率、专案按期结案率、专案结案率以及工作量占比等指标进行综合，主城区延伸考核到街道、乡镇。每月通报在市级主要新闻媒体上进行公布，并同时采取给责任单位主要领导、分管领导短信提醒、寄送纸质通报等形式，促使各责任单位主动履职。坚持高位调度，在每季度的市城管办主任会议上，通报当季考核成绩，提交疑难问题由会议协调解决，确定下一阶段工作重点。积极实施"一线工作法"，对疑难争议、舆情关注等案件，市城管办领导进行现场确认和重点交办督办（图 15-12）。

图 15-12　城市管理考核通报

2. 建立了城市管理考核与文明创建考核联动的模式

马鞍山市是中部地区第一个全国文明城市，历届市委市政府高度重视创建工作。一方面，创建工作需要数字城管这个抓手，另一方面，数字城管也需要通过文明创建工作增强权威性，推动疑难问题的解决。在实践操作中，文明创建简报每周通报区、街道等载体单位当周数字城管考核成绩；每月的文明创建考核中，数字城管考核成绩占50%，每月通报在市级主要新闻媒体上进行公布。同时，文明创建考核成绩纳入市委党建日常考核中，由市委组织部每月在日常考核通报中体现，作为年终评价各级领导班子工作绩效的依据之一。建立文明创建约谈问责机制。对连续两个月分类考核倒数第一的单位，由市委常委、宣传部长约谈其主要负责人；对连续三个月倒数第一的，由市委书记约谈其主要负责人。坚持高位调度、联动指挥，在市文明委会议上，由市城管办通报数字城管考核成绩成为固定议程。如图 15-13～图 15-15 所示。

马鞍山日报　MAANSHAN DAILY

2019年7月8日　星期一

责任编辑：方先附　组稿：龙群　王凌

提升民革党员履职尽责的积极性

我市第二家"民革党员之家"揭牌

本报讯（记者 刘芬）7月6日上午，民革花山二支部"民革党员之家"、民革马鞍山中山法律援助服务站相继揭牌、省政协副新书记、民革安徽省委专职副主委吴延利，民革安徽省委副主委周世红，市人大常委会副主任、民革马鞍山市委主委王顺鉴以及相关部门的负责人参加了揭牌仪式。

据悉，建设"民革党员之家"是民革中央加强基层组织建设的重要举措，将进一步激发民革基层组织活力、增强凝聚力，进一步提升民革党员履职尽责的积极性。去年12月15日马鞍山民革首个"民革党员之家"落户博望区蓝瓶生态园，民革花山二支部"民革党员之家"落户金瓶社区，是马鞍山民革机关"二家""民革党员之家"。

当日揭牌的"民革马鞍山中山法律援助服务站"，设立在市法律援助中心，有12名民革党员常年在服务站服务，主要为社会弱势群体等提供法律咨询、法律调解、法律代理等无偿服务，并通过法律援助这种渠道，深入调查研究，积极参政议政，反映社情民意，为维护社会公平正义，营造良好法制氛围作出应有贡献。

■ 标题新闻
◇ 7月5日，副市长杨善斌召开长江马鞍山段东岸堤顶道路建设工作推进会。

全市文明创建长效管理6月份测评结果

考核类别	考核对象	文明创建测评得分 实地调评得分	文明创建测评得分 文明牌大调得分	城市管理日常考评得分	总分	排名
一类	雨山高新区	80.50	4.06	80.56	87.37	93.56	1
	马鞍山经开区	85.00	3.77	84.52	87.11	90.82	2
	和县	84.06	—	84.06	84.95	85.46	3
	含山县	83.88	—	83.88	94.50	88.19	4
	博望区	81.08	—	81.08	96.81	88.05	5
	当涂县	82.55	—	82.55	94.20	88.38	6
	花山区	78.88	3.98	78.92	97.43	88.18	7
	雨山区	78.56	4.08	78.66	97.26	88.00	8
	慈湖高新区	74.00	—	74.00	94.80	84.40	9

考核类别	考核对象	文明创建测评得分	城市管理日常考评得分	总分	排名
二类	市委政法委	100.00	—	100.00	1
	市教育局	99.07	—	99.07	2
	市文旅局	98.87	95.00	94.87	3
	马鞍山军分区支队	94.59	—	94.59	4
	市交通局	95.90（出现车辆调评扣21分）	95.60	95.75	5
	市公安局	87.91	97.40	89.96	6
	市城管局	78.02	97.02	85.47	7
	市民政局	79.94	91.47	83.41	8
	市市场监管局	80.67	—	90.67	9

考核类别	考核对象	文明创建测评得分	城市管理日常考评得分	总分	排名
三类	市烟草专卖管理局	100.00	—	100.00	1
	马鞍山车站	100.00	—	100.00	1
	马鞍山邮政分公司	100.00	99.79	99.90	3
	马鞍山供电公司	100.00	99.29	99.65	4
	马鞍山联通分公司	100.00	99.23	99.62	5
	马鞍山中广核	100.00	99.00	99.50	6
	江东控股集团	100.00	98.74	99.37	7
	市自然资源和规划局	100.00	97.50	98.75	8
	马鞍山中医院	95.00	99.50	97.25	9
	市卫健委	99.00	91.67	99.84	10
	市燃气公司	90.00	80.00	85.00	11
	马鞍山警机应急局	77.50	—	77.50	12

图 15-13　文明创建和城市管理考核通报

马鞍山市精神文明建设委员会办公室文件

马文明办〔2018〕85号

全市文明创建长效管理11月份测评情况通报

各县区文明委、开发园区党工委，市直有关部门，各有关单位：

为推进全市文明创建长效常态管理，11月19日至23日，市文明办委托两家第三方机构同时开展了第三次实地试测评，共随机抽取测评点位572个，查找发现问题786个。现将各单位文明创建测评和城市管理考核加权得分排名情况通报如下：

考核类别	考核对象	文明创建测评得分	城市管理日常考评得分	总分	排名
一类	郑蒲港新区	90.61	95.60	93.11	1
	当涂县	87.97	96.10	92.03	2
	马鞍山经开区	83.84	96.65	90.25	3

图 15-14　文明创建长效管理考核通报

（五）服务于民，打造老百姓"指尖上的城市管理专家"

1. 搭建城市管理公众服务平台

2018年5月21日，马鞍山市城管执法局召开新闻发布会，正式开通"马鞍山微城管"微信公众号。这是一个集问题举报、信息发布、公共服务、投诉建议、互动交流等多种功能为一体的移动新媒体平台，为市民群众提供了问题"随手拍"、找公厕、西瓜地图、公共自行车、志愿者招募等服务。鼓励市民对13类城市管理事、部件问题进行"随手拍"上报案

全市文明创建每周通报

第 15 期

马鞍山市文明办 　　　　　　　　　　　　2019 年 4 月 9 日

　　按照文明创建常态长效督查工作安排，本期安排市城管局、市公安局交警支队和市交运局通报相关督查问题。希望各相关责任单位认真抓好问题整改，整改情况及时反馈至督查牵头单位。

四、数字化城管周考核结果（3 月 30 日—4 月 5 日）

　　上周，市数字城管指挥平台共立案各类案件 3644 件，应结案 3644 件，结案 3261 件，结案率 89.49%。其中采集员上报案件 2933 件，结案率 87.08%。采集员自行处置上报案件 517 件。市民微信上报案件 134 件，结案率 97.01%。处置舆情案件 60 件，结案率 100%。

（一）各区政府（开发区管委会）办理情况排名

排名	单位	得分
1	博望区	96.85
2	慈湖高新区	96.83
3	马鞍山经开区	95.86
4	雨山区	93.74
5	花山区	93.17

图 15-15　文明创建每周考核通报

件，并对受理的投诉通过微信红包的形式给予适当奖励。每月还对积分前 6 名的市民给予话费奖励，年度评选热心参与城市管理十大热心市民。2019 年 5 月，投诉范围拓展到 15 类，增加了机动车违停、出租车公交车违规及不文明行为等文明创建领域的问题。运行一年以来，粉丝数已近 2 万人，共处置群众反映的问题 7905 件，已全部办结，按期结案率为 96.52%。

　　同时，"马鞍山市城市管理"政务微博，坚持城市管理问题"马上办"的原则，快速交办、处置、化解市民投诉的各类城市管理问题。运行以来，信息发布及舆情反馈 3320 条。

　　2019 年以来，安徽日报、中国改革报、人民网、学习强国等媒体纷纷对"马鞍山微城管"工作进行了采访报道及刊载。"马鞍山城市管理""马鞍山微城管"政务双微连续两年被评为马鞍山市年度十佳最具影响力政务新媒体称号。如图 15-16～图 15-23 所示。

图 15-16　"马鞍山微城管"

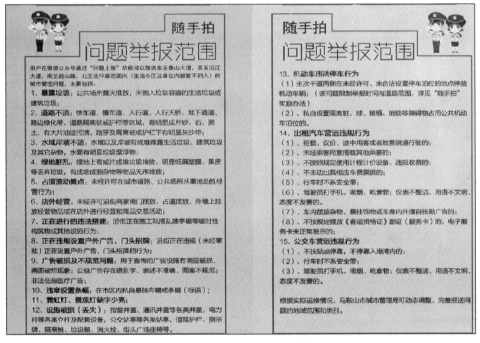

图 15-17　"微城管"受理范围

图 15-18　微城管运行情况

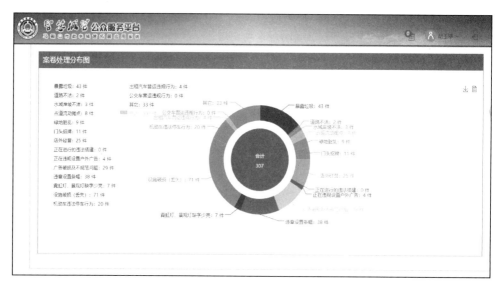

图 15-19　微城管统计分析

图 15-20　"马鞍山市城市管理"微博

图 15-21　微博"马上办"案例

图 15-22 媒体报导

图 15-23 2017、2018 年度最具影响力政务新媒体

2. 搭建"数字城管"市民开放平台

以"城市管理开放日""主题体验日"活动为形式，大力开展如"什么是数字城管""数字城管面对面"等系列活动。进一步畅通沟通交流渠道，让市民群众走进、体验数字城管工作，参与城市管理决策、执行、监督的全过程，增进对城市管理工作的理解和支持，形成城市管理人人参与、个个支持的良好氛围。每年开展各类活动 20 余场次，参与群众达 1000 余人次。如图 15-24 所示。

图 15-24 "数字城管开放日"活动

第十六章

亳州市数字城管实践案例

（亳州市数字城管指挥中心　供稿）

专家点评

亳州市数字城管结合工作实践，以"精简、高效、实用"为原则，探索通过优化结构、整合岗位、再造流程，形成了交办精准、处置迅速、管理高效的扁平化工作模式。通过创新采用第三方效果监督评估机制和"找、交、销、查、考"工作方法，以问题为向导，有效解决城市"脏、乱、差"。通过建设以数字城管、应急指挥、决策辅助、行业监管等为主要功能的城市管理公共服务平台，为提升管理水平，维护城市形象等方面发挥了重要作用。

一、亳州市概况

亳（bó）州，简称亳，古称"谯（qiao）城"，安徽省地级市，面积8374km²。亳州市是国家历史文化古城，新石器时代就有人类在此活动，是中华民族古老文化的发祥地之一，亳州市有丰富的文化沉淀，自古以来名人辈出，如老子、曹操等。同时，亳州也是中国优秀旅游城市、中原经济区成员城市、世界中医药之都、百强药企业半数落户亳州，是全球最大的中药材集散中心和价格形成中心。此外，亳州市人口密度大，截至2018年，亳州市户籍人口约656.8万人，其中常住人口523.7万人，中心城区居住人口60万人。

二、"亳州模式"——扁平化指挥系统

"亳州模式"，其核心为扁平化指挥，将指挥中心的信息受理、立案审查、案件派遣、核查结案多岗合为一岗；将问题逐级交办，层层审核把关，案件分类处置的多层级指挥，压缩为一级指挥，形成了"一岗派出，一级交办，逐级反馈"的扁平化指挥系统。

亳州数字城管扁平化指挥系统，以部件（事件）精确确权为基础，以双渠道信息采集

为导向，以"点对点"指挥为核心，以效果评估为监督的指挥体系，使解决城市管理问题更全面、更迅速、更高效。

数字城管"亳州模式"形成了四大基本架构、五大创新特点、五＋N数字城管平台拓展应用系统。

（一）亳州数字城管基本架构

1. 指挥中心（1＋5）

根据数字城管实现市县一体，互联互通的工作要求，市级指挥中心和县区指挥中心，实现系统对接；市级指挥中心对谯城区指挥中心和高新区指挥中心直接指挥，对三县指挥中心的工作进行监督和指导。指挥中心大厅如图16-1所示。

图16-1　指挥中心大厅

2. 指挥平台（1＋3）

亳州市数字城管系统根据国家标准建设运行，市级指挥中心和谯城区、高新区实现平台共享。涡阳县、利辛县、蒙城县分别建设了数字化城管指挥平台，实现独立管理、独立运行。市级指挥中心平台建设基础应用子系统9个，并根据市情建设拓展应用子系统5个，如图16-2所示，形成"体系完整、功能健全，外延丰富"的城市问题处置平台。

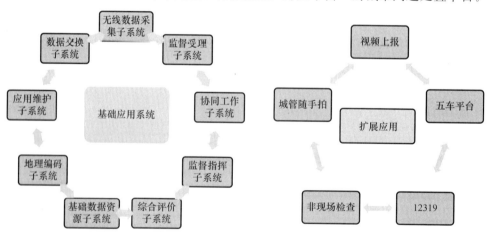

图16-2　数字城管基础系统及拓展应用

3. 市级案件处置网络

亳州市数字城管将市主城区120km²区域的57万个部件、事件，通过会商协调，按照

"权属管辖和区域管辖"相结合的原则，将部件问题和事件问题与处置人员异议对应，全部确权到 58 家处置单位 527 名承办人员，形成到边到角的处置网络。

4. 四个服务公司

市级数字城管指挥中心运行采取政府购买公共服务的方式，组织了现场采集公司，视频巡查公司，案件效果评估公司和技术服务公司，四支数字城管专业队伍共 170 名城市管理服务人员，分别承担信息采集、任务派遣、核查结案，效果评估和软硬件系统服务工作，确保数字城管的运行和职能发挥。

(二) 五大特点

1. 精确确权

精确确权是"亳州模式"的基础部分，按照部件问题一一对应到每一个具办人的要求，将数字城管一期二期共 120km² 的 50 万个城市部件，通过数据普查，一个部件一个部件精确确权到 54 个处置单位的 395 名具办人，同时，积极与市"千名干部进网格"活动融合，对事件问题按照网格和路段全部确权到人，目前，处置网络已覆盖城管、交通、环卫、公安、交警、环保等所有处置单位的所有具办城市管理任务的分管负责人、责任人、具办人，形成了一支庞大的城市管理处置力量。

2. 双渠道采集

双渠道采集是"亳州模式"的问题导向部分。亳州数字城管信息采集实行"现场采集＋视频采集"双渠道模式；将 120km² 主城区管理空间合理、科学划分为 56 个人工巡查网格，采集工作人员每人配有专用信息采集终端，及时发现问题情况分类上报，实现数据实时传递，快速立案，提高了社会管理效能和服务质量；同时利用城区 9000 多摄像头，划分为 20 个视频巡查网格，利用城区摄像头采集上报及核查数字城管案件，如图 16-3 所

图 16-3　视频采集

示，不断摸索视频上报核查案件的方法和技巧，利用视频监控资源有"四个明显"的提升，如图16-4所示。进行城市管理问题采集上报，形成双渠道、互补性信息采集方式，我市视频监控在城市管理中发挥出越来越重要的作用。

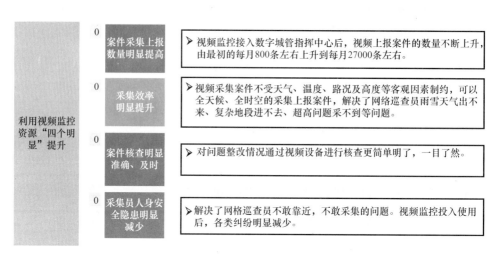

图16-4 "四个明显"提升

3. 一级派单

扁平化指挥的核心内容是一级派单。亳州数字城管建立了指挥中心与处置终端"点对点"指挥关系，根据确权，精准交办，实现快速处置，减少层层下派、层层上报环节，兼顾了区级平台功能发挥，大大提高了案件处置效率。

4. 效果评估

"亳州模式"的监督指挥体系，设置了"第三方效果评估"机制；结合数字城管工作实际进行调整，建立第三方效果评估测评标准，对数字城管案件处置效果进行评价。效果评估第三方评估公司，通过明察、暗访、制作问卷等方式对处置单位承办的数字城管案件处置效果进行评估打分，对特殊案件、疑难案件、复查案件进行重点监督，有效提高案件办理质量。每次评估结束后，对结果进行汇总分析提交完整的月度分析报告，对承办单位进行客观的考核计分，同时，第三方日常业务中对采集公司、坐席公司业务监督方面发挥了重要作用，及时掌握采集、坐席公司工作情况，中心能适时调整管理方案，加强管理力度，提高数字城管综合管理城市的能力。合肥安玛尔公司为亳州数字城管量身定做"亳州数字城管案件处置效果第三方评估标准"，使评估工作更真实，更准确，更有效。该平台于2019年4月发布，同时落实到工作中去。"亳州数字化城管"第三方案件复核管理平台是基于互联网，大数据等先进技术手段，依托微信平台，各案件复核人员通过关注微信公众号，在公众号中进行案件的跟踪复核，相关部门可以实时对复核案件进行最终审核和查看。旨在将相关部门整合到一个数据管理平台中，通过平台实现案件实时复核、实时上传、实时查看、实时审核的功能。第三方案件复核管理平台通过改变传统的手工记录数据和处理方式，用技术手段将离散的数据信息有机地整合到一个平台内，并根据需要对离散数据即时进行归类、统计，生成多维度数据报表，如图16-5、图16-6所示。

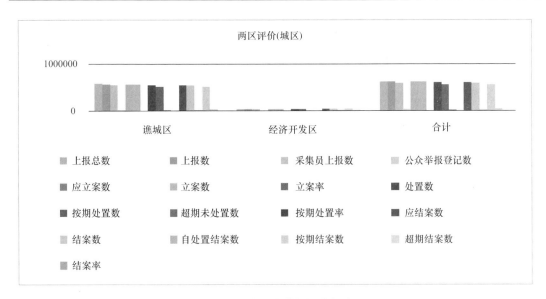

图 16-5　多维度数据评价报表

图 16-6　第三方案件复核管理平台

5. 绩效考核

亳州数字城管根据管理考核办法，通过月度、年度考核，对被考核对象的案件处置情况，具办人的工作情况进行综合评价，报市委、市政府，考核结果纳入机关效能建设考评。

数字城管指挥中心协同数字政通依托移动互联技术，搭建数字城管移动考核督办系统——"智信""智管通"手机 APP，各级、各部门均可通过"智信""智管通"手机 APP随时随地，查阅高发问题、区域评价、部门评价、岗位评价、工作量等运营状态、案件办结情况、工作效率、单位排名等一目了然，并可对重难点问题进行督导、督办，使城市管理考核过程透明、标准清晰、责任具体，如图 16-7 所示。

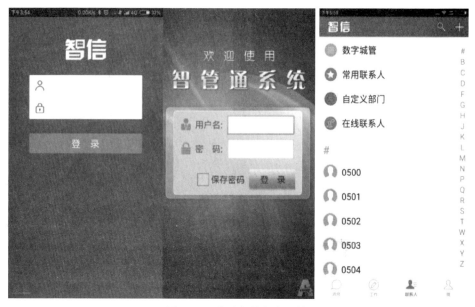

图 16-7　移动考核督办系统

（三）五＋N 拓展应用

1. 城市管理市民随手拍

　　针对市民的生活习惯，开发了城管通手机客户端对接到"我家亳州"APP，如图 16-8 所示。通过有奖举报的方式鼓励广大市民进行城市管理问题的发现和上报。公开接受市民监督，基本做到事事有落实，件件有回音。渠道的创新，有效地提高了群众的参与程度，丰富了市民群众与政府工作的沟通渠道。

图 16-8　"我家亳州"APP

2. 环保非现场检查

环境保护非现场检查工作以数字城管指挥平台为基础，以视频监控为手段，坚持问题导向，突出重点领域，发现和交办环境保护方面的问题，进一步推动中央、省环保督查反馈和交办问题的整改。持续改善环境质量，有力推进亳州市的生态文明建设。如图16-9所示。

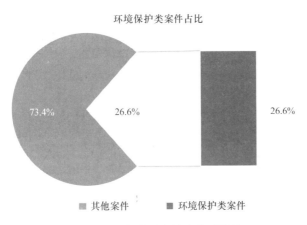

图 16-9　环保非现场检查情况统计

3. 推进 "地净" 工程

为保障空气质量和城市环境，我市新增了5家新型建筑垃圾运输车公司，514辆新型建筑垃圾运输车，车辆统一进行尾气检测，合格后予以上路，全部安装监控设备，纳入市"五车"平台进行运输作业监控。如图16-10所示。

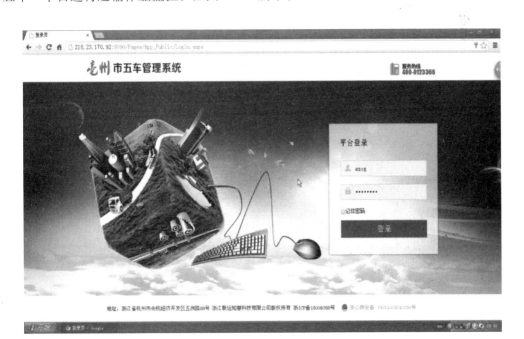

图 16-10　五车管理系统

亳州数字城管还在扶贫、文明创建、证据查询等方面建立了应用平台，促进了有关工作的推进。

下一步，我们将努力补齐短板、完善机制、优化流程，实现数字城管系统平台向智能化转变，管理方式向赋能管控转变，管控区域向城乡一体化转变，管理职能向社会化服务转变，努力助推亳州市城市管理工作提档升级跨越式发展，为全面优化和改善城区市容环境秩序，实现全国文明城市创建目标作出新的贡献。

第十七章

漳州市数字城管实践案例

（漳州市城管指挥中心　供稿）

专家点评

漳州市在数字城管试点运行中，结合地方实际，以问题为导向，形成了专业信息采集队伍巡查问题，城市管理指挥中心统一指挥派遣，各专业部门联动处置的"大城管"工作格局。主要特点有：一是高位指挥与监督，成立漳州市城市管理指挥中心，采用"一级监督、一级指挥、三级管理、四级网格"具有漳州特色的管理模式，稳定、高效运行；二是制度先行，流程再造，出台了一系列与数字城管、大城管相配套的规章制度，形成了城市管理问题的采集、受理、派遣、处置、监督、评价的闭环回路；三是应用现在技术，创新管理模式，促进数字城管数字化、集约化、智慧化。

一、概况

漳州地处"闽南金三角"，东邻厦门，东北与泉州接壤，西南与广东交界，东南与台湾隔海相望，是厦深高铁、龙厦高铁、鹰厦铁路交汇的重要交通枢纽城市。生态城市竞争力位居福建前列，是中国的"田园都市，生态之城"。先后荣获国家历史文化名城、中国优秀旅游城市、国家园林城市、全国卫生城市、全国文明城市等称号，市区概貌图如图 17-1 所示。2014 年漳州市试点城市综合管理，应用数字化城市管理新模式，形成"大城管"工作格局。提高了漳州市城市管理"数字化、精细化、智慧化"的管理水平。

漳州数字城管充分运用网格理念和现代信息技术，集成 GIS 技术、无线传输、视频监控、GPS 定位、物联网等先进信息技术，建设基于实景影像、全移动、物联化等应用的"大城管"模式的数字城管平台。数字城管项目于 2013 年 9 月启动建设，历时九个月，于 2014 年 6 月 26 日顺利投入试运行。指挥大厅如图 17-2 所示，2014 年 12 月通过国家住房和城乡建设部专家组验收，专家组给予该系统建设从技术、数据、组织和使用效果达到国内领先水平的较高评价。该平台于 2016 年荣获中国地理信息产业优秀工程金奖。系统正式运行至今，共受理案件 219.8 万件，处置率、结案率均达 98％以上，已成为漳州市重要的城市综合管理指挥平台，其主要的建设特点与运行成效如下。

图 17-1　漳州市区风貌实景图　　　　　图 17-2　漳州市城管指挥大厅

二、数字城管建设情况

（一）网格管理全城覆盖

漳州市数字化城市管理一期覆盖芗城、龙文两区，建成区约 76.8km²，含两区 11 个街道办、镇及开发区，125 个社区（村）。共划分 3834 个单元网格和 42 个责任网格，配备 120 名信息采集员，网格图如图 17-3 所示。管理城市部件 7 大类，165 小类，共计 305046 个，城市事件 6 大类，159 小类。采用单元网格管理法和城市事、部件管理方法，对城市各类公共设施、事件实施精细化、精准化管理，形成城市管理问题采集、受理、派遣、处置、监督、评价多层面的闭合管理体系。

图 17-3　漳州市数字城管单元网格划分示意

（二）构建大城管格局

结合漳州城市管理实际，将市政设施、园林绿化、环境卫生、房屋立面、内河水务、环境保护等 17 个方面统一纳入城市综合管理，涉及 64 个专业处置部门。采用信息采集服务外包的市场化运作模式，形成了专业信息采集队伍巡查问题，城市管理指挥中心统一指挥派遣，各专业部门联动处置的"大城管"工作格局。市城市综合管理试点工作由漳州市城市管理委员会组织实施，市长任城管委主任，市城市管理委员会下设办公室，挂靠在市城管局，具体负责城管委日常工作。成立漳州市城市管理指挥中心，市城市管理指挥中心以城市管理委员会办公室名义对各城区政府、相关处置部门进行考核监督、指挥调度，漳州市数字城管组织机构如图 17-4 所示。采用"一级监督、一级指挥、三级管理、四级网格"具有漳州特色的管理模式，漳州市数字城管管理模式如图 17-5 所示。

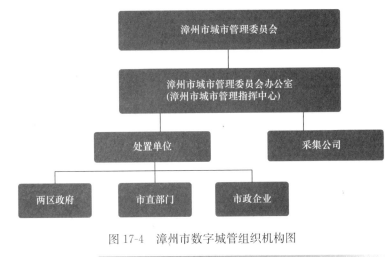

图 17-4　漳州市数字城管组织机构图

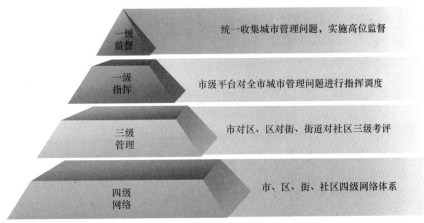

图 17-5　漳州市数字城管管理模式图

（三）再造城市管理流程

梳理城市管理工作手册，出台了一系列与数字城管、大城管相配套的规章制度。包括《城市综合管理手册》《指挥手册》《监督手册》，明确规定了城市管理问题的主管部门、权属单位、处置单位、处置时限和结案标准等，建立了以处置职责确认、处置结果规范、处置精准为核心内容的问题处置制度体系。各类城市管理问题统一通过市城管指挥中心平台流转，形成了城市管理问题的采集、受理、派遣、处置、监督、评价的闭环回路，问题处置过程，以文字、图片、影像等形式展现，进程及结果可时时查询，实现了监管的透明化，漳州市数字城管案件处置流程图如图17-6所示。

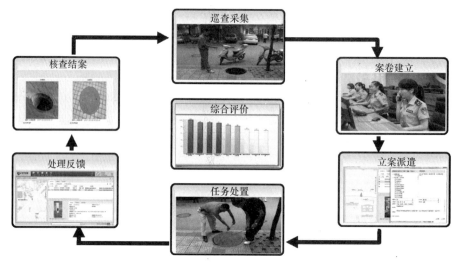

图17-6　漳州市数字城管案件处置流程图

（四）拓展系统平台应用

按住房和城乡建设部标准，建设了无线数据采集、协同工作子系统等9个标准子系统，同时结合本地需求建设开发户外广告及店招管理子系统、业务短信管理子系统、微信公众子系统、门户网站子系统、城市部件在线更新子系统、信息采集员管理子系统、领导移动督办子系统、长效考评子系统、移动处置子系统、视频监控子系统、"12319"服务热线子系统等共11个拓展应用子系统建设，构建数字化城市管理的综合平台，城市综合管理高效化、集约化。数字城管系统示意如图17-7所示。

图17-7　漳州市数字城管系统示意

（五）共享城市管理资源

共享国土资源局漳州地理空间框架电子地形图，叠加城市管理部件，形成数字城管工作地图；硬件设备托管于市信息中心机房，统一维护；依托电子政务外网，实现与 64 个处置单位的互联互通；共享综治办、公安部门视频监控资源，节省了大量视频建设投资；实行市、区两级平台共建共用，并预留县级联网空间；数字城管平台与公安 110 系统对接，集数字城管平台、"12319" 服务平台、非紧急民生服务平台为一体。

三、颠覆传统管理模式

数字城管建设与应用，颠覆传统城市管理模式，改写了以往"问题靠公众反映、督办靠领导批示、效率靠舆论监督、治理靠专项行动"的被动局面；实现了"从举报接诉到主动排查、从传统模式到网格管理、从模糊信息到精准定位、从局部问题到全域覆盖、从突击运动到常态监管、从推诿扯皮到处置高效、从末端执法到源头管控、从手段粗放到技术集约"八方面转型。

（一）信息收集系统化

建立"巡查式采集、拉网式普查、举报式受理、监控式网罗、转办式承接"五种问题归集模式，涵盖"网格巡查、专项普查、视频采集、热线服务、城管说吧、门户网站、微信公众、舆情监控、信访举报、媒体曝光、领导批示、部门转办"12 条信息网罗通道，全方位提升城市事部件问题发现与排查能力。平均每月立案 7000 件，比数字城管建设前单靠市民投诉举报每月 600 件扩大 12 倍。

（二）问题处置集约化

建立"简易处置、限时处置、批量处置、延期处置、回退处置、催告处置、督办处置"等七种集约化处置模式，平台作用极致发挥。2015 年系统正式运行至今，共受理案件 219.8 万件，其中信息采集员自行处置 27.7 万件，系统平台立案转办 32.7 万件，专项普查督办 159.4 万件，如图 17-8 所示，信息系统处置率和结案率均达 98％以上。通过网格化信息采集员现场简易处置问题每月 3000 件以上，避免小案件走大流程、小问题绕大圈子；通过开展绩效评价，评价结果纳入政府绩效管理，并与文明单位相挂钩，提升 64 个处置单位的参与度、积极性和责任感；建立限时管理机制，问题处置时限大为缩减，从月缩短为周、从周缩短为日、从日缩短为时、从时缩短为分，比如：水务集团 20 分钟解决水管爆裂，如图 17-9 所示。市政工程管理处 1 小时解决雨水箅子破损，如图 17-10 所示。

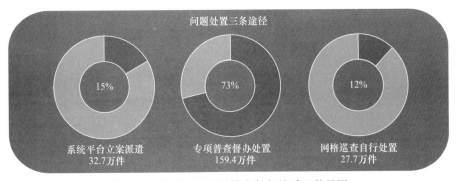

图 17-8　漳州市数字城管案件年均受理数量图

图 17-9　漳州水务集团 20 分钟解决水管爆裂

图 17-10　市政工程管理处 1 小时解决雨水算子破损

四、功能开发运用拓展

按照住房城乡建设部规定，建设监督指挥、综合评价、协同工作、数据采集、监督受理、地理编码、应用维护、数据管理、数据交换共 9 个基础应用子系统；自行开发移动处置、户外广告、业务短信、视频监控、移动督办、部件更新、热线呼叫、采集管理、专项普查、微信公众、门户网站、"两违" APP 等 12 个拓展应用子系统。

（一）实现"网格化＋'两违'治理管控"

开发"两违"智能管控平台 APP 运用，漳州市"两违"管控指挥调度平台系统如图17-11 所示。不仅拓展群众"两违"举报渠道，最大限度群防群治，更实现"两违"案件"举报/巡查发现—核实—处置—复核"整个闭合流程均有迹可循。出台《漳州市"两违"综合治理网格化管理指导意见》。建立"统一的平台、分级自管理"机制，实现市、县、乡、村四级网格化管理，实现个人建房审批监管、批后建设监管、群众两违举报、干部巡查发现、举报核查认定、违建处置反馈、督查抽查监管、责任追溯追责、数据统计分析等环节进行全程信息化管理。把 35 部巡查执法车、50 部无线对讲机、50 部执法记录仪整合并入数字城管指挥平台，实现"城管队员常态化巡查，投诉举报全天候受理、违建转办快速化制止、证据保全规范化取证、拆违现场信息化指挥"，形成具有漳州特色的治违拆违防控体系，有效提升两违管控力度，漳州连续四年两违攻坚三项指标全省前茅。

图 17-11　漳州市"两违"管控指挥调度平台系统截图

（二）实现"网格化＋建筑立面保洁"

将"牛皮癣"治理纳入数字城管高位监管，在全国率先提出"无癣城市"创建（图 17-12），制定"全城区域不超 400 处每查一处罚款 100 元"的创建标准；实施服务外包市场化、覆盖区域全城化、城乡标准一体化、巡查管理网格化、清除技术环保化、堵疏结合便民化、高位监管信息化、绩效评价规范化"八化"举措。2016 年 6 月与市文明办联合组织验收，

图 17-12　清理案例

采取"网格巡查＋专项普查＋随机抽查＋公众监督"等手段，以 106 处的佳绩一次性达标，成功经验在福建电视台、福建日报、东南卫视、漳州电视台等主流媒体深度报道。

（三）实现"网格化＋渣土车辆管理"

建立市区渣土运输车辆登记入库管理机制，借助系统平台，拓展渣土车管理子系统，利用 GPS 定位、视频监控等物联化技术，对渣土车实时追踪监管。目前，核发准入城区渣土车近 200 辆，每部车辆行驶均可通过信息系统显示在线运行状况，包括速度、路径、方向等信息，指挥中心坐席员随时调阅每部渣土车的行驶历史轨迹，查看是否沿着规定路线行驶或超过最高限速，发现违章随时警告与处置，有效严控"滴洒漏"，确保街道路面整洁度；同时，也确保了城区车辆行驶安全，全省屡次"道安检查"均有好评。

（四）实现"网格化＋户外广告管理"

按照市委、市政府"城市管理上台阶，城市面貌大变样，城市内涵上品位"的总要求，从分类整治、批次拆除、逐年减量，到规划设置、精品布局、限量提档，用三年时间，完成五年计划，中心城区基本实现无跨街广告、无高立柱广告、无绿化带灯箱、无楼顶看板"五无"目标，拆除大型跨街广告如图 17-13 所示。同时，利用数字城管平台，开发户外广告子系统，实施网格化巡查，巩固既得成效，达到长效化管理，分别于 2014 年和 2016 年，被中国广告协会授予"全国户外广告管理十佳城市"和"全国优秀户外广告管理奖"。

图 17-13　漳州市城管执法局组织拆除大型跨街广告

（五）实现"网格化＋共享单车管理"

共享单车在构建绿色低碳出行方面发挥了积极作用，然而突显的乱停乱放现象严重影响市容也给城市管理工作带来严峻挑战。为了加强漳州市共享单车管理，漳州市政府出台了《关于规范漳州市主城区共享单车管理的实施意见（试行）》，同时将共享单车管理纳入漳州市数字城管平台进行高位监管，拓展共享单车管理子系统，通过与运营企业后台大数据对接、数据共享，实现共享单车投放总量的动态监管。投放总量得以有效控制。同时通过共享单车状态智能感知、动态交通态势研判、违章停车主动干预、案件自动派遣等体系，打造主管部门、处置部门、运营公司协同运作新局面，有效规范了共享单车的停车秩序。

五、实现精细管理目标

利用专项数据普查子系统，针对城市管理某一特定的事部件，开展拉网式、全覆盖普查，用数据说话，用数据决策，用数据管理，用数据创新。

（一）安全管养常态化

定期开展涉及安全隐患问题的城市部件倒查，四年多来累计排查并处置包括市政井盖移位或缺失、消防设施丢失或损坏、围墙围挡倾斜或坍塌、街道路面塌陷或积水、灯杆线杆倒伏或断裂、大树老树倾倒或折断、户外广告摇晃或脱落等安全隐患 7647 起，维护了城市安全与社会稳定。安全隐患处理前后对比如图 17-14 所示。

处理前

处理后

图 7-14　安全隐患处理前后系统案例

（二）防汛抗台功能化

每逢台风暴雨季节，跟进汛期防御排查机制，专项普查系统大显身手。汛前对雨水算子、排水管道、行道树木、户外广告等畅通性、安全性进行安检排查，汛后组织灾情普查采集，快速恢复城区运行秩序。比如"莫兰蒂"台风，通过平台解决行道树倾倒等各类灾后问题 160 多起。台风期间处理安全隐患案例如图 17-15 所示。

图 17-15　台风期间处理安全隐患案例

（三）节点保障前置化

无论是创卫创城复检，还是农博会、花博会、省运会、青运会等全市大型活动，或是全省"两违"、全市"两会"等会议期间，节点未到，保障先行。通过普查子系统，排查并解决乱停车、乱摆摊、乱堆放、乱占道、乱倾倒、乱悬挂、乱张贴、乱搭建等"八乱"问题。

（四）民生服务机制化

每年的春节、国庆等法定重大节日，以及中高考期间，即时启动专项普查机制，提前做好信息采集，问题以《督办件》《呈阅件》《建议函》等形式提交整治与处置，营造良好秩序。主动排查建筑工地、娱乐场所、商家促销等噪声扰民问题，为中、高考保驾护航。

（五）综合治理精细化

建立"普查一月一主题，整治一月一行动"机制，系统平台投入使用以来，先后开展了垃圾桶更新、行道树补植、僵尸车拖曳、圈占停车位以及占用盲道、公交站台、公益广告、建筑围墙、城区旱厕、洗车场所、露天烧烤、餐饮市场等 20 多个普查主题，问题提交专项整治，取得较好成效。

六、绩效评价效用化

漳州数字城管评价体系较为完善。目前已建立与数字城管相关的 6 项绩效机制，形成"采集、立案、处置、监管"闭环回路式的评价体系。对信息采集、"牛皮癣"保洁、"无癣城市"创建等项目，采取"在线检查＋现场抽查＋数据普查"等随机式、拉网式手段，提高绩效评价的覆盖性与准确性。数字城管评价运用纳入政府绩效考评范围，其中市直机关 10 分、两区政府 5 分，评价结果在《闽南日报》和漳州电视台公布，如图 17-16 所示；信息采集和牛皮癣服务外包项目，每月依据评价结果结算合同价款。

七、内控管理机制化

漳州市城市管理指挥中心以"外塑形象，内强素质"为抓手，健全了"运行管理十五项机制"和"内控管理八项机制"，形成了"标准化、流程化、机制化、长效化"的运行管理格局。指挥中心以群众满意为目标，高标准严要求地加强人员管理和素质提升，以创先争优活动为载体，先后获得"全国青年文明号""全国巾帼文明岗""省级行业星级示范窗口"等荣誉称号，如图 17-17 所示。

八、开拓创新，智慧升级

2019 年漳州市启动智慧城管建设，主要建设思路：

图 17-16　每月媒体公布数字城管绩效考核结果

图 17-17　创优争先荣获国家、省、市级荣誉

（一）高站位、高标准

根据住房城乡建设部相关国家标准的要求，按照感知、分析、服务、指挥、监察"五位一体"的建设思路，构建漳州市"一云、一网、一平台、多业务"的智慧城管总体框架，即城管云平台、城市物联网、大数据综合展示平台、整合综合行政执法、智慧市政、智慧环卫、智慧园林绿化等多业务系统。

（二）新智能、新技术

对数字城管进行智慧化升级，运用智能视频监控、智能物联网传感器等新一代科技设备，进一步拓展城市数据立体感知能力，实现城市管理要素与管理区域的"全覆盖"，并融合各个终端，利用云计算、大数据、人工智能等新一代信息技术，对海量城市感知数据挖掘分析，提升城市智能化决策支持和应急指挥能力。

（三）建机制，强运用

配套建设智慧城管运行机制，基于大数据分析从多种角度提炼分析可用于城市管理决策的数据，为城市管理决策者提供可靠的数据及决策参考。借助各应用系统的协同合作，实现"安全、便捷、健康、高效"的城市管理目标，依托信息化手段进行机制创新，打造集城市管理大信息采集汇聚、城市管理问题调度指挥、城市管理监督考核为一体的智慧化城市管理指挥中心。

搭建政民"连心桥"，共建漳州"智慧城"。漳州市城管指挥中心将继续以"拓展的视野、改革的思维、创新的理念"，致力于数字城管向智慧城管升级，全面提升城市治理水平，实现城市管理新跨越！

第十八章

潍坊市数字化城市管理实践案例

（潍坊市城市管理监督指挥中心　供稿）

专家点评

　　潍坊市数字城管有四个突出特点：一是管理采用"大城管"模式，管辖范围和《中共中央国务院关于深入推进城市执法体制改革改进城市管理工作的指南意见》（中发〔2015〕37号）文件要求的城市管理内容高度吻合，使平台处置流程更加顺畅，运行更加高效。二是集中搭建一体化数字城管大平台。市平台支撑着9个区、2个县市平台和220个网络单位运行，构建了市、区、街办、社区四级管理链条，有效节省了资源，提高了运行效率。三是智慧市政独具特色。开发建设的市政在线监测监控系统提升了公用产品和服务质量，获得了两项国家专利。四是监督考核有效有力。市级对督查发现问题赋分置于系统，与系统其他数据汇总共同生成考核成绩。考核成绩纳入全市科学发展综合考核指标，数字城管作用得到了良好发挥。

一、基本概况

　　潍坊市位于山东半岛中部，居半岛城市群中心位置，是著名的世界风筝都。潍坊市下辖12个市县区，1个国家级高新技术产业区，1个国家级经济技术开发区，1个国家综合保税区，1个省级经济开发区，1个省级生态经济开发区，总面积15859km²，人口937.3万人。

　　潍坊市政府高度重视数字化城管工作，先后多次将此项工作写入政府工作报告，列入城市建设重点项目，以"构建和谐城管，服务人民群众"为出发点和落脚点，突出服务和保障民生这一主题，紧紧遵循国家有关标准，以管用实用为指导，以创新发展为动力，积极采用先进信息技术，高起点定位、高标准建设、高效能运转，倾力打造全时段监控、全视角监督、全方位考评的数字化城管系统，有力地助推了城市管理水平的全面提升，为全市经济社会发展做出了突出贡献。潍坊市数字化城市管理工程方案于2009年5月招标设计，

2010 年 7 月份启动建设，2010 年 11 月份系统上线运行，2011 年 5 月山东省住建厅组织专家进行工程验收。2013 年，根据市政府安排和城市管理需要，数字化城管系统又进行了一次大规模的拓展升级。经过九年的建设和不断完善，形成了独具特色的数字化城市管理框架。

2011 年 8 月，潍坊市政府批复成立市城市管理监督指挥中心，为副县级事业单位，2014 年 12 月与市城市管理行政执法支队合并运行，一套班子、两块牌子，为市城管局所属副处级全额拨款的参照公务员法管理的事业单位，现有人员 95 人，下设 6 个科室、6 个大队。见表 18-1 所列。

数字城管机构基本情况　　　　　　　　　　　　　表 18-1

基本情况	单位名称	潍坊市城市管理行政执法支队（潍坊市城市管理监督指挥中心）				
	单位性质	参公	单位级别	副处	隶属关系	隶属于市城管局
	人员编制数（总）	95	现有人员数（总）	95	建成投入时间	2010.11
	内设机构名称（处、室、科、股等）	科室	办公室	政工科	法规科	受理科	技术科	监查科
		人员编制及现有人数	8	7	3	3	2	6
		大队	规划大队	市政大队	公用大队	园林大队	市容环境大队	警察大队
		人员编制及现有人数	12	11	9	13	7	6
主要职责	受市城市管理局委托行使市级管辖范围内相对集中的行政处罚权和市政公用事业管理方面的行政处罚权；对市区域管行政执法工作进行监督、检查和考核；按照市局的统一部署，组织、调度城管执法专项和重大执法活动，查处市局指定的跨区和重大违法案件；负责市级数字化城市管理系统运行维护和管理工作，对各县市区数字化城市管理系统的建设、运行进行业务指导；承担"12319"城市管理服务热线的日常工作，受理、派遣、督办各类城市管理问题；依托数字化城市管理系统，负责组织单元网格内城市管理部、事件问题的巡查、上报工作；通过查督指挥平台对市区以及市级专业部门城市管理问题进行监督检查、考核评价；承办市城市管理局交办的其他事项						

二、主要做法

（一）高起点定位

1. 实施 "大城管" 数字城管模式

潍坊市是国内较早实行城市管理体制改革的城市，早在 2002 年，城市管理就探索采用"大城管"模式。市城市管理局由原市政管理局与城市管理行政执法局整合而成，管辖范围包括园林绿化、市容环卫、市政公用和城管执法等行业，契合了中发〔2015〕37 号文件"3＋1"管理执法机构综合设置要求。潍坊市数字化城管的内容与城市管理的内容相吻合，将城市管理的园林绿化、环境卫生、市政（包含公用、路灯、节水、排水等）和城管执法等多个行业统一纳入到管理范围，将城市管理监督指挥中心与城市管理执法支队合署办公，两块牌子、一支队伍，从抓源头治理、机构机制入手，建立起监督有据、处置有规、考核有度、奖惩分明的数字化城市管理体系。"大城管"模式的实施，使数字化城市管理机制更加科学合理，城市管理职能衔接更加紧密，数字化城市管理处置流程更加顺畅，为数字化城市管理系统的高效运转奠定了强有力的基础。

2. 搭建全市一体化数字城管大平台

（1）集中搭建市县区一体的数字城管大平台。为避免重复建设，充分实现资源共享，我市在数字化城管系统建设过程中统筹规划、规范建设，着力、优先、重点搭建了市一级系统平台，从2010年开始，先后投资3800万元，搭建了包括23台服务器、排队机、大屏幕等硬件系统和43个软件系统组成的市级平台。市级平台支撑了9个区（开发区）和2个县（市）的二级平台运行，如图18-1所示。同时支撑了209个街办、社区三级、四级平台的运行。为保证上下运转畅通，在建设前进行了充分的规划设计，市数字化城管平台与区级指挥平台同步建设、同步完成、同步运行、同步考核。在市级平台的支撑下，经过不断充实完善，形成了包含市、区、街办、社区共220个网络单位组成的全市统一的数字化城管大平台。如图18-2所示。潍坊市所辖的8个县市中有2个县市依托市级平台运行，其他6县市按照《潍坊市县市数字化城市管理系统建设规范》的"统一规划、统一标准、统一风格"的原则要求建设了独立的数字化城管系统。所有县市都实现了与市级平台的对接联网与信息交互。

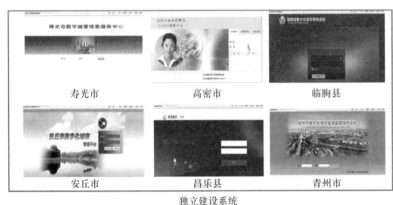

图18-1　县（市）二级平台

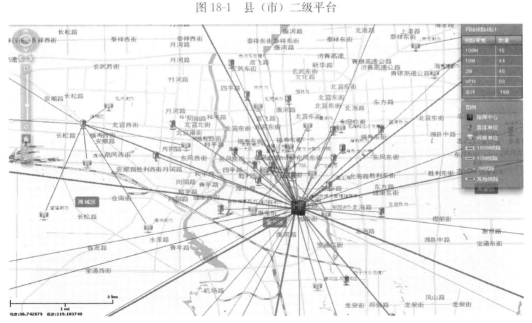

图18-2　网络单位组织结构拓扑

（2）建设四级数字化城市管理链条。如图 18-3 所示。根据潍坊市城市管理工作实际，在市级层面设立城市管理监督指挥中心，中心主要负责城市管理问题的立案、派遣、指挥、调度、监督、评价等工作，各区和城市管理各部门在市城市管理监督指挥中心的调度下，落实好各自的管理责任和问题。一级监督的职能非常突出。在各区城市管理各部门建立了二级平台，二级平台负责接收市级监督指挥中心的指令，并组织辖区内城市管理问题的落实、实施；街办、社区参与城市管理，按分工落实其管理责任和职能。我们将社区这一城市管理最基层、最重要的环节纳入到数字化管理链条中，使城市管理的触角直接伸向基层一线，管理责任更加清晰到位。一个市区街居联手联动、管理层次分明、工作任务清晰、闭环处理的城市管理体系的形成，使城市管理问题得到了最及时、最有效地处置。

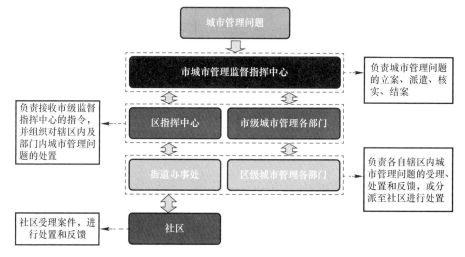

图 18-3　四级数字化城市管理链条

（3）建设全覆盖的八大行业模块。如图 18-4 所示。根据潍坊城市管理覆盖面广的特点，开发建设了包含"数字环卫、数字园林、数字执法、数字公用、数字照明、数字养护、数字防汛、数字节水"的八大行业管理模块，实现了对城管各行业的"人、车、物、事"全过程监控和管理。各个行业模块既成为各行业单位现代化、数字化管理的手段和工具，又成为对各行业监督管理的信息平台。

图 18-4　八大行业模块（一）

图 18-4   八大行业模块（二）

（二）高标准建设

1. 坚持标准化建设，保证数字城管系统的高效运转

数字化城市管理系统与其他信息系统相比，一个明显的优势就是标准化先行。国家数字城管学组牵头制定了 9 个行业标准并上升成为国家标准，对数字化城管系统建设给予了强有力支撑。潍坊市数字化城管无论建设或运行都坚持标准先行原则，在吃透标准基础上搞建设。我们在建设市级数字化城管平台的同时，就为各县市区数字化城管建设制定了标准规范，为市级与县市数字化城管系统对接联网及高效运行奠定了基础。

2. 充分利用智慧物联，提升城市管理现代化水平

潍坊市是公用事业改革较早较彻底的城市之一，供水、供气、供热全部改为合资或民营；环卫作业全部实行市场化运作。我们充分考虑和分析了这些具体问题，以增强行业服务意识和政府监管能力为着力点，将数字化手段运用到公用事业服务和作业质量管控上，探索出了一条全新的数字化在线监管新路子。

（1）率先利用物联网手段加强对公用事业服务质量监管。主要建设了供水、供气、供热、污水处理在线监测系统。制订了《潍坊市公用产品质量在线监测系统建设导则》，对公用行业部、事件数据进行了普查建档，以行业服务质量标准为依据选取并设置各行业监控参数和理想数值，利用物联网手段，将数据传输到市数字化城管平台。如图 18-5 所示。一旦运行指标出现异常或报警，系统将自动产生表单并快速下发到相关单位处理，并将报警情况纳入对各单位服务质量的考核。公用产品质量在线监测系统的建立，有力地提升了各公用企业管理和服务水平。该系统荣获了国家专利。如图 18-6 所示。

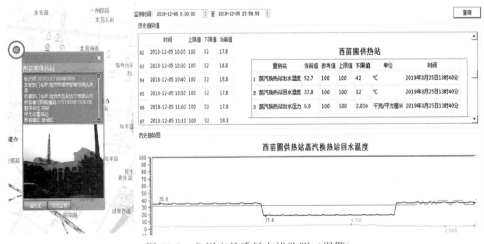

图 18-5   公用产品质量在线监测（报警）

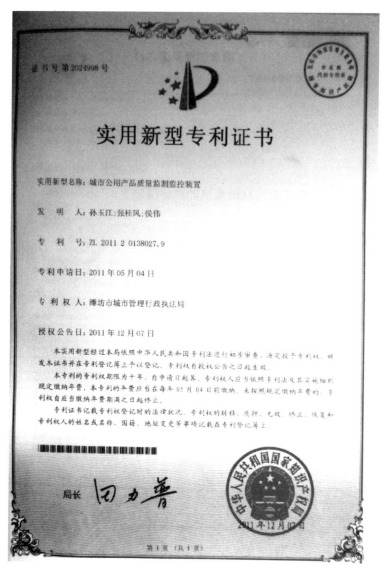

图 18-6 公用产品质量在线监测国家专利

（2）利用 GPS 定位分析技术加强市政工作状态的管理。如图 18-7 所示。在环卫作业车、渣土清运车、垃圾清运车、执法车以及市政抢险车辆上统一安装了 GPS 车载监控设备，通过利用 GPS 定位分析技术，不仅实现了对车辆运行状态的实时监控，并且选择重要指标对环卫作业质量进行量化考核，考核结果作为财政兑现保洁费用的重要依据，开创了国内精细化利用 GPS 监控的先河。该系统也荣获了国家专利。如图 18-8 所示。

（3）桥涵积水警示和通行安全保障系统。桥涵积水是城市防汛的重点难点问题之一，为实现对桥涵水位采集、传输、警示、展示、处理等全过程的监管，我市应用窄带物联网（NB-IOT）和区块链技术，建立了桥涵积水警示和通行安全保障系统。如图 18-9 所示。系统能够将实时探测到的水位信息发送到桥涵两侧的显示屏上，提醒过往车辆，避免误入发生危险。如图 18-10 所示。

图 18-7　环卫 GPS 在线监测道路清扫情况展示

（三）高效能运行

1. 构建市级监督、区级巡查的网格化管理体系

潍坊市以精细管理为目标，按照住房城乡建设部万米单元网格管理理念，全力打造了市区两级"全方位、全天候、全覆盖"的城市网格化监督管理系统。我们以社区为基础单元，将城区划分 351 个巡查网格和 53 个督查网格，如图 18-11、图 18-12 所示。建立市、区两级管理的网格监督机制，市级面向社会招聘了 2 家城市管理监督公司，负责对各区（开发区）城市网格化管理情况进行全方位、无缝隙的督查评价。区级负责组建网格巡查（信息采集）队伍，具体承担日常城市管理问题的发现上报，对责任网格实施无盲区巡查，及时发现上报各类城市管理问题。建立市、区、街道、社区四级的"责任到位、部门联动"网格处置机制，由各区（开发区）组织建立起由城管、住建、公安、街道办事处等多部门联动的网格问题处置队伍，负责组织落实网格内各类问题的处办工作。建立网格市级督查、区级巡查层级解决机制，实现小事解决在网格内，大事解决在区域内，部门和街道联手联动，多网在社区内充分融合，实现了网格管理效能的最大化。

2. 广开监督服务渠道，为市民群众提供优质服务

潍坊市数字城管平台信息来源除包括网格监督员采集上报案件和"12319"热线受理案件外，还包含全民城管系统上报、社区终端上报、公用产品报警、视频监控系统立案、GPS 监控系统报警、微信短信和其他政务服务热线转办案件等多种渠道。如图 18-13 所示。对于所有渠道的案件系统都通过手动或自动立案，进入案件处置流程规范处理，使监管更真实、更客观、更全面、更有效。数字化城管系统运行以来，仅仅公用产品报警案件就受理了 14 万余件，为提升市政公用服务水平发挥了重要作用。

图 18-8　环卫 GPS 监测系统国家专利

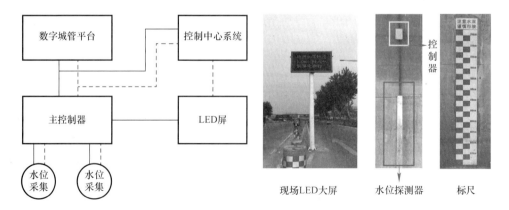

图 18-9　桥涵积水警示和通行安全保障系统工作原理

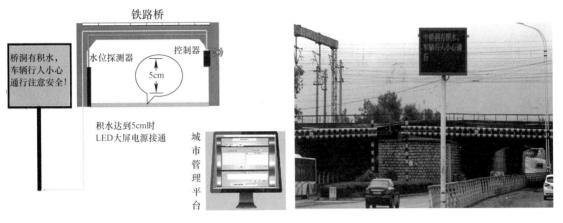

图 18-10　桥涵积水警示和通行安全保障系统

图 18-11　351 个巡查网格

3. 优化案件处结流程规范，提升案件办理质量

（1）实行案件办结预警报警制度。为保证数字城管案件及时高效办结，系统专门设定了办结预警报警制度。若案件距离处置时限低于一小时，系统对该案件显示黄灯进行预警，提醒相关单位抓紧处置；当案件超过处置时限时，案件显示红灯状态，督促相关单位立即处置。

（2）实行案件反馈锁定制度。为提高案件办结质量，系统设有案件反馈锁定功能。当案件补充办理两次后，在处置反馈时就会提示案件已被锁定，一旦案件锁定必须联系督查部门进行解锁，而后案件才可继续相关流程。

4. 推行全民城管

潍坊市特别注重发挥市民在城市管理中的作用，建设了市民参与城市管理监督评价的全民城管系统。市民通过网络和移动终端可以随时发现上报城市管理问题，对城市管理工作进行监督，架起了城管与市民沟通桥梁。全民城管系统不仅使城市管理形成了社会公众积极参与、职能部门齐抓共管的新局面，而且减少了政府的投入，提高了信息利用率和时效性。"人民城市人民管"的长效机制，进一步提高了市民文明素质和城市文明水平。另外，城管系统工作人员按照"出门即上班"做法，随时对城市管理问题进行巡查、巡视和监督，发现问题及时上报数字化城管平台，城管局把这项工作情况纳入到单位部门工作绩效考核中。如图 18-14 所示。

图 18-12　53 个督查网格

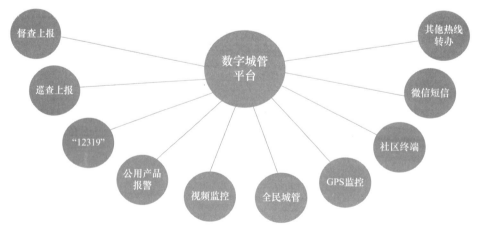

图 18-13　平台信息来源

5. 锻造城市管理铁军

高素质的人员队伍是数字化城市管理工作的基础。在系统建设和运行过程中，潍坊市抓住"人"这个关键要素，不断强化对各类人员的培训。加大数字化城管有关标准规范的宣贯、培训和考核，使从业人员做到工作有标准、作业有规范、检查有记录、奖惩有依据。倡导文明执法、规范执法、人性化执法，寓管理于服务，切实提高城市管理和服务效能。抓住住房城乡建设部开展的"强基础、转作风、树形象"良好机会，采取典型案例讲座、"以案说法"、案卷观摩等形式加强对执法人员的培训，抓好城管执法新标准、新业务、新方式的学习。组织骨干人员赴浙江大学、上海交大等知名大学进行业务培训，组织开展了队列会操表演等"城管焕新颜"系列活动，有力提升了执法人员的理论水平、业务素质和干事创业的能力，打造了一支政治素质过硬、业务素质一流、特别能吃苦、特别能战斗的城市管理铁军。

图 18-14　全面城管案件查询

（四）高站位考评

市政府制定出台了《关于进一步加强中心城区城市管理工作的意见》和《提升市区工作考核办法》。以市数字化城市管理平台自动生成的数据为基础，对各区（开发区）城市管理工作进行考核评价，并将考核成绩纳入年度全市科学发展综合考核内容。配套制定了《城区数字化城管平台考核管理办法》和《城区城市管理专业机构评价办法》，对各区（开发区）、市直部门和街道办事处等二级、三级处置单位案件受理和处置情况进行评价打分，选用结案率、按期处置率、一次完成率等 7 项考核指标，赋予不同权重形成综合指标值，定期对各单位处置情况进行考核并通报。研究制定了数字城管评价标准，如图 18-15 所示，用标准规范行为，以标准引领工作，市城管办将数字化城管工作纳入市城市管理标准化评价体系，定期组织对全市各县市区数字城管工作开展情况进行专项检查考核通报，并在潍坊日报等媒体公开公布，有效保障了数字化城市管理的高效运转。

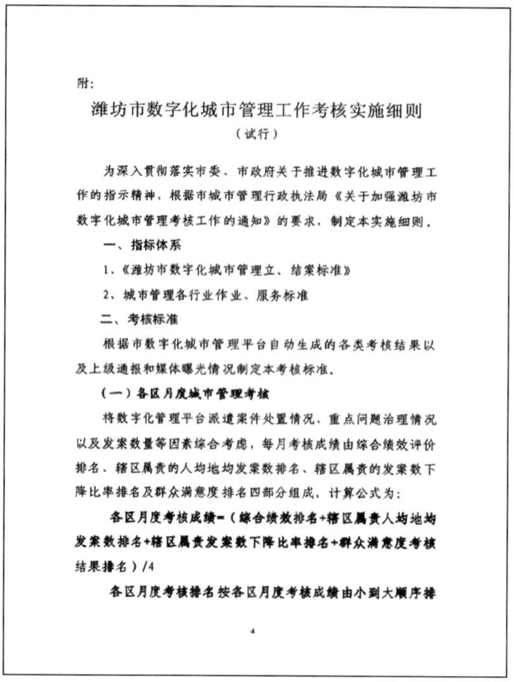

附：

潍坊市数字化城市管理工作考核实施细则

（试行）

为深入贯彻落实市委、市政府关于推进数字化城市管理工作的指示精神，根据城市管理行政执法局《关于加强潍坊市数字化城市管理考核工作的通知》的要求，制定本实施细则。

一、指标体系

1、《潍坊市数字化城市管理立、结案标准》

2、城市管理各行业作业、服务标准

二、考核标准

根据市数字化城市管理平台自动生成的各类考核结果以及上级通报和媒体曝光情况制定本考核标准。

（一）各区月度城市管理考核

将数字化管理平台派遣案件处置情况、重点问题治理情况以及发案数量等因素综合考虑，每月考核成绩由综合绩效评价排名、辖区属责的人均地均发案数排名、辖区属责的发案数下降比率排名及群众满意度排名四部分组成，计算公式为：

各区月度考核成绩＝（综合绩效排名＋辖区属责人均地均发案数排名＋辖区属责发案数下降比率排名＋群众满意度考核结果排名）／4

各区月度考核排名按各区月度考核成绩由小到大顺序排

4

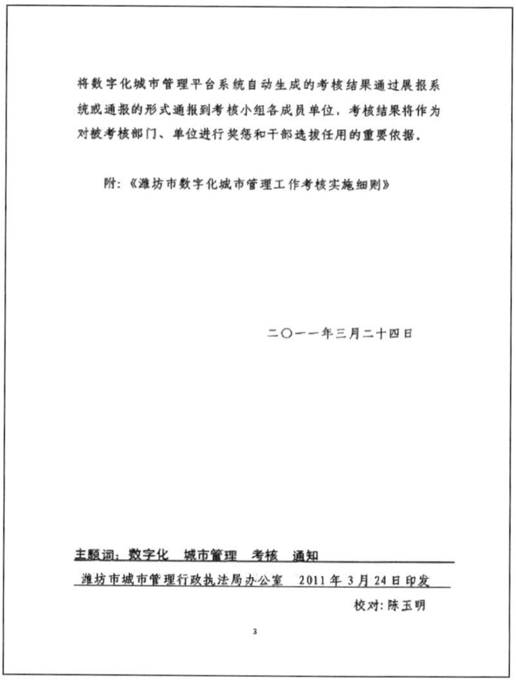

将数字化城市管理平台系统自动生成的考核结果通过展报系统或通报的形式通报到考核小组各成员单位，考核结果将作为对被考核部门、单位进行奖惩和干部选拔任用的重要依据。

附：《潍坊市数字化城市管理工作考核实施细则》

二〇一一年三月二十四日

主题词：数字化 城市管理 考核 通知

潍坊市城市管理行政执法局办公室 2011 年 3 月 24 日印发

校对：陈玉明

3

图 18-15 潍坊市数字化城市管理工作考核实施细则

三、系统特点和启示

潍坊市数字化城市管理系统具有以下六个显著特点：

一是系统涵盖内容广泛。数字化城管系统涵盖了市政公用、市容环卫、园林绿化、城管执法等多个行业。目前，纳入数字城管平台的单位和部门有 209 个，与城市管理相关的部门和单位全部纳入数字城管平台管理。

二是市县一体化运转。潍坊市各区及相关县市共享市级数字化城市管理系统平台，全市数字化城市管理实现一个网络，数据互联互通，提高了系统使用效能，节约了大量建设资源和资金。

三是系统管用、实用。潍坊建设数字城管平台的自始至终都良好的坚持了管用、实用原则。在 2010 年、2013 年、2019 年先后三次建设升级过程中，每一次论证都把各相关单位人员组织到一起，分析研究要解决的矛盾和问题，集体谋划行业内纳入数字化城市管理的内容和项目。每一个系统都是根据城市管理需要论证设计的，每一个系统的建成都在城市管理中发挥了重要作用。

四是服务、管理、执法无缝衔接，高度融合。潍坊市将"12319"热线、市城市管理监督指挥中心、市城市管理行政执法支队合并成一个单位，许多问题从服务入手，服务、管理、执法环环相扣，使数字化城市管理保持高质量、高效率运转。

五是坚持不断创新提升和完善。潍坊数字城管系统建设从 2010 年着手就十分注重技术创新和不断完善，将物联网、窄带物联网、GPS（BDS）定位分析、"云计算"和"大数据"等先进技术应用于系统建设。所研发的公用产品质量在线监测系统于 2011 年荣获国家专利，环卫 GPS 监控系统于 2014 年获得国家专利，桥涵积水警示和通行安全保障系统获得山东省住建厅信息化工程示范项目。

六是智慧市政成效显著。根据潍坊市政公用事业管理实际，开发建设了一套监测监控和现代化管理系统，实现了对市政公用行业的全时段监控、全视角监督、全方位考评，为提升市政公用服务质量发挥了重要作用。

四、工作成效

潍坊市数字化城管系统的建立，使城市管理手段更加丰富，机制更加顺畅，责任更加明确，问题发现更加超前，实现了城市管理工作由被动向主动转变，由事后向事前转变，由突击向常态转变，城市管理水平显著提升。

（一）全面提升了城市管理的指挥力

数字化城管将城市管理工作机制和流程进行了优化再造，使城市管理部门的职责更加清晰、考核更加科学、信息更加快捷。在潍坊，许多城市管理工作都围绕平台部署，许多城市管理问题通过系统流转，数字化城管平台已经成为全市城市管理工作的指挥棒。在潍坊，每天都会对数字城管系统巡查员、督查员上报大量的问题进行分析汇总，使城市管理随时处在被监督评判之下，反映问题的及时化不光有效地提高了管理质量，而且政府主管部门能随时掌控城市管理各行业运行和服务情况，及时进行科学决策和工作部署。在潍坊，无论是受理员、派遣员队伍，还是巡查员、督查员队伍，均通过社会化用工解决，用工的社会化使问题反映的更加客观准确；大量的考核数据都来源于系统自动生成，考核的客观性、真实性使数字城管成为城市管理工作质量的度量尺。

（二）有效提升了城市管理水平

数字化城市管理系统的建立，使城市管理问题形成了超前、闭环和常态化的处置机制，解决了一大批人民群众关心、关注的热点难点问题，市容市貌显著改善，城市品质大幅提升，为广大人民群众创造了良好的人居环境。据统计，自系统运行以来，平台累计处办城市管理案件 600 余万件，案件办结率和群众满意率均达到 99.6% 以上。在供热监测系统有效监控下，供热投诉连年下降，连续三年依次下降了 68.1%、28.7% 和 62.4%，城区供热质量大幅提升；环卫 GPS 车载监控系统的建立，有力地约束了保洁公司的行为，城区道路保洁质量明显改观。

（三）有力提升了城市管理效率

数字城管为城市管理各单位提供了方便快捷的业务沟通渠道和闭环的管理流程，实现了问题处置规范化和管理决策可视化，相关单位足不出户即可掌握工作状态，降低了管理和生产成本，提高了城市管理的效率。以供热在线监测系统为例，系统配合换热站自动控制使供热能耗下降 10%，仅潍坊市中心城区每年节省 1 亿元左右生产成本；而工作人员数量减少为原来的 3.3%，每年可降低人员费用 1300 余万元。

近年来，城市管理监督指挥中心先后获得"全国青年文明号""全国工人先锋号""全国女职工建功立业标兵岗""省级文明单位""富民兴鲁"劳动奖状等70多项荣誉。其中，数字化城管工程被评为"潍坊市十佳市政工程"，荣获"中国人居环境范例奖"。"12319"热线连续三届被评为"山东省服务名牌"，成为全省乃至全国的典范和为民服务的一面旗帜。如图18-16所示。

图18-16 荣誉称号

第十九章

南阳市数字城管实践案例

（南阳市数字化城市管理监督指挥中心　供稿）

专 家 点 评

南阳市通过制定《南阳市数字化城市管理实施办法》，赋予市数字化城市管理监督指挥机构代表市政府履行中心城区数字化城市管理监督与评价职能，是顺利开展工作的坚实基础和有力法宝。通过建立了绩效评价、问题受理、跟踪督办、市县联网等机制，取得良好运行效果，市政府主要领导批示肯定："数字化城管工作做得有声有色，卓有成效"。通过建立《南阳市数字化城市管理效能问责办法》，又在机制上为数字城管运行奠定了长治久安的基础。

一、基本概况

（一）市情基本情况

南阳古称宛，位于河南省西南部、豫鄂陕三省交界处，全市总面积 2.66 万 km^2，人口 1198 万人，辖 10 县 1 市、2 个行政区、4 个开发区，其中中心城区 4 个区，如图 19-1 所示。中心城区常住人口约 180 万人，是河南省 18 个省辖市中面积最大、人口最多、所辖县也最多的地级市，是国家历史文化名城，曾孕育出"科圣"张衡、"医圣"张仲景、"商圣"范蠡、"智圣"诸葛亮、"谋圣"姜子牙等历史名人。南阳是世界最大调水工程南水北调中线陶岔渠首枢纽工程所在地和重要的核心水源区，先后荣获为"中国优秀旅游城市"、"国家园林城市、中国月季之乡"、"中国十大最具创新力城市"、"中国最具幸福感城市"、"国家卫生城市"、"国家森林城市"等荣誉称号。

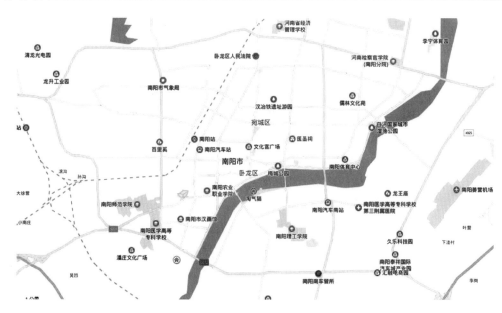

图 19-1　中心城区地图

（二）建设运行情况

南阳市市级数字城管系统于 2016 年 2 月建成启动运行，包括数字城管 9 大基础子系统和 4 个扩展子系统，如图 19-2 所示。共享公安部门 76 路高空鸟瞰瞭望系统和 1025 路平安建设视频监控，设立了"12319"服务热线坐席。构建了"大城管"格局，责任单位涵盖 38 个部门，并辐射到 25 个乡镇街道，如图 19-3 所示。监管面积 2016 年、2017 年为 147km² 建成区，2018 年拓展至 6 个高速口围合圈 219km²。实行一级监督、二级指挥、三级管理、四级联动模式，由市级统一采集、统一派遣、统一考评。如图 19-4 所示。

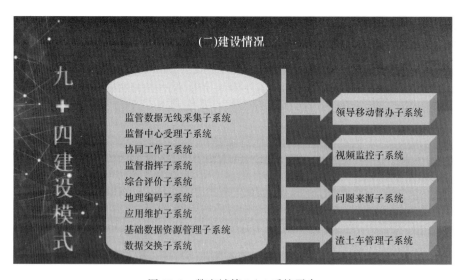

图 19-2　数字城管 9＋4 系统平台

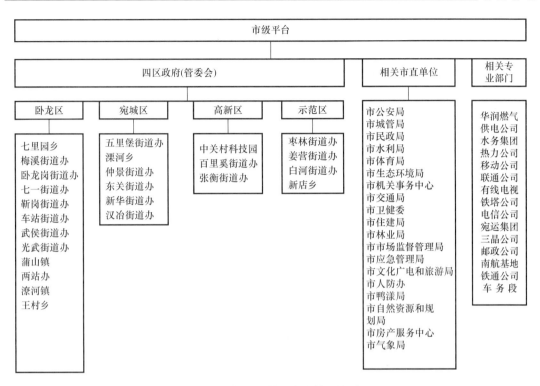

图 19-3　数字城管"大城管"格局

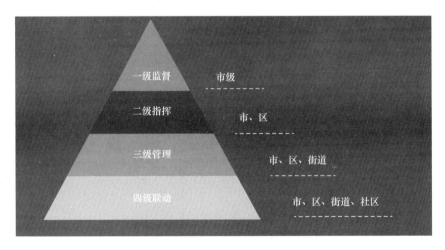

图 19-4　数字城管运行架构

(三) 机构人员情况

南阳市数字化城市管理监督指挥中心（简称"中心"）2015 年 12 月经南阳市编委批准成立，2016 年 3 月完成人员组建。信息采集实行政府购买服务方式，招标采购两家信息采集公司，组建了 175 名信息采集监督员队伍，成为城市管理的"侦察兵"、"啄木鸟"；监督指挥大厅坐席人员实行劳务派遣服务方式，组建了 20 名坐席人员，负责案件的受理、派遣和"12319"服务热线工作。如图 19-5、表 19-1 所示。

图 19-5　数字城管监督指挥大厅

数字城管机构职责　　　　　　　　　　　表 19-1

基本情况	单位全称	南阳市数字化城市管理监督指挥中心		
	单位性质	事业财政全供	内设科室	办公室
	单位级别	正科级		信息采集科
				指挥派遣科
	人员编制	18 人		绩效评价科
	隶属关系	南阳市城市管理局		技术装备科
主要职责	1. 负责市数字化城市管理系统的规划、建设和管理； 2. 负责指导市辖各县区数字化城市管理系统的建设和管理； 3. 负责指挥协调相关责任单位按照职责分工履行城市管理职责； 4. 负责拟定市数字化城市管理技术标准和运行规范并指导实施； 5. 拟定市数字化城市管理监督与评价办法，建立科学完善的监督评价和绩效考核体系； 6. 负责组建信息采集员队伍并巡查列入监督范围内的城市管理部件、事件； 7. 负责受理城市管理部件、事件信息并监督、考核、评价相关责任单位的处置工作； 8. 负责城市管理部件、事件、地理信息、单元网格等信息数据的专项普查和更新维护； 9. 负责完成上级部门交办的其他任务			

二、主要做法

数字城管是创新城市管理、提升城市管理水平的新模式，使传统的城市管理"发现问题靠举报、处置问题靠批示、解决问题靠突击"变为现在的主动性、经常性、持续性的科学化、精细化、智能化、常态化管理模式。南阳数字城管在现行体制下主动谋划、多方协调，在机制建设上借势借力求突破，达到第一时间发现问题、第一时间处置问题、第一时间解决问题，推动了数字城管实现快捷高效运行。

（一）构建了监督有力的绩效评价科学机制

1. "高位监督评价"职能

市政府印发的《南阳市数字化城市管理实施办法》，明确赋予市数字化城市管理监督指挥机构代表市政府履行中心城区数字化城市管理监督与评价职能，指导各县（区）数字化城市管理系统建设、运行和管理。这是南阳数字城管监督指挥协调有力、顺利开展工作的坚实基础，在对各个责任单位的排名通报和案件督办中，首先表明市数字化城管中心是代表市政府履行监督评价职能。如图 19-6 所示。

南阳市人民政府文件

宛政〔2015〕59号

南阳市人民政府
关于印发南阳市数字化城市管理实施办法的通知

各县（区）人民政府，城乡一体化示范区、高新区、鸭河工区、官庄工区管委会，市人民政府有关部门：

现将《南阳市数字化城市管理实施办法》印发给你们，请认真贯彻落实。

2015 年 11 月 24 日

—1—

级)、两级指挥（市、区）、三级管理（市、区、街道）、四级联动（市、区、街道、社区）"的管理模式。各县（区）可根据城市规模和管理现状，建立"一级监督、一级指挥"或其它相应的管理模式。

第五条　市政府统筹领导全市数字化城市管理工作。市城市管理行政主管部门具体负责市中心城区数字化城市管理系统的规划和建设，并对各县（区）推进实施数字化城市管理工作进行指导协调和监督考核。市数字化城市管理监督指挥机构代表市政府履行市中心城区数字化城市管理监督与评价职能。

各县（区）政府（管委会）负责本辖区内数字化城市管理工作的组织实施。工业和信息化、发展改革、财政、编办、人力资源社会保障、规划、公安、城管等职能部门和专业单位应当按照各自职责，协同做好数字化城市管理的有关工作。

第六条　市数字化城市管理监督指挥机构负责市数字化城市管理系统的组织运行和管理；制定数字化城市管理的技术规范、运行标准、工作流程、规章制度；组织、监督各相关责任单位按照职责履行城市管理责任；组建、培训并管理信息采集员、受理员、派遣员队伍；受理、核查城市管理部件、事件信息，并监督、评价相关责任单位的处置工作；定期将考核评价结果报市政府，并向社会公布；指导各县（区）数字化城市管理系统建设、运行和管理，确保全市系统互联互通和信息共享。

第七条　各县（区）数字化城市管理指挥机构负责辖区数字

—3—

图 19-6　市政府赋予数字城管中心高位监督职能

2. 快捷高效运行的多项保障制度

南阳市出台《加快推进数字化城市管理的实施意见》《南阳市数字化城市管理监督指挥手册》《南阳市数字化城市管理工作考核奖惩实施办法》《南阳市数字化城市管理绩效考核评分办法》《南阳市县级数字化城管系统建设绩效考核评分办法》《南阳市县级数字化城市管理系统平台考核评分办法》等文件，从制度上为高效开展数字城管工作提供了有力支撑。特别是市委、市政府印发的《南阳市数字化城市管理效能问责办法》，强化了对数字城管责任单位履职不力的责任追究，在机制上为数字城管的高效运行奠定了长治久安的基础。

3. 绩效评价结果的充分运用

南阳市辖 10 县 1 市数字城管系统平台建设、运行考评结果和市级数字城管系统平台 38 个责任单位考评情况，每年统一纳入到了市委、市政府年度绩效目标考评中。同时数字城管又与创建国家卫生城市、全国文明城市工作紧密结合，数字城管系统平台自动生成的成绩按照 60% 纳入市容秩序分指挥部、按照 10% 纳入"创文"指挥部考评综合成绩中，发挥数字城管在创建国家卫生城市和全国文明城市中的科学化、精细化、智能化、常态化监督管理作用。

（二）构建了问题发现的多种渠道受理机制

1. 多种渠道受理城市管理问题

"中心"采取信息采集监督员巡查上报、视频监控和高空鸟瞰瞭望系统、"12319"服务热线、"城市 e 管家"APP 受理、领导交办、新闻媒体曝光、南阳新闻广播"数字城管在行动"专栏、南阳交通广播 FM977 与"12319"服务热线联动、"12345"市长热线及"110"非警务转办、数字城管志愿者主动发现问题等办法，结合南阳实际，按照部件 5 大类

111 小类和事件 6 大类 88 小类分类法，拓展城市管理问题受理机制，引导全民参与，发挥数字城管"千里眼、顺风耳、飞毛腿和指挥棒"作用，推动发现城市管理问题实现全方位、全时段、全覆盖和横向到边、纵向到底。数字城管信息采集编外监督员，如图 19-7 所示。

图 19-7　数字城管信息采集编外监督员

2. 拓展城市管理问题受理范围

南阳市数字城管工作紧紧围绕市委、市政府安排部署的中心工作，把问题采集与创建国家卫生城市、全国文明城市考核事项有机结合，采集范围扩展到居民楼院、公益广告、城乡接合部、城中村等死角隐蔽处，系统平台专门增加了"双创"数字城管部、事件 18 个小类，如图 19-8 所示。同时，围绕全市清洁城市行动和文明志愿服务行动，拓展中心城区道路名称标注，对 50 个路长制单位实施细化量化考评。

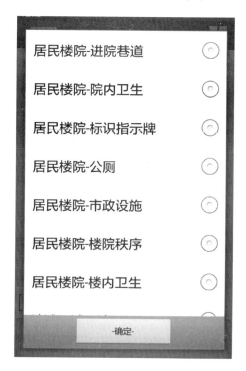

图 19-8　拓展的数字城管居民楼院采集小类

3. 定点定时定位精准普查受理城市管理问题

"中心"根据城市管理高发问题、高发地段、高发时间和季节特点及实际工作需要，围绕夜市烧烤、占道经营、城区易积水点、枯死树木、居民楼院、道路破损、户外广告、违规停车等，实施定点采集、定时采集、定项采集和集中普查、集中派遣、集中处置，并限定责任单位集中时间解决问题。

（三）构建了派遣准确的跟踪督办运行机制

信息采集是数字城管的源头，指挥派遣则是数字城管系统平台高效运行的重要一环，起着承上启下的重要作用。

1. 依据规则准确派遣案件

"中心"按照《南阳市数字化城市管理监督指挥手册》，依据各责任单位职责清单和案件处置时限要求，按照"部件先属主、后属地，事件先属地、后属主"原则派遣，对无主案件原则由属地处置解决。

2. 多措并举督促解决案件

"中心"对一些责任主体多元化、争议性、疑难性的案件，采取遗留案件强督办：对年度系统遗留案件采取向责任单位下发限期处置整改书方式，引起主要领导重视，并能有效安排部署解决。重点案件跟踪办：一些长期积压、影响市容市貌和市民安全出行的案件，实施每件 0.5 分的方式进行倒扣分，实施重点督办。疑点案件现场办：有争议的或权责不清的案件，采取"一线工作法"，组织现场协调确权认领。边界问题集体办：针对边界不清晰问题，组织相关单位重新确界确权，确保数字城管案件准确派遣。舆情问题规范办：对"12345"市长热线、人民网地方领导留言板，南阳书记市长留言板和市长信箱转办的案件，做到件件有回音，事事有落实。难点案件媒体办：对推诿扯皮案件，采取与媒体联动曝光形式，倒逼问题解决。同时通过短信提醒、短信督办、实地走访座谈、推进会议等形式，推动了数字城管案件得到及时有效处置解决，满足了群众对城市管理美好生活向往的需求。如图 19-9、图 19-10 所示。

图 19-9　召开全市数字城管工作推进会

3. 强化责任单位"五定"落实

"中心"要求责任单位落实"定人、定机、定岗、定责、定时"机制，明确单位数字城管工作主要领导、分管领导、数字城管平台负责人、平台终端操作员和"12319"热线联络人，倒逼责任单位一级一级夯实层次，一级一级传导压力。如图 19-11 所示。

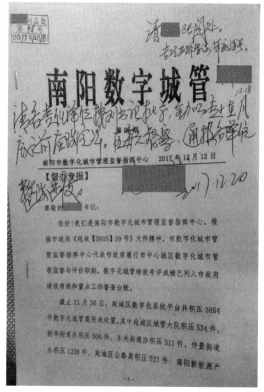

南阳数字城管

第 36 期

南阳市数字化城市管理监督指挥中心　2017 年 8 月 3 日

【督办通知】

南阳市数字化城市管理监督指挥中心
关于对 2017 年上半年多次核查不通过的
返工案件进行重点督办的通知

宛城区、卧龙区人民政府，城乡一体化示范区、高新区管委会，数字化城管相关责任单位：

　　上半年中，数字化城管少数责任单位对应处置问题不处置作已处置回复，或未建立长效管理机制、造成管理多次反弹。按照《南阳市数字化城市管理考核奖惩办法》，市数字化城管监督指挥中心对上半年中多次核查不通过的返工案件进行了统计。

-1-

图 19-10　重点督办数字城管案件

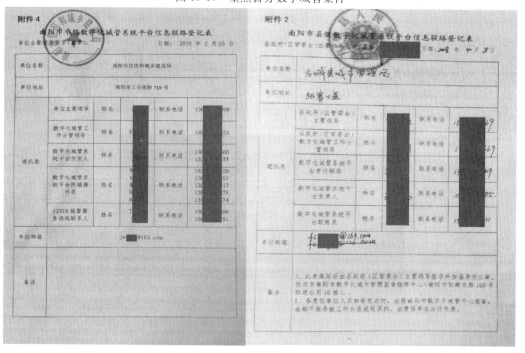

图 19-11　责任单位报备的"五定"表

4. 媒体公示排名和社会满意度测评

"中心"对责任单位数字城管案件处置情况在主流媒体和政府网站等进行公开公示。

同时对负有城市管理职责的责任单位进行市民满意度调查，从工作质量、工作效率、工作效果、工作作风四个方面，按照满意、比较满意、一般、差四个评分档次，从数字城管系统生成分数、"12319"服务热线回访测评、"12345"市长热线回访测评、微信公众号投票和媒体公示公众投票五个方面，引导全民参与城市管理，引导全民监督责任单位履行好城市管理职责。

5. 管线井盖类案件派遣原则

管线井盖类案件由于管理主体多元、标志不清晰、合建井较多等，成为派遣工作的一大难点，南阳市探索出有效地派遣方法，促使这类案件全年无积压，结案率达到100%。一是线、杆类争议案件。由中心实行对管线类责任单位轮流指派，轮流处置。二是井盖类无主案件。由中心直接指定责任单位处置，变"无主"为"有主"，由指定单位更换本单位标识井盖同时在中心备案。三是充分微信群解决问题。通过搭建的数字城管管线单位微信协调群、四区政府（管委会）数字城管工作群，对发现的涉及民生安全的紧急突发案件分类快速派遣，相关处置单位迅速沟通，处置全过程有图有真相，中心能够追踪案件处置效率。同时通过微信平台，对一些责任不明案件在群内协调确权，通过一线处置人员现场实时图片反馈，能够快速准确明确责任主体，有效提升处置效率。

（四）构建了内部管理的规范高效保障机制

对信息采集员、大厅坐席员、"12319"接线员采取"日晨会点评、周例会小结、月培训汇总、季考试奖惩"模式化管理制度，通过实战培训、实地查看、技能比赛等方式，严把信息采集关、受理立案关、案件派遣关、案件核查关、案件结案关。

（1）加强对信息采集队伍的管理。"中心"采取定期不定期检查的方式，一是核查案件漏报：将"12319"服务热线和"12345"市长热线、媒体曝光、领导交办、部门转办、视频监控等多渠道受理到的问题与采集员上报的问题进行对比，查采集员是否漏报问题。二是核查管控平台：对采集员工作轨迹进行查询，对超出责任网格、巡查频次不够、超时间休息、上下班报岗不按时等情况进行检查，并与个人绩效工资挂钩。三是实地抽查：对信息采集员工作位置、工作效率和文明着装等情况进行现场查询。四是交换责任网格：实行1～2个月定期交换网格制度，防止工作中视觉疲劳、印象主义、徇私行为等，同时为激励季度考试优秀的采集员，可以优先挑选责任网格。五是严格考核通报：按照《南阳市数字化城市管理信息采集监督员考核奖惩实施办法》进行奖惩。

（2）加强终端操作员管理。"中心"根据数字城管责任单位工作性质不同，分批次强化责任单位终端操作员的培训，同时实行流动观摩方式，相互交流经验，取长补短，形成上下一盘棋联动模式。

（3）加强对坐席人员的管理。"中心"印发了《坐席人员管理办法》《坐席人员绩效考核实施办法》，按照业务指标（工作质量、数量、效率）、特定事项、工作纪律三个方面进行考评，每月印发《坐席员考勤情况通报》《坐席员绩效考评情况通报》，打破大锅饭，实施量化绩效考评。同时要求对系统平台每天受理的案件做到全部立案完毕、全部派遣完毕，核查的案件全部审核结案完毕（实施"三个清零"），确保当日事当日毕。如图19-12所示。

（4）规范数字城管案件工作流程。“中心”出台了《关于数字化城管案件延期处置审批实施细则的通知》《关于明确重点督办和案件废弃的审批权限及工作流程的通知》《关于加强多部门合建类部件共同处置的通知》《关于规范数字化城市管理信息采集和特殊案件结案流程的通知》《关于规范数字化城管案件工作流程的相关规定》等文件，从制度源头规范工作流程。如图 19-13 所示。

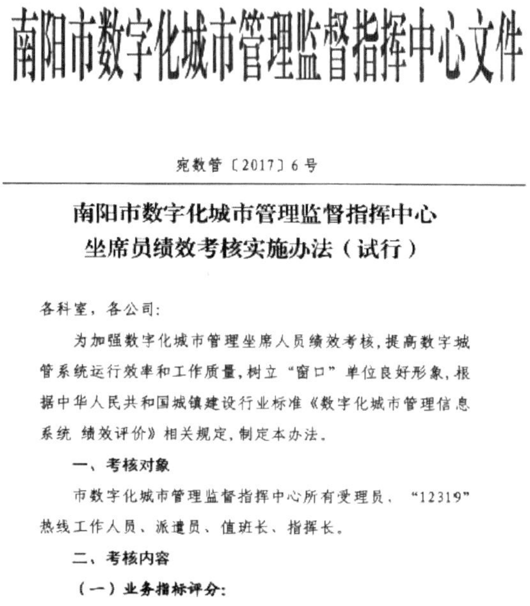

南阳市数字化城市管理监督指挥中心文件

宛数管〔2017〕6 号

南阳市数字化城市管理监督指挥中心
坐席员绩效考核实施办法（试行）

各科室，各公司：

为加强数字化城市管理坐席人员绩效考核，提高数字城管系统运行效率和工作质量，树立“窗口”单位良好形象，根据中华人民共和国城镇建设行业标准《数字化城市管理信息系统 绩效评价》相关规定，制定本办法。

一、考核对象

市数字化城市管理监督指挥中心所有受理员、“12319”热线工作人员、派遣员、值班长、指挥长。

二、考核内容

（一）业务指标评分：

图 19-12　坐席人员绩效考核

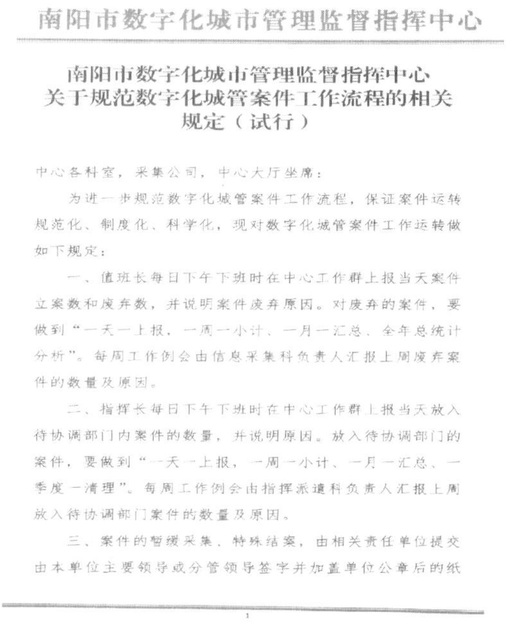

南阳市数字化城市管理监督指挥中心

南阳市数字化城市管理监督指挥中心
关于规范数字化城管案件工作流程的相关规定（试行）

中心各科室，采集公司，中心大厅坐席：

为进一步规范数字化城管案件工作流程，保证案件运转规范化、制度化、科学化，现对数字化城管案件工作运转做如下规定：

一、值班长每日下午下班时在中心工作群上报当天案件立案数和废弃数，并说明案件废弃原因。对废弃的案件，要做到“一天一上报，一周一小计、一月一汇总、全年总统计分析”。每周工作例会由信息采集科负责人汇报上周废弃案件的数量及原因。

二、指挥长每日下午下班时在中心工作群上报当天放入待协调部门内案件的数量，并说明原因。放入待协调部门的案件，要做到“一天一上报，一周一小计、一月一汇总、一季度一清理”。每周工作例会由指挥派遣科负责人汇报上周放入待协调部门案件的数量及原因。

三、案件的暂缓采集、特殊结案，由相关责任单位提交由本单位主要领导或分管领导签字并加盖单位公章后的纸

1

图 19-13　规范数字城管案件工作流程规定

（五）构建了市县一体的远程联网监控机制

为有效推动县级数字城管系统平台实现良好运行，南阳市加强市县两级数字城管系统平台互动，形成良性互动监督机制。2018 年 6 月底前，市辖 10 县 1 市全部实现与市级平台互联互通、数据共享，从源头上起到了远程监督考评各县（市）数字城管运行效果的作用。印发了《南阳市县级数字化城市管理系统平台考核评分办法》，把县级数字城管运行指标纳入到南阳市委、南阳市政府对当地党委、政府年度绩效考评中，形成了党委、政府抓长抓常数字城管的良效机制，从制度和规则上推动了县级数字城管高质高效运行。如图 19-14 所示。

三、运行成效

南阳数字城管系统 2016 年 2 月～2019 年 6 月，共受理立案各类城市管理问题 112 万多件，月均案件量 2.7 万多件。案件结案率从最初的 48.56％增加到目前的 94.95％以上，如图 19-15 所示，达到了数字城管“覆盖广泛、快捷高效、科学公平、常态长效”良好运行效果，城市管理效能得到明显提高，城市形象品位得到明显提升，为南阳市成功创建国

南阳市数字化城市管理工作领导小组文件

宛数管组〔2019〕1号

南阳市数字化城市管理工作领导小组
关于印发《南阳市县级数字化城市管理系统
平台考核评分办法》的通知

各县（市）人民政府，鸭河工区、官庄工区（管委会）：

《南阳市县级数字化城市管理系统平台考核评分办法》
已经市数字化城市管理工作领导小组同意，现印发给你们，
请结合实际认真贯彻执行。

2019 年 月 日

— 1 —

图 19-14　数字城管理系统平台县级考核评分办法

家卫生城市和继续创建全国文明城市作出了应有贡献。数字城管工作成效得到了南阳市政府市长霍好胜同志的批示肯定："数字化城管工作做得有声有色，卓有成效，向同志们表示感谢和慰问。请各位副市长及"双创双建"指挥部的有关领导同志予以重视、关心和支持，加强领导和指导，结合分管工作出题目，提要求，作为分内工作，要把数字城管纳入智慧城市建设整体工作之中，作为社会治理、民生工程、"双创双建"的有效载体，中心城区四个区和市直各部门都要重视，积极主动自觉参与，支持数字城管工作，共同推动数字城管工作实现规范化、标准化、模式化，使之成为城市的耳目，以数字城管工作水平的不断提升促进城管工作不断迈上新台阶，使数字化城管在市民中有位置、有权威、有形象、有温度"。如图 19-16 所示。

四、未来探索

南阳数字城管将探索着向智慧城管、智慧城市前进的步伐，打造城市综合管理服务平台，推动"数字城管"向"智慧城管"升级和数字城管数据进入南阳市政务云。尽快建立统一 APP 终端、大数据分析、无人机巡视、移动车载视频、信息安全服务等系统平台，努力探索和发展"3＋1＋N"智慧城市建设，连接与百姓生活息息相关的智慧环卫、智慧

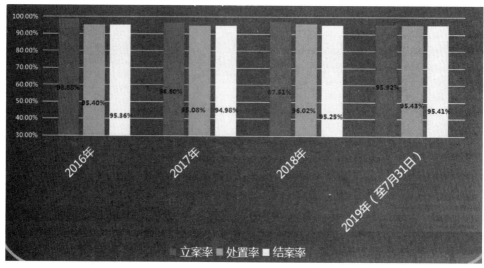

图 19-15　数字城管运行以来的数据

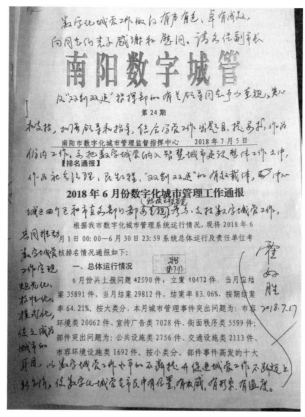

图 19-16　南阳市市长霍好胜对数字城管的重要批示

路灯、智慧交通、智慧水利、智慧停车、智慧热力等网络，努力构建"一张网"，实现感知、分析、服务、指挥、监察"五位一体"，通过大数据、物联网、云计算等现代信息技术的建设和应用，构建智慧城市大格局，达到共建、共治、共享，促进城市现代化，满足人民群众对城市美好生活向往的需求，满足城市经济社会的发展需求。

第二十章

攀枝花市数字城管实践案例

（攀枝花市数字化城市联动指挥中心　供稿）

专 家 点 评

攀枝花市通过整合热线服务，增强数字城管内生动力，成为市委市政府了解民意、服务民生的重要渠道，形成了以主动（数字城管）＋被动（"12345"热线）为特色的全新的数字城管及综合民生服务系统。借助创建活动和数字城管进小区，发挥数字城管网格化、精细化管理优势，将创建工作目标、任务和居民居住环境品质提升纳入数字城管的日常监督和考核，形成了以创建推动数字城管案件处置和服务工作末梢的综合治理格局，受到了居民的欢迎和好评。

一、花是一座城，城是一朵花

攀枝花市位于川西南和滇西北接合部，是全国惟一以花命名的城市，下辖东区、西区、仁和区和米易县、盐边县，常住人口 123.6 万人。近年来，攀枝花卉相继获得国家优秀旅游城市、国家卫生城市、国家园林城市、国家森林城市等称号，城市面貌和人居环境得到很大改善，重工业城市给人惯有的烟囱林立、烟雾弥漫的传统印象已经荡然无存。而今，与百万民众朝夕相伴的，已是一座四季花艳、水绿天蓝、洁净有序、被誉为"花是一座城，城是一朵花"的阳光花城。攀枝花市城区如图 20-1 所示。

二、系统运行，问需于民

攀枝花市数字城管系统于 2014 年 6 月正式上线运行，已将 4 个市辖区、40 个市级部门及数十个企事业单位（含移动、联通、电信等）纳入监管范围，在市、区、街道（乡镇）、社区四级建立了信息网络，负责问题的收集和处理结果的反馈，同时完善了市、区、

图 20-1　攀枝花市城区图

街道（乡镇）三级管理责任，形成了监督有力、指挥顺畅、管理到位、处置快捷的城市管理新格局。2018 年，米易县、盐边县数字城管系统相继建成并通过验收投入运行，攀枝花市实现了数字化城市管理网络的全覆盖。

自系统正式上线运行开始，攀枝花市数字化城市联动指挥中心（简称"中心"）就一直在探索数字城管与民生之间的内在联系。

通过"12319"热线与市民群众的交流，"中心"了解到不少市民群众对现在政府部门服务热线号码众多（经过前期摸底，我市共有各类服务热线 57 条），难于记忆，很多时候电话打不通，服务态度也不好，一般也不会主动反馈事情办理情况，部门之间还存在相互推诿扯皮，反映问题困难，服务内容单一，不少生活中的难题找不到求助部门等情况，市民希望能有一个好记、管用的热线号码能为大家的工作和生活"兜底"。

通过冷静思考，认真研判，"中心"明确了"监督为了民生"的工作理念和"主动发现城市问题"与"主动提供民生服务"两翼并重、双腿迈步的工作思路，确立了"主动＋被动"的系统运行和业务工作模式。"主动"是指数字城管主动发现问题、协调处理、实施监督考核等基本业务工作，"被动"则是指利用热线（"12319"）倾听市民群众心声，提供各种民生服务。

"中心"在确保系统健康稳定运行的同时，从 2016 年底开始，即对"12319"城管服务热线的各类诉求进行了数据分析，发现市民群众对政策咨询、行政审批及民生信息的咨询非常多。根据这一情况，"中心"主动与相关市级部门协调沟通，收集整理了各部门的职能职责及行政审批和一些常见事项办理的相关规定。同时，"中心"还发挥信息采集工作优势，开展多个专项普查，采集了大量与市民生活息息相关的便民信息（如下水道疏通商家、修鞋配钥匙服务点、公厕及停车场位置、公交客运班次等）。除了市民订餐需求"中心"考虑安全因素不提供帮助外，其他大部分民生信息都可以在"中心"这里找到答案。

通过一年多时间的持续努力，"中心"收集整理了政务类和民生类信息近万条，而且进行动态更新，保证信息准确。"中心"主动开展民生服务的做法，很快得到了市委、市政府的肯定，并多次来中心调研检查工作，如图 20-2 所示。

图 20-2　攀枝花市市委书记莅临检查指导数字城管工作

三、立足实际，务实创新

（一）热线，系统触摸民生脉搏之手

2018 年初，"中心"以落实李克强总理在国务院常务会议安排部署关于加快整合推进政务信息系统整合共享的讲话精神为契机，针对市民群众反映的问题，在经过认真反复的调研论证后，以市城管局的名义向市政府上报了《攀枝花市整合民生服务热线、建设综合民生服务系统平台工作方案》（以下简称《工作方案》），该《工作方案》的核心就是以数字城管系统整合"12345"市民热线为基础，开展全市公共服务热线整合工作，统一受理各类政策信息咨询、问题举报及民生诉求，实现"一号对外、统一受理"，着力构建更便于市民群众记忆和利用、更易于统筹和拓展服务内容、服务效果更好的全新智慧化综合民生服务运行模式，将"主动＋被动"的系统运行模式和民生服务形式提升到一个新的高度，并且实现业务上的无缝对接和技术上的深度融合，实现对民生服务的无隙覆盖。市政府主要领导对《工作方案》批示如图 20-3 所示。

《工作方案》很快得到市政府的批准。同年 9 月，"中心"正式接手"12345"市民热线运行管理工作，我市数字城管＋"12345"热线运行模式正式建立。在随后的工作中，"中心"已先后整合了包括"96196"（政务服务）、"95598"（电力客服）、"12317"（扶贫监督）、"12318"（文化市场举报）、"12349"（民政康养）等 14 个市级部门（单位）的 30 条热线。目前，整合工作仍在推进之中，在接手热线业务工作后，将"12345"热线定位于市委、市政府和市民群众之间的"缓冲器"和"连心桥"，对相关业务进行了调整和优化，热线运行迅速呈现蓬勃而规范发展的良好态势。

1. 服务内容接地气

"中心"把原"12319"的热线数据库无缝嫁接到了"12345"，建立全新的政务服务和生活服务两大类民生数据库，主要包括各类政务信息、行政审批信息、便民服务信息及活地图导航等，极大丰富了服务内容。通过进一步完善，该两类数据库目前收集的各类服务信息已达 13000 多条，而且还在不断更新。"12345"热线数据库内容如图 20-4 所示。

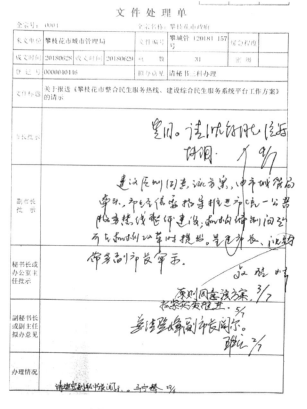

文 件 处 理 单

全宗号：4001			全宗名称：攀枝花市政府		
来文单位	攀枝花市城市管理局	文件编号	攀城管 [2018] 157 号	紧急程度	
成文时间	20180628	收文时间	20180629	页 数	31	密 级	
登 记 号	0000040446		拟办意见	请秘书三科办理	
文件标题	关于报送《攀枝花市整合民生服务热线、建设综合民生服务系统平台工作方案》的请示				
市长批示					
副市长批示					
秘书长或办公室主任批示					
副秘书长或副主任拟办意见					
办理情况					

图 20-3　市主要领导批示

攀枝花市数字化城市联动指挥中心12345热线数据库——群众生活"百宝箱"信息（东区）

类别	业主姓名	业主电话	服务内容	业主地址
五金店	任**	1333****221	五金售卖	
五金店	覃**	1315****481	五金售卖	
五金店	廖**	22****3	五金售卖	
广告公司	邹**	22****8	薄利图文、广告设计制作、复印	
广告公司	郭**	22****8	广告设计制作、复印	
广告公司	严*	22****8	新艺广告装饰	
房屋中介	胡**	1334****106	兴宇房产、房屋中介	
修鞋	郑**	1846****998	修鞋、配钥匙	
房屋中介	安逸房产	29****1	房屋中介	
五金店	付**	88****8	卖五金	
印刷厂	星源印刷厂	22****7	复印，印刷	
宠物医院	陈**	25****2		
管道疏通	黄*	1335****149	管道疏通	
开锁	刘**	1398****057	开锁、维修服务	
开锁	李**	1518****633	开锁、配钥匙	
广告公司	杨**	1808****019	打字、复印	
宠物医院	田*	1354****039	小动物的诊疗及保健	

攀枝花市数字化城市联动指挥中心12**5热线数据库——群众"活地图"导向信息（下水道）

类别	商家名称	服务区域				地址	服务热线
工业管道安装／改造	攀枝花市东区启成虹光锁业	东区	西区	仁和	米易 盐边	攀枝花东区五十四转盘上行100米	182****1011（杜女士）
下水道疏通	西海岸社区家政服务部	东区	西区	仁和	米易 盐边	攀枝花东区西海岸	69****5 1898***106（何先生）
下水道疏通	洲全锁业	东区	西区	仁和		攀枝花炳三区金域阳光	158****8211（王师傅）
下水道疏通	管道疏通	东区	仁和	米易		攀枝花仁和区攀缘巷*号**栋单元*号	177****9989（周师傅）
下水道疏通	攀枝花市祥云搬家服务部	东区	西区	仁和	米易 盐边	攀枝花炳草岗中心广场	136****6522（钟先生）

图 20-4　"12345"热线生活服务类数据库资料

"中心"还利用会议等方式，协调各部门及时更新各自相关政务及行政审批信息，如图 20-5 所示。

图 20-5 召开各县（区）、市级相关部门及企事业单位协调会

2. 主动回访近民心

"中心"针对热线服务质量不高、部门办理不及时等问题，建立了问题办理动态回复制度，即市民群众反映的问题派往部门后，热线坐席人员及时将相关信息回复给市民群众。该业务实行首接责任制，即谁接电话，谁负责回复。"中心"还设立热线回访组，对部门问题办理结果及热线坐席人员服务进行回访掌握。通过这些举措，增强了市民群众对问题办理过程的知晓度，加强了对部门办理问题督办力度，同时大幅度地提升了市民群众对"12345"热线电话满意度。热线回访组正进行电话回访如图 20-6 所示。

图 20-6 "12345"热线回访组正进行电话回访

3. 现场核查明事理

"中心"设立了现场核查工作组，对市民群众投诉举报的较为重大或较典型的问题，开展现场核查。工作人员对市民群众反映的重大问题开展现场调查，确定问题的真实情况，并提出相关工作建议。工作人员到现场核实市民群众反映某小区内楼顶违建问题如图 20-7 所示。

4. 信息共享传民情

通过对热线案件分析，把握市民咨询、投诉热点问题，定期推送至市舆情中心，为上级和领导掌握社情民意，作出相关决策提供定量参考。

通过一系列的优化调整，我市"12345"热线的话务量和市民群众的满意度实现了"双提升"，同时也得到了市民群众大力赞许。2019 年上半年，攀枝花市"12345"热线共受理各类电话 22537 件，与去年同期相比增加了 15674 件，增幅约 220%。

热线坐席人员正在认真接听市民群众的来电，如图 20-8 所示。市民群众来电感谢"12345"为民解忧，如图 20-9 所示。

图 20-7　现场核实违建问题

图 20-8　"12345"热线坐席

图 20-9　市民群众来电感谢

（二）区县一体：共用一把考评之尺

由于市委、市政府高度重视城市管理工作，攀枝花市米易县、盐边县城市管理工作在2017年被纳入了全市的统一考核评价之中。但是由于当时两县的数字城管系统尚在建设之中，考核工作主要以市城管委办公室每周安排工作人员开展现场人为抽查为主，造成考核结果缺乏客观性、公平性和公信力，影响了4个区的积极性，也在一定程度上反过来影响了系统案件的处置率。

2019年，根据攀枝花市已实现数字化城市管理工作全覆盖的新情况，经市城市管理委员会办公室研究决定，从2019年起米易县、盐边县也采用数字化城市管理作为城市管理工作考核的主要手段，这样我们攀枝花市在城市管理工作考核市县一体化的基础上，形成了用同一个考核评价办法、用数字城管系统评价这一把尺子，作为全市城市管理服务工作的主要考核评价方式的工作局面。

为增加考核工作的权威性，我们除每月通过市城管委办公室发布考核通报，还将考核结果在《攀枝花日报》上公示，如图20-10所示。

图20-10　攀枝花日报公示攀枝花市城市管理工作考核月报

（三）数据不睡觉：系统有效运行之魂

攀枝花市数字城管工作作为提升城市精细化管理的重要手段，自运行之日就成立了以市长为组长的数字城管运行管理工作领导小组，办公室设在市城管局，由市政府副秘书长兼任办公室主任，具体负责协调全市数字化城市管理事项。

从2017年起数字城管作为重要的城市管理业务工作被纳入市委、市政府目标绩效管理考核体系之中，2018年，市城市管理委员会办公室根据市委、市政府目标绩效管理新办法，调整了考核方式，实行倒扣分制，提升了考核工作实效。2018年城市管理考核细则文件如图20-11所示。

攀枝花市城市管理委员会办公室文件

攀城管委办〔2018〕5 号

攀枝花市城市管理委员会办公室
关于印发《城市管理工作考评细则》的通知

各县（区）政府、钒钛高新区管委会：

根据《攀枝花市 2018 年度市级综合目标任务实施方案》的规定，现将《城市管理工作考评细则》现印发你们。

特此通知。

攀枝花市城市管理委员会办公室
2018 年 8 月 31 日

图 20-11　城市管理考核细则

2019 年，攀枝花城市管理委员会办公室根据市委、市政府对目标绩效管理调整的要求，结合实际工作需要，将数字城管系统考核在城市管理工作中的考核占比提升到了 75%，充分体现了数字城管在城市精细化管理工作中的权威性和纲领性。同时，攀枝花市数字化城市联动指挥中心还将每月考核结果通报各区（县）、市级相关部门负责人。

与此同时，系统产生并报送市委、市政府的业务数据，也成为市委、市政府领导研判城市问题，部署城市运行管理服务工作的重要依据。在全市城市管理委员会第一次全体会议上，市委书记、市城管委主任就利用了数字城管的评价指标，指出了部分部门在城市管理工作中的不作为、思想认识不到位的问题，同时明确了数字化管理体系是城市精细化管理的核心，能实现精准、快速、高效、全方位、全天候、全过程的城市管理和民生服务。

（四）光鲜背后：无物管，却有无数管人之"眼"

由于攀枝花市是一座重工业城市，城市规划、建设和管理相对滞后，在计划经济时代，许多企业都建有很多开放式住宅小区，这些小区长期没有专门的物业管理（同时又不属于地方管理），导致小区内公共设施破损老旧、环境卫生脏乱差，群众意见很大。面对这种情况，我们主动将这些住宅小区纳入巡查监管范围，有效解决了这些小区长期以来存在的暴露垃圾、供水管道破裂、非法张贴小广告、焚烧垃圾等无人监管问题，也有效改善了开放式住宅小区垃圾清运慢、居民有问题反映无门等情况，受到了居民的欢迎和好评。监督员进入社区开展巡查上报问题。

（五）重大创建：系统大显身手之机

1. 环保督察。根据环保督察工作要求，我们对涉及环境问题重点采集、及时派遣，并发挥热线 24 小时值守优势，确保不漏接一个举报电话，对所有举报案件必须回访并详细记录。

专项跟踪督办需要较长整改时限的问题，建立问题清单，逐项落实责任，逐项整改到位，如图 20-12 所示。

攀枝花市城市管理委员会办公室文件

整改通知书

东区政府：

7 月中旬市城市管理局接大量市民电话投诉举办，发现你单位存在以下需要整改的问题：多地段存在露天烧烤及油烟污染现象，具体包括五十四金福小区、瓜子坪大骄名城、良友天桥、金域阳光小区、凤凰小区、沃尔玛旁、倮果三岔路口、学府花园等。

请立即组织整改，并举一反三，加强常态管理。整改及常态管理工作相关情况务必于 7 月 28 日以正式文件（含电子版）报市城市管理委员会办公室，整改落实情况将按照《2017 年城市管理工作考核细则》（攀城管委办〔2017〕2 号）的要求纳入目标考核。公文交换地址：攀枝花市城市管理委员会办公室；联系人：张俊丽；联系电话：3365783；传真：3363903。

图 20-12　环保督察整改通知书

同时，结合数字城管国家标准，建立了环保督察问题库，形成了如工地扬尘、商业噪声、露天烧烤等 17 类环保问题。做到问题实时上传，归类合理有序，数据真实有效。2018 年中央环保督察期间数字城管系统共收集各类问题 212677 件，结案 187215 件，如图 20-13 所示。

2. 国卫复审。自攀枝花市获得国家卫生城市称号以来，先后迎接了三轮复审工作，而数字城管信息采集工作充分发挥网格化、精细化的优势，划定重点区域，明确重点监管目标，加强巡查，及时上报。同时发挥数据优势，对重点、难点案件日分析、周总结，切实做到从严从实对待迎检工作。同时，在规范提供、收集、整理、存档各项指标印证资料的基础上，每周向市城管局国卫复审办推送工作周报。相关文件，如图 20-14 所示。

3. 文明城市创建。我们根据攀枝花市创建国家文明城市工作需要，将创文工作目标任务纳入数字城管日常监管，并结合实际情况，已将如行人横穿马路、机动车不礼让行人、随地乱吐乱扔等 6 类问题列入数字城管事部件小类，确保信息采集员上传的问题有类可归。同时，根据创文工作要求，对路灯不亮、行人横穿马路、机动车不礼让行人等城市问题及不文明现象开展全面监督，并将这些信息报送市文明办，用于开展各类治理工作。目前，我们已向市文明办报送各类信息 1000 余条。

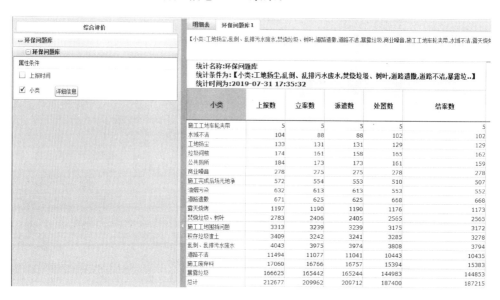

图 20-13　环保督察期间数字城管系统收集到环保问题

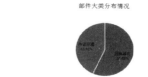
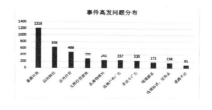

市数字化城市联动指挥中心国卫复审周报

2019 年 7 月 25 日至 2019 年 7 月 31 日，市级平台共受理"创卫"类案件 4227 件，立案率为 99.79%，处置数为 2398 件，处置率为 57.08%，结案数为 2179 件，结案率为 51.55%。

事件类有效上报数为 4100 件，包含街面秩序 811 件，施工管理 70 件。市容环境 2569 件，宣传广告 650 件，立案率为 99.81%，处置数为 2368 件，处置率为 58.1%，结案数为 2158 件，结案率为 52.63%。

部件类有效上报数为 127 件，包含市容环境 55 件，园林绿化 72 件。立案率为 99.22%，处置数为 30 件，处置率为 24%，结案数为 21 件，结案率为 16.54%。

其中，事件小类以暴露垃圾最多，其次为沿街晾挂、店外经营、无照经营游商和乱堆物堆料；部件小类以公共绿化最多，其次为行道树、户外广告、垃圾箱和花架花钵。

图 20-14　中心形成的国卫复审周报

（六）社区处置：系统生命力之根

根据系统数据分析，攀枝花市各区处置的城市问题占到总量的 80%，为了快速有效地处置这些问题，各个区也建立了相应的考核机制，除了由区级部门处置的以外，大量的案件就由社区完成处置工作（平均每年占各自区内案件的 75%），社区成为案件处置的主力军，为系统有效运行起到了重要的支撑作用，其作为城市管理和服务工作末梢的主观能动性和强大治理能力均得到充分发挥。社区工作人员处理绿地脏乱问题，如图 20-15 所示。

图 20-15　社区工作人员处理绿地脏乱问题

目前，我们攀枝花市东区、西区及仁和区三个主城区都基本实现数字城管案件基层处置，部门联动，协作有序的局面。

作为一个因"三线建设"而兴的山地城市，由于早期的规划缺项、建设漏项和管理弱项等原因，城市问题较多。近几年通过数字城管的努力工作，特别是以"主动＋被动"为特色的城市精细化管理和综合民生服务模式的成功运行，在城市环境得到有效改善的同时，市民群众也享受了更加贴心的服务。

"雄关漫道真如铁，而今迈步从头越"。下一步，我们将围绕"干净、整洁、有序"的城市综合运行管理和服务的工作目标，结合落实我市市委、市政府"一二三五"（"一"即一个目标：奋力推进高质量发展，建设美丽繁荣和谐攀枝花；"二"即做好两篇文章：钒钛、阳光；"三"即三区联动：攀西经济区、攀西国家战略资源创新开发试验区、攀枝花钒钛高新技术产业开发区产业融合、政策互惠、联动发展；"五"即五个加快建设：加快建设钒钛之都、康养胜地、现代农业示范基地、区域中心城市和四川南向开放门户）的总体工作思路，通过开展数字城管系统对"12345"热线的技术融合和智慧化升级，助力提升我市精细化、智能化、规范化的城市管理能力和水平，打造和谐宜居、环境优美的城市人居环境，并为市委、市政府的相关决策提供全面有效地数据支撑，使我们的系统成为运行高效、特色鲜明、实用、好用、管用的智慧化城市综合运行管理和民生服务系统。

第二十一章

石河子市数字城管实践案例

（石河子市数字城管监督指挥中心　供稿）

专家点评

八师石河子市数字城管建立了"一级监督、二级指挥、三级网络、重心下移"的管理模式，构建了"横向到边全覆盖，纵向到底无缝隙"的城市管理格局，为推动城市管理走向城市治理打下了坚实基础。其主要特点：一是依托现代信息技术，整合各方面资源，不断拓展系统功能，实现城市智慧化管理。二是按照"该交的交出去、该放的放到位、该管的管起来"要求，全面推进数字城管市场化运作，实现城市高效化管理。三是创新管理体制机制，明职确责、强化监督，握指成拳，形成合力，实现城市精细化管理。

一、基本情况

八师石河子市地处天山北麓中段，古尔班通古特沙漠南缘，垦区面积 $6007km^2$，市行政区划面积 $460km^2$，市区人口 40 余万人。她是由军人选址、军人设计、军人建造的一座军垦新城，是中国"屯垦戍边"的成功典范，她以优美的环境、独特的文化、传奇的历史被世人誉为"戈壁明珠"。多年以来师市紧紧围绕"指挥有力、运转协调、管理到位、责任量化、反应迅速、处置有力"的城市管理标准，以数字城管系统建设与应用为基础，市场化运作为手段，体制机制创新为重点，多措并举、综合施策，不断提升城市管理水平。经过 8 年来的不懈努力，案件年立案数由最初的 5693 件提升至 2018 年的 86413 件，结案率由最初的 56% 提升至 99.59%。数字城管监督指挥中心指挥大厅如图 21-1 所示，基本情况见表 21-1 所列，数字城管历年案件情况如图 21-2 所示。

图 21-1　指挥中心大厅

数字城管中心基本情况　　　　　　　　　　　　　　　　　　　表 21-1

基本概况	单位名称	石河子市数字化城市管理监督指挥中心				
	单位性质	公益一类事业单位	单位级别	正科	隶属关系	师市城管局
	人员编制数（总）	7	现有人员数（总）	5	建成投运时间	2011 年 7 月
	内设机构名称 （处、室、科、股等）	综合科		人员编制及现有人数		2
		监督科		人员编制及现有人数		1
		指挥科		人员编制及现有人数		1
主要职责	1. 负责全市数字化城市管理系统的规划、建设、运行，指导属地管理单位开展数字化管理工作。 2. 负责运用数字化城市管理系统对全市城市管理工作进行指挥、协调、监督和考核。 3. 负责运用数字化城市管理平台做好案件的现场信息采集、分类立案和派发指令工作，确定结案时间并跟踪督查。 4. 负责数字化城市管理监督信息员和系统操作员队伍的日常管理工作。 5. 负责信息系统的维护和技术保障工作。 6. 负责全市城市管理应急指挥、处置和协调工作。 7. 负责建设城市管理共享数据库、整合资源、优化系统，对城市管理大数据进行分析，为城市管理决策提供依据。 8. 负责组织城市管理有关课题和城市管理体制改革及管理职能调整方案进行调查研究，为制定城市管理的相关政策和职能调整提出建议方案					

图 21-2　数字城管历年案件情况

二、建设"大平台"，构建"大网络"，实现城市智慧化管理

（一）平台管理，全面覆盖

2011 年 7 月，八师石河子市数字化城市管理平台正式投入运行，成为新疆生产建设兵团首家将现代信息技术运用到城市日常运行管理的城市（图 21-3）。该平台由无线数据采集子系统、监督中心受理子系统、综合评价子系统、应用维护子系统、数据交换子系统等 9 个基本子系统和 18 个拓展子系统构成，在建成区约 60km² 范围内，划分万米单元网格 1192 个（图 21-4），标定城市部件 218243 个（图 21-5），将城管局、住建局、交通局、广电局、公安局、消防局、文体（新）局、邮政局、水利局、国土局、环保局、气象局、民政局等 30 多个责任单位，11 大类 234 小类事件部件统一纳入平台管理。按照"一级监督、二级指挥、三级网络、重心下移"的管理模式，运用信息采集、案卷建立、任务派遣、处置反馈、核查结案、考核评价的闭环业务流程，构建了协调联动、快速反应、全面覆盖的数字化城市管理体系，切实将问题发现在初始状态，解决在群众身边。

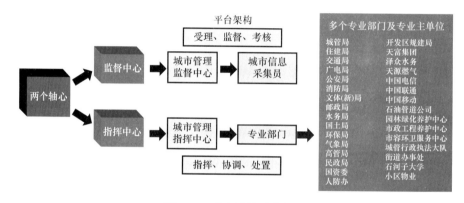

图 21-3　数字城管平台架构

图 21-4　单元网格图

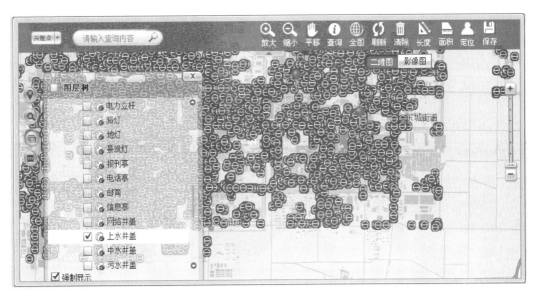

图 21-5　部件图例

（二）整合资源，动态管理

为实现整体联动，共建共享，发挥信息管理整体效能，师市将数字城管与"平安石城"建设相结合，数字城管平台与公安"天网"视频监控系统实现了无缝对接，共享了公安视频监控系统 6471 路（图 21-6）、自行车停放监控系统 44 路数据（图 21-7），实行可视化管理，改变了层层上报的传统管理模式，为城市管理安上了"千里眼""顺风耳"，实现了"足不出户一览无遗，风吹草动尽在掌握"的动态管理要求。

图 21-6　公安视频监控系统

图 21-7　自行车停放视频监控系统

（三）优化系统，拓展功能

为进一步激发广大市民参与城市管理工作的热情，数字城管平台不断更新完善（图 21-8），通过"一线""一台""一通"搭建公众互动桥梁。"一线"即"12319"城市管理服务热线，24 小时受理城市管理方面的投诉和咨询；"一台"即数字城管公众微信服务平台，市民可随时随地将生活中遇到的城管问题反映到微信公众平台，并通过案卷号随时查看问题处置进度（图 21-9）；"一通"即市民通 APP，市民可通过手机以"随手拍"的方式及时将发现的问题反映到平台处理（图 21-10）。目前，平台基本实现了网上与网下的融合、网上向掌上的延伸，运行以来，累计受理各类投诉、建议 21209 起，立案 7178 起，结案 7046 起，结案率达到 98.16%，不但给市民提供了参与城市管理的"直通车"，还架起了一座真情互动的"连心桥"。

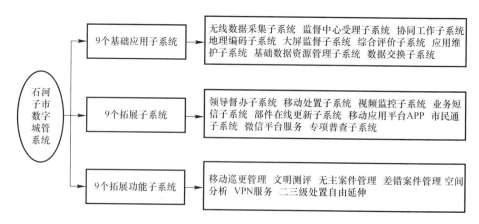

图 21-8　系统功能拓展

图 21-9　数字城管微信平台界面

图 21-10　市民通问题受理、咨询界面

三、市场运作，监管分离，实现城市高效化管理

2018 年，石河子市按照"监管分离、管事不养人"的原则，以购买服务的方式，将数字城管信息采集、坐席服务、系统维护等整体推向市场，通过市场竞争和严格考核，促进优胜劣汰，实现了降本增效的目标。

（一）全面整合

数字城管市场化中标后，组建了 60 人的信息采集监督员队伍，12 人的大厅坐席人员，3 人的系统维护人员队伍，实行公司、项目经理、管理员、班组长、采集员（坐席员、系统维护员）分级负责制，保障数字城管市场化高效作业。

（二）分类管理

将全市 1192 个网格按人员密集度、商业网点等因素划分为两类，一类网格信息采集员每日巡查不少于 4 次，二类网格每日巡查不少于 2 次。并由内部质检组通过巡更系统和现场抽查的方式对巡查情况进行督查，确保城市管理问题应采尽采，不遗不漏。如图 21-11 所示。

图 21-11　监督员巡查管理系统

（三）规范流程

将管理作业的每一个过程、步骤进行分解，建立了服务承诺制、首问责任制、限时办结制、责任追究制，并安排专人对信息采集、案件建立、派遣、处置、核查、结案全环节监督，实现了立案"严"、派遣"准"、核查"实"、考评"真"的工作要求。如图 21-12 所示。

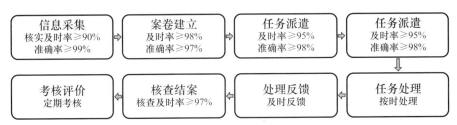

图 21-12　数字城管案件处置流程图

（四）严格考核

制定了师市数字城管运行全服务外包监督考核办法，将案件漏报率、立案率、核实率、回复率、准确率等关键指标纳入考核体系，考核方式分为周考和月考，百分制计分，月考成绩与公司项目经费拨付直接挂钩，低于 85 分，每扣 1 分，扣除当月经费 1％。实施市场化运作后，信息采集量由原日均 300 余件增至 600 余件，准确受理率由 97.14％上升至 99.42％，准确派遣率由 97.32％上升至 99.84％，准确结案率由 98.18％上升至 99.86％。考核办法如图 21-13 所示。

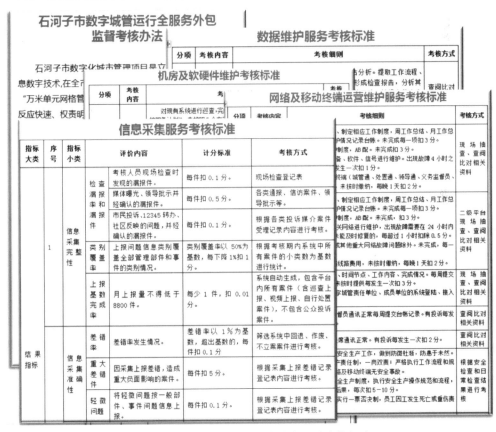

图 21-13　全服务外包监督考核办法及考核标准

四、创新体制、完善机制，实现城市精细化管理

以师市机构改革为契机，构建了科学顺畅的"大城管"工作体系和规范高效数字城管

工作机制，为实现城市精细化管理夯实基础。

（一）体制方面，建立健全决策、执行、监督相对独立又相互衔接的"大城管"工作体系

1. 决策体系。成立由师市主要领导任主任，师市分管领导任副主任的师市城市管理委员会，作为城市管理工作的决策指挥主体，统一指挥、协调、组织开展城市管理工作。

2. 执行体系。将师市19个职能部门、20个属地管理单位和市场化单位作为城市管理执行主体。

3. 监督体系。成立由师市分管城建的领导任办公室主任的师市城市管理委员会办公室，办公室设在城市管理局，具体负责城市管理工作的协调联动和监督考核。数字城管监督指挥中心负责考核市属地管理单位，依据《石河子市数字化城市管理事部件处置标准》进行一级考核，分值权重占比25%。

（二）机制方面，通过建章立制充分发挥数字城管的监督指挥作用

1. 建立动态管理机制。2013年、2016年、2017年数字城管根据城市发展需要，先后三次修改完善《石河子市数字化城市管理事部件指挥手册》（图21-14）。以国家标准为依据，结合实际，引入全国文明城市、国家卫生城市等创建指标，将原数字城管事部件监管标准的"13大类138小类"优化整合为"11大类234小类"，补充增加了96项内容，（如："扩展事件"大类新增两个小类分别是"统一着装"和"文明劝导"。）对各职能部门和街道办事处在城市管理中的相关责任进行全面细化和分解，对每一个城市管理的"部

图21-14　数字城管事部件指挥手册

件"进行"确权"，明确了行业、管理、考核三大标准。2019 年 2 月，根据师市管理实际对《石河子市数字化城市管理工作责任单位考核办法》进行优化调整，将原考核评价计算公式"综合指标＝结案率×40％＋按期结案率×25％＋完好率＋20％＋工作量权重×15％"调整为"综合指标＝结案率×5％＋按期结案率×85％＋完好率×7％＋工作量权重×3％"，这样既削弱了工作量权重对考核结果的影响，又督促各责任单位按期处置案件，进一步提升了考核数据的公平性、严谨性、科学性。

2. 建立"2＋2＋X"信息采集机制。推行"2＋2＋X"信息采集巡查模式强化监督巡查，第一个"2"指的是信息采集员日常信息采集和专项普查信息采集，第二个"2"指的是信息采集员自行处置（指对随手可撕的小广告、井盖移位、点状垃圾等轻微城市管理问题处置）和文明劝导（指对市民的不文明行为，如损坏花草树木、践踏草坪草地、摘花摘果、躺卧公共座椅、攀爬公共设施、公共场合携带宠物等进行文明劝导），"X"指的是信息采集员对重要时段人员密集区域进行错时监督巡查。截至 2018 年底，数字城管信息采集员巡查上报案件 213656 件，专项普查案件 11237 件，自行处置案件 44182 件，开展文明劝导 478 次。

3. 建立专项普查机制。针对阶段性重点工作和城市管理难热点问题，有计划地安排"专项普查"，为职能部门和领导决策提供详实的数据资料，如：定期开展城区主干道亮化、道路破损、僵尸车、门头牌匾破损、废弃电杆、小区线缆不规范问题专项普查。同时，将普查结果以书面报告的形式发送相关职能部门开展"专项整治"，并对整治情况进行复查。截至目前，已累计开展"专项普查"79 次，整改、解决各类城市问题 11237 件。如图 21-15 所示。

图 21-15　专项普查实例

4. 建立协同工作机制。为破解"九龙治水"问题，中心将师市 19 个职能部门、5 个属地管理单位、3 个市场化单位和 13 个主要企事业单位纳入数字城管协同网络，实现了统一受理、统一派遣、统一考评，避免了各自为政、推诿扯皮，城市管理从各自为战向整体联动转变，从单向整治向综合治理转变。中心根据城市发展中出现的新问题，积极探索新的解决方案，通过定期走访、现场确权、召开专题会议的方式，强化对属地管理单位之间归属不清、权责不明等相关疑难问题的协调力度。截至目前，累计开展现场确权 50 余次，协调处置案件 173 件；走访责任单位 16 个，协调双方纠纷 28 件，帮助责任单位答疑解惑 70 余次。如图 21-16、图 21-17 所示。

图 21-16　现场确权　　　　　　　　图 21-17　走访街道沟通协调案件

5. 建立应急处置机制。在做好城市常态管理的基础上，一旦遇到抗雪防冻、狂风暴雨等突发应急事件，立即启动应急采集模式，全面、及时采集和处置道路积雪、结冰、带电线缆掉落、树木倒伏、断裂等影响群众人身安全的民生问题。截至目前，以协助相关职能部门处置突发事件 6812 件，确保了应急处置高效、到位。同时，对涉及职能交叉或责任主体不明确的案件和"无主"问题，创新推行"代整治"制度，根据"处置问题在先，追究责任在后"的原则，由中心委托施工单位代为紧急处置。自制度实施以来，以代为整治无主线杆、井盖、线缆等事件 107 件，有效减少了城市管理盲区。

6. 建立工作例会机制。师市城管委每年召开 1～2 次年度例会，安排部署年度城市管理的各项工作任务，研究解决城市管理中的重大问题。办公室每月召开一次月度例会，一是对当月城市管理工作进行总结讲评；二是通报当月城市管理考核结果并对重点问题进行督办；三是研究解决城市管理工作中的重点、难点问题；四是对次月城市管理工作进行安排部署。例会制度有力地推动了城市管理问题的协调解决。如图 21-18 所示。

图 21-18　数字城管责任单位工作例会

7. 建立完善考核评价机制。2013 年，师市制定了《石河子市数字化城市管理工作责任单位考核办法》，每月对责任单位进行分类考核，并将考核成绩在微信公众平台、网站上同步公示，接受市民监督（图 21-19、图 21-20）。为强化考核运用，充分发挥考核"指挥棒"的作用，2019 年 7 月，师市印发了《八师石河子市关于构建大城管工作体系推进城市精细化管理的实施意见》（师市发〔2019〕17 号），将数字城管考核作为师市城市管理考核体系的重要组成部分，设立 2000 万城市管理奖励基金，每月由办公室组织对属地管理单位、职能部门、市场化单位进行考核评比。属地管理单位按照考核结果通过"以奖代补"的方式兑现奖惩，职能部门按照一定比例纳入绩效考核，连续 2 次排末名的属地管理单位和职能部门要在媒体公开说明原因。连续 3 次排末名的属地管理单位和职能部门的主要领导由师市领导进行约谈。如图 21-21 所示。

12月数字城管责任单位案件处置情况（专业单位）

创建时间：2019年01月02日 15时35分　　　统计条件：上报时间介于【2018-12-01 00:00:00】和【2018-12-31 23:59:59】之间

专业部门	应处置数	处置数	按期处置	超时处置	按期待处	超时待处	返工数	返工率	应结案数	结案数	结案率	按期结案	按期结案率	完好率	平均结案	工作量权重	综合指标	评价
天源燃气	1	1	1	0	0	0	0	0.00%	1	1	100.00%	1	100.00%	100.00%	23.56	0.04	85.64	B
天富信息	2	2	1	1	0	0	0	0.00%	2	2	100.00%	1	50.00%	100.00%	23.56	0.08	73.77	C
联通公司	6	6	6	0	0	0	0	0.00%	6	6	100.00%	6	100.00%	100.00%	23.56	0.25	88.82	B
移动公司	6	6	5	1	0	0	0	0.00%	6	6	100.00%	5	83.33%	100.00%	23.56	0.25	84.65	B
泽众水务	10	10	10	0	0	0	0	0.00%	10	10	100.00%	10	100.00%	100.00%	23.56	0.42	91.37	A
天富供热	11	11	11	0	0	0	0	0.00%	11	11	100.00%	11	100.00%	100.00%	23.56	0.47	92.00	A
电信公司	14	6	4	2	6	2	2	14.29%	14	6	42.86%	2	14.29%	85.71%	23.56	0.25	41.68	D
天富供电	14	10	8	2	3	2	2	14.29%	13	10	76.92%	8	61.54%	84.62%	23.56	0.42	69.44	C
公交公司	33	30	22	8	0	3	1	3.03%	33	30	90.91%	22	66.67%	96.97%	23.56	1.00	87.42	B

12月数字城管责任单位案件处置情况（街道办事处）

创建时间：2019年01月02日 15时35分　　　统计条件：上报时间介于【2018-12-01 00:00:00】和【2018-12-31 23:59:59】之间

专业部门	应处置数	处置数	按期处置	超时处置	按期待处	超时待处	返工数	返工率	应结案数	结案数	结案率	按期结案	按期结案率	完好率	平均结案	工作量权重	综合指标	评价
东城街道办事处	1020	954	538	416	1	65	42	4.12%	1019	951	93.33%	536	52.60%	95.88%	933	1.00	84.66	B
红山街道办事处	1085	980	618	362	1	104	18	1.66%	1084	975	90.22%	617	56.92%	98.34%	933	1.00	84.99	B
老街街道办事处	1197	1109	940	169	4	84	19	1.59%	1193	1109	92.96%	940	78.79%	98.41%	933	1.00	91.56	A
向阳街道办事处	889	823	571	252	2	64	19	2.14%	887	822	92.67%	570	64.26%	97.86%	933	0.88	85.92	B
新城街道办事处	806	805	722	83	0	1	13	1.61%	806	805	99.88%	722	89.58%	98.39%	933	0.86	94.96	A

12月数字城管责任单位案件处置情况（市场化公司）

创建时间：2019年01月02日 15时35分　　　统计条件：上报时间介于【2018-12-01 00:00:00】和【2018-12-31 23:59:59】之间

专业部门	应处置数	处置数	按期处置	超时处置	按期待处	超时待处	返工数	返工率	应结案数	结案数	结案率	按期结案	按期结案率	完好率	平均结案	工作量权重	综合指标	评价
三恒源公司	38	25	25	0	12	1	0	0.00%	26	24	92.31%	24	92.31%	100.00%	362.1	0.07	80.99	B
皓天物业	436	435	425	10	0	1	0	0.00%	435	435	100.00%	425	97.70%	100.00%	362.1	1.00	99.43	A
瑞祥居物业	559	558	556	2	1	0	0	0.00%	558	558	100.00%	556	99.64%	100.00%	362.1	1.00	99.91	A
国瑞公司	577	577	577	0	0	0	2	0.35%	577	577	100.00%	577	100.00%	99.65%	362.1	1.00	99.93	A
天翔物业	886	886	886	0	0	0	1	0.11%	886	885	99.89%	885	99.89%	99.89%	362.1	1.00	99.90	A

图 21-19　数字城管责任单位案件处置情况考核

经过 8 年来的不懈努力，数字城管完成了平台建设由"弱"到"强"、监督管理由"粗"到"细"、责任落实由"虚"到"实"的转变，城市管理手段更加丰富，机制更加顺畅，责任更加明确，考核更加科学，截至 2018 年 12 月，平台累计受理各类城市管理类案件 30 余万件，案件结案率 99.59％，数字城管已经成为提升城市管理能力的有效载体。

石河子市数字化城管
责任单位考核情况
通 报
第 22 期

师市城市管理委员会　　　　　2019 年 3 月 15 日

数字城管责任单位 1 月份案件处置情况

一、基本情况

2019 年 1 月 1 日至 1 月 31 日，数字城管监督指挥中心受理案件 11779 起，其中，监督员巡查上报 8986 起，自行处置结案 2382 起，公众投诉 411 起。共立案 9124 起，结案 9149 起，结案率 98.9%。本月受理案件中，事件类案件 9106 起，部件类案件 230 起。

1 月我市排名前五的高发问题为：暴露垃圾、小区内乱堆物料、道路积雪结冰、废弃家具设备、小区内环境卫生脏乱。

图 21-20　数字城管考核通报

新疆兵团第八师
石河子市人民政府 文 件

师市发〔2019〕17 号

关于印发《八师石河子市关于构建大城管工作体系推进城市精细化管理的实施意见》的通　知

各团场、处、管委会，机关各委、办、局，北泉镇政府、石河子镇政府，各街道办事处，院（校），企业，驻石各单位：

《八师石河子市关于构建大城管工作体系推进城市精细化管理的实施意见》已经师市 2019 年第六次行政常务会议同意，现印发给你们，请认真贯彻执行。

附件 5

八师石河子市城市管理考核评比制度

为进一步提高城市精细化管理水平，根据《中华人民共和国城市容貌标准》、《全国文明城市测评体系》、《国家卫生城市标准》等规范，结合实际，制订本制度。

　一、考评机构和人员

师市城管委负责城市管理考核评比的组织领导，具体考评工作由办公室负责实施。

建立城管管理考评专职人员和监督人员库，考评专职人员由办公室工作人员及相关单位专业技术人员担任；监督人员从人大代表、政协委员、企事业单位、新闻媒体记者、市民等代表中产生。

　二、考评对象

属地管理单位：121 团、133 团、134 团、136 团、141 团、142 团、143 团、144 团、石总场、147 团、148 团、149 团、150 团、152 团、东城街道办事处、新城街道办事处、老街街道办事处、红山街道办事处、向阳街道办事处、石河子镇。

职能部门：城市管理局、发展和改革委员会、教育局、公安局、民政局、司法局、财政局、自然资源和规划局、生态环境局、住房和城乡建设局、交通运输局、水利局、农业农村局、商务局、文化体育广电和旅游局、卫生健康委员会、审计局、市场监督管理局、信访局。

市场化单位：玉禾田环境发展集团股份有限公司。

　三、考评内容

　（一）属地管理单位

　1. 市容管理

图 21-21　大城管实施意见及城市管理考核评比制度

下一步，石河子市数字城管将以师市城市管理体制改革为契机，以服务民生为出发点和落脚点，以落实责任和强化部门联动为基础，以整合力量和优化流程为重点，以打造城市综合服务管理平台为核心，依托我市数字化城市管理平台，有序推进综合治理、社会服务、环境保护、应急管理与网格化城市管理体系和业务系统的融合，努力打造五位一体的城市综合管理服务平台，实现一体化采集、一体化监督、一体化处置、一体化评价，努力建成城市运行中枢指挥体系、社会服务的综合平台、政民互动的有效载体。全面服务"三级管理，多方联动"的社会治理格局，积极推进"街道吹哨，部门报到"工作，加快推动城市管理向精治、法治、共治转变。

第二十二章

绍兴市越城区数字城管实践案例

（越城区智慧城管中心　供稿）

专家点评

　　绍兴市越城区智慧城管作为数字城管队伍中较为年轻的一员，在学习兄弟单位经验的基础上，经过四年多来的探索与创新，逐步形成了符合本区实际的具有绍兴水乡特色的智慧城市管理模式。通过立足高位监管，强化队伍管控，推行分级管理和三色等级管理等举措，积极推动城市管理精细化。紧紧围绕城市管理的重点难点痛点问题，积极与相关科技公司合作，利用云计算、物联网等技术手段，落地了城市管理视频智能应用、餐饮油烟智慧监管等实用高效的应用平台，提升了城市管理成效。沿街商户智慧化管理，更是开辟了非接触式管理与执法的新模式。这一系列的特色创新，为城市管理插上了科技的翅膀，使智慧城管成为了区委区政府强化城市管理的指挥棒、助推器。

一、绍兴市越城区概况

　　越城区（高新区、袍江开发区）地处杭州湾南岸，宁绍平原西部，会稽山北麓，是绍兴市政治、文化中心，市委市政府所在地。气候温和湿润，山清水秀，人杰地灵，是全国著名的水乡、桥乡、酒乡、书法之乡、戏曲之乡和名士之乡，素有"东方威尼斯"之美称。2018 年 6 月，越城区（高新区）与袍江开发区合署，实行"一套班子、三块牌子"，实现"政区合一"。现共辖 5 个镇、11 个街道，共有 209 个行政村、105 个社区、80 个居委会，面积 493km²，总人口 76 万人。

二、越城区智慧城管概况

　　越城区智慧城管于 2015 年开始分两期建设，一期是项目的基础建设，主要是完成区智慧城管框架的搭建和核心功能的开发，由综合管理平台、行业监管平台、公众服务平台、基础支撑平台四大平台组成，如图22-1所示。二期是一期基础上的深化拓展，从而进一步提升城市管理问题的即时发现、主动发现能力，进一步提升城市管理智能化、标准化、精细化水平。建设内容主要包括智慧城管应用平台建设（空间数据分析系统、沿街店铺管理系统等）；数据中心建设（对接工商及交警数据库，建设沿街商户、道路、河道、水库等专题库）；基础设施拓展及安全系统提升。越城区智慧城管已建设视频监控436路（包括智能12路），共享公安视频709路；此外在20辆执法车上安装了车载视频监控，100辆执法车、环卫作业车安装了GPS定位装置；为各责任单位配发对讲机420部，智管通终端67部，城管通终端390部，配备海康行业级无人机一架（五年期服务）。

图22-1　统一登陆门户

2018年，智慧城管平台共发现受理各类城市问题279103件，结案率98.85%，按时结案率97.76%，为越城区城市管理发挥了重要作用。经过四年多来的探索与创新，形成了适应越城区实际的具有绍兴水乡特色的智慧城市管理模式，如图22-2、图22-3所示。

2019年1月，我区党政机构改革中，原综合执法局下属区智慧城管中心整体划转，设立实体化的区综合信息指挥中心，如图22-4所示，为区政府下属全额拨款正科级事业单位，归口区委政法委管理，分管领导为区委副书记。中心设主任一名，副主任两名，定编事业5名，编外用工4名，下设2个科室。目前，智慧城管、"12345"政务服务热线、基层治理四个平台、平安建设业务已整体进驻中心，正逐步开展系统整合融合、网格统筹等工作。

三、运行管理特色

（一）实现多维覆盖，推行分级管理

地域维度上，从城区管理为主向全域管理延伸。将越城区市辖区域分成三个管理等级，实施不同的标准。一、二级区域为信息采集覆盖的城市化区域，三级区域为信息采集未覆盖的一、二级以外的农村区域，如图22-5所示。同时明确各等级区域的视频监督分工，一、二级区域以区中心为主；三级区域以各镇街分中心为主，区中心负责抽检。对视频监控点位进行分级管理，如图22-6所示，根据等级确定视频巡查频率。红色为一级，月均超过50件，间隔60分钟巡查一次；黄色为二级，月均30~50件，间隔120分钟巡查一次；其余为三级，月均30件以下，间隔180分钟巡查一次。

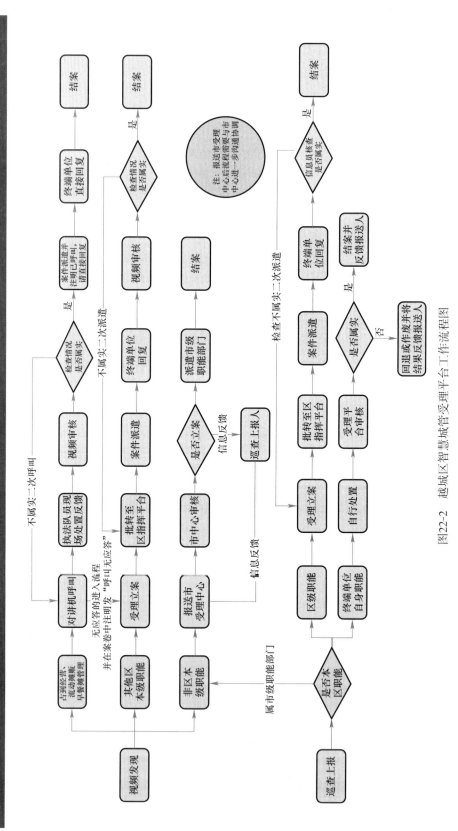

越城区智慧城管受理平台工作流程图

图22-2 越城区智慧城管受理平台工作流程图

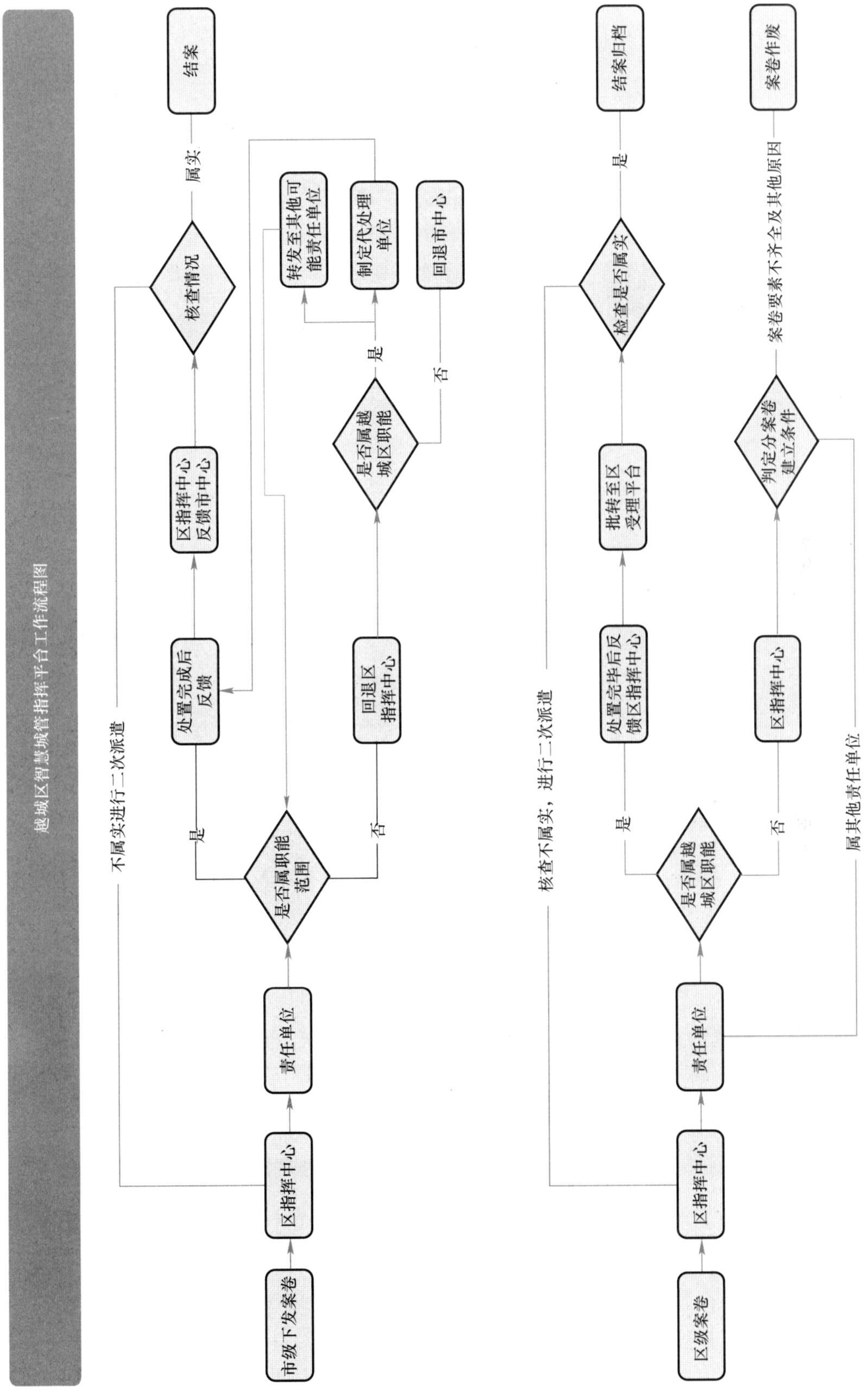

越城区智慧城管指挥平台工作流程图

市级下发案卷 → 区指挥中心 → 责任单位 → 是否属职能范围

是否属职能范围 —是→ 处置完成后反馈 → 区指挥中心反馈市中心 → 核查情况 —属实→ 结案

是否属职能范围 —否→ 回退区指挥中心

不属实进行二次派遣

是否属越城区职能 —是→ 转发至其他职能责任单位 / 制定代处理单位

是否属越城区职能 —否→ 回退市中心

图22-3　越城区智慧城管指挥平台工作流程图

区级案卷 → 区指挥中心 → 责任单位 → 是否属越城区职能

是否属越城区职能 —是→ 处置完毕后反馈区指挥中心 → 批转至区受理平台 → 检查是否属实 —是→ 结案归档

是否属越城区职能 —否→ 区指挥中心 → 判定分案卷建立条件

判定分案卷建立条件 → 案卷要素不齐全及其他原因 → 案卷作废

属其他责任单位

核查不属实，进行二次派遣

图 22-4　越城区智慧城管中心

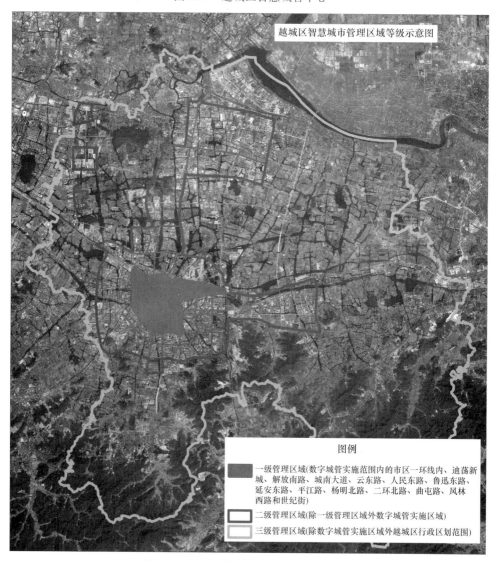

越城区智慧城市管理区域等级示意图

图例

◼ 一级管理区域(数字城管实施范围内的市区一环线内、迪荡新城、解放南路、城南大道、云东路、人民东路、鲁迅东路、延安东路、平江路、杨明北路、二环北路、曲屯路、风林西路和世纪街)

☐ 二级管理区域(除一级管理区域外数字城管实施区域)

☐ 三级管理区域(除数字城管实施区域外越城区行政区划范围)

图 22-5　越城区智慧城市管理区域等级图

　　时域维度上，从日间管理为主向全时域管理拓展。区综合执法局配套成立夜巡中队，履行从当日晚五点半至次日早八点半时间段的夜间管理职能，与各中队的日间管理实现了无缝对接。区中心实行 24 小时值班制，保证城市管理应急指挥的通畅。

　　内容维度上，从城市管理为主向社会治理拓展。把除专业性较强的以及信息采集员、网格监督员不能进入的室内、厂区、工地、单位等非公共区域以外的可巡查发现、能及时

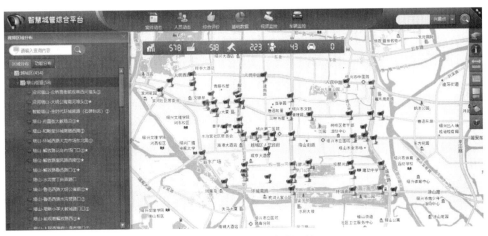

图 22-6　视频监控点位分级管理

处置的部、事件问题均纳入管理范畴。在《绍兴市智慧城市管理部件和事件立结案规范》的基础上，借鉴上海、北京等地的先进做法，结合越城区城市管理现状及特点编制了《越城区智慧城市管理标准（试行）》，覆盖国标 11 个大类，179 个小类，同时根据绍兴水乡及城市管理特点增加了"沿河洗涤"（图 22-7）等个性事件。

图 22-7　智能分析沿河洗涤

（二）推动重心下移、压实终端责任

结合浙江省基层治理"四个平台"建设，16 个镇街均设立智慧城管分中心，如图 22-8 所示，包括视频、数据库在内的有关资源开放至镇街。明确一、二级区域的视频监督以区中心为主；三级区域的视频监督以各镇街为主，区中心负责抽检。有关责任单位通过城管通等途径上报问题的情况纳入考核指标，督促镇街中队主动发现问题，及时解决问题。区中心每月对各责任单位智慧城管工作情况进行统计分析，考评结果报送区有关领导及单位，并向各责任单位进行通报，同时在越城区政务网上公布。每年依据月度考核和年度综合考评结果对各责任单位进行奖惩，同时智慧城管工作纳入区委区政府对各镇街的岗位目标责任制考核。

图 22-8　东浦镇智慧城管指挥中心

（三）强化队伍管控，提升管理成效

每周各中队通过系统上报周排班表，区中心不定期根据值班表对城管通上线进行抽检，抽检情况及上报问题情况纳入局对中队考核。有关领导可以通过智管通、城管通终端，实时掌握队伍管控及智慧城管工作情况，并可对重点案件进行督办，如图 22-9～图 22-11 所示。

图 22-9　人员管控、联动指挥

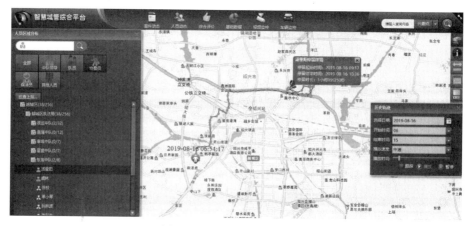

图 22-10　人员超时停留预警

图 22-11　智管通系统

（四）建设城管数据库，拓展智能化应用

建立城市管理数据库，与绍兴市机动车辆、工商、犬类数据库实现了对接，同时建立了沿街商户（单位）、水库、道路、河道等数据库。为实现数据库的动态更新，有效发挥数据作用，积极探索数据常态化更新机制，把沿街商户信息的维护更新作为执法队员巡查职责之一。在数据常采常新的基础上探索开展了非现场管理，如依托机动车辆数据库开展人行道违停温馨提醒，依托沿街商户数据库开展商户管理温馨提醒，如图 22-12 所示。

图 22-12　沿街商户温馨短信

与海康威视开展城市管理视频智能应用深度合作，成立城市管理视频智能实验室，打造统一的城市管理视频智能应用系统，如图 22-13、图 22-14 所示，采取前后端结合的方式，利用图像识别、AI 等技术，实现人行道违停、沿河洗涤、暴露垃圾、占道经营、流动摊贩等 15 类高频次城市管理事件的自动报警。

图 22-13　视频智能分析系统 1

图 22-14　视频智能分析系统 2

（五）开展三色等级管理，提升管理精细化

1. 沿街商户智慧化管理

以绍兴市地方法规《绍兴市市容环境卫生条例》为依据，以契约精神为纽带，在迪荡核心区开展沿街店铺智慧化管理试点工作，如图 22-15、图 22-16 所示，对核心区内近 300 家沿街商户、单位进行实地走访和信息采集，并与商户签订市容秩序及环境卫生责任书，明确沿街商户市容环卫的责任区范围和责任，内容覆盖卫生、秩序、绿化等多个方面。沿街商户智慧化管理是将"线下"的沿街商户门前三包等责任与"线上"的越城智慧城管信息化系统高度融合的一种非现场管理模式。通过视频监控等非现场的方式发现问题，以短信、电话提醒等形式通知店家进行整改，以短信、对讲等方式通知巡查人员对提醒无效的商户跟进劝导或执法，有效提升了城市管理效率。

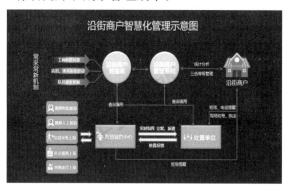

图 22-15　沿街商户智慧化管理示意

从 2018 年 2 月 1 日开始，越城区迪荡核心区开展城市管理"五分钟"快速处置创新工作试点（五分钟发现，五分钟到场，五分钟处置）。越城智慧城管为配合试点，对迪荡核心区视频点位进行调整，确保重点区域全覆盖。通过对接绍兴市工商数据库，开展迪荡核心区沿街商户信息大采集，建立起融合店名、经营者、工商、店招、排水、净化器安装等信息于一体的沿街商户数据库。同时，积极探索与行政审批的联动机制和数据的常采常新机制，确保数据真实有效。每家商户门前除门前三包牌以外还张贴一张包含编号及二维码的责任编号牌，以便执法人员线下巡逻时通过城管通手机终端上报商户违规情况，以及对商户信息变更情况及时更新。

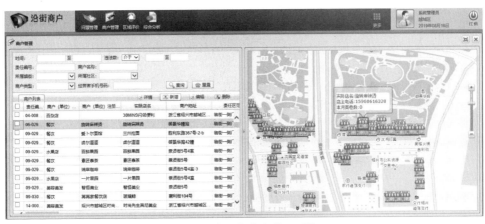

图 22-16　沿街商户管理系统

通过沿街商户与智慧城管案件进行关联，对沿街商户开展"绿、黄、红"三色管理等级。绿色管理等级定义为每月案件数为小于等于 1 次的沿街商户；黄色管理等级定义为每月案件数等于 2 次的沿街商户；红色管理等级定义每月案件数大于等于 3 次的沿街商户。对 3 次以下的以短信警示、跟进劝导为主，对大于等于 3 次以上的商户进行立案查处，增加累犯商户的违法成本，促其规范经营，提高自律性。

沿街商户智慧化管理系统配合五分钟快速处置模式的施行，既减少了执法队员与商户之间的正面冲突，也很大程度消除了商户违法违规的侥幸心理，把城市人性管理与行政刚性执法有机结合起来。

2. 餐饮油烟智慧监管

随着社会的发展进步，餐饮油烟管理问题已经得到广泛关注。餐饮油烟超标排放严重影响周边居民生活，也是老百姓投诉举报的重点事件类别。为坚决打赢"蓝天保卫战"，强化对餐饮油烟的管理，越城区智慧城管与本地科创企业合作，上线了餐饮油烟智慧监管平台，如图 22-17 所示。该平台利用物联网、云平台、大数据等技术实现对餐饮单位油烟排放的 24 小时在线监控，监管人员可以通过电脑实现远程在线管理，还可以通过手机进行移动在线实时监管，实时监测油烟排放浓度、监测风机工作状态、管道温度等情况。建立了集餐饮单位实际经营者、营业时间、业务特点等要素于一体的餐饮单位数据库，依托数据库向超标排放单位的实际经营者及相关城管队员发送提醒短信。对餐饮单位进行三色等级管理，绿色表示正常，黄色表示一日均值超标，红色表示持续两日及以上均值超标。分析各类别餐饮单位报警特点，从而科学合理确定各类别餐饮单位清洗周期。打通与智慧城管平台的流转通道，实现了餐饮油烟问题的全时闭环管理。

图 22-17　餐饮油烟智慧监管平台

第二十三章

兰溪市智慧城管实践案例

（兰溪市智慧城管中心　供稿）

专 家 点 评

  兰溪智慧城管坚持以推进城市治理为目标，着力打造"实在、实用、实效"的智慧城管工作体系，通过广泛信息采集，实时掌握城市动态；健全工作机制，保障动态高效运转；突出问题导向，发挥智慧监管作用，有效助推城市精细化管理水平提升。经过不懈努力，已发展成为浙江省首批实现数字城管向智慧城管转型升级的县级市，逐步建成了集基础业务、综合执法、民生服务、应急指挥、智能分析于一体，覆盖城乡的综合应用平台。兰溪市智慧城管也荣获了国家级、省级、市级奖项及荣誉称号，并多次获得省级领导肯定。

一、基本概况

  兰溪市位于浙江省中西部，地处钱塘江中游，金衢盆地北缘，总面积 $1313km^2$，建成区面积 $27km^2$，总人口 66 万人。2012 年 6 月成立兰溪市智慧城管中心，建成并开始运行数字化城市管理信息系统，2014 年对系统进行智慧化升级，目前，已构建起了城乡全覆盖的"大城管"模式，实施范围涵盖 16 个镇乡（街道）及经济开发区。市智慧城管中心是兰溪市综合行政执法局下属公益一类事业单位，设综合科、督查科、数控中心三个科室，核定编制 17 人。自系统运行以来，兰溪智慧城管共高效办结各类城市管理问题 13 万余件，结案率达 99.9%，按期结案率达 97.63%，助推城市精细化管理水平不断提升，为成功创建国家卫生城市、中国优秀旅游城市、省级示范文明城市等做出了积极贡献。

  兰溪市智慧城管中心作为浙江省城管系统惟一一个荣获《2014 中国（浙江）全面小康十大民生决策奖》（图 23-1）的单位，已连续 7 年被浙江省建设厅评为数字（智慧）城管工作先进集体（图 23-2），连续 7 年获得省补资金，连续 5 年在精品城市考核中位列金华市第一。自中心成立以来，省、市、县各级主要领导多次莅临指导视察，且先后有省内外 30 多个县市同行前来参观交流。2017 年，兰溪市承办浙江省城建城管协会年会并作经验交流。2015 年 7 月，关于《融合"全媒体"打造城乡全覆盖数字城管平台——兰溪市推进城市管理现代化的实践做法》；2016 年 7 月，关于《从细节入手　从隐患着眼——兰溪市创新城市治理模式破解"问题井盖吃人"问题》的做法，均获得了浙江省分管副省长的肯定。如图 23-3、图 23-4 所示。

图 23-1　全面小康十大民生决策奖

图 23-2　智慧城管工作先进集体

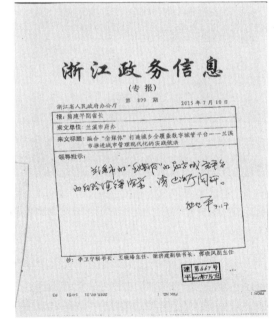

图 23-3　2015 年省领导批示

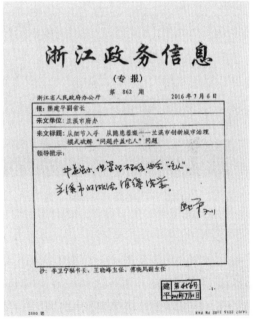

图 23-4　2016 年省领导批示

二、广泛信息采集，实时掌握城市动态

（一）市场化专业采集

从空间地理范畴，将城区划分为 27 个监管网格，采用市场化运作方式组建了 27 人的

专业信息采集队伍，深入基层、走近群众，及时采集城市管理各类问题。配备城管通等智能采集设备，依托 GPS 定位和传感技术，第一时间采集信息并快速传递至智慧城管中心。不断延伸采集范围，从主干道、公共广场到背街小巷、物业小区，全方位、无死角采集信息。不断拓展监管内容，从公用基础设施的监管，延伸至五水共治、垃圾分类、三改一拆等工作领域，每年通过专业信息采集上报城管问题信息达 2 万件以上。为进一步加强城市管理提供了数据依据。如图 23-5～图 23-8 所示。

图 23-5　进物业小区采集

图 23-6　市容秩序管控

图 23-7　救助中暑晕倒老人

图 23-8　紧急排涝

（二）社会化群众采集

一是在浙江省率先开发城市管理便民服务手机软件"e 通兰溪"（图 23-9），该软件 2017 年获评金华市首批网上文化家园项目，通过"随手拍"版块，引导群众共同参与城市管理，目前已受理群众举报 4200 余起；二是开设智慧城管微博、微信公众号，市民通过公众号"我要爆料"版块或微博互动留言等方式上报城市管理问题达 950 余起；三是开通城管热线，24 小时接受市民来电，积极呼应群众需求，第一时间解决群众关心的问题，目前已累计受理城市管理问题 3 万余起。如图 23-10 所示。

（三）义务化职工采集

组织市综合行政执法局系统 1300 余名干部职工积极参与信息采集。执法队员、环卫工人、园林工人等在做好本职工作的同时，借助岗位优势，及时巡查发现各类城市管理问题 1.3 万件，上报智慧城管中心统一立案并交办至处置单位，结案率 98.8%。

图 23-9　e 通兰溪　　　　　　　图 23-10　热线接听受理

（四）科技化视频采集

在自建 253 路路面监控设施的基础上，共享公安局、建设局、水务局等部门 1000 多路视频监控数据，加之移动车载监控、高空瞭望监控及无人机航拍，组建了"水陆空"三位一体的城市管理智能监控体系，如图 23-11 所示。创新监管模式，主动以科技化的手段实现实时监管、移动监管、全景监管，全方位、无死角地收集城市管理问题数据，从而有效弥补了人工信息采集在空间和时间上的盲区。据统计，自 2014 年至今，城市管理智能监控体系共选取问题数据 1.6 万件，结案率达到 98% 以上。

图 23-11　"水陆空"三位一体的城市管理智能监控体系

三、健全工作机制，保障动态高效运转

（一）高位监管机制

成立以市长为组长，51 个部门、镇乡（街道）主要负责人为成员的智慧城管工作领导小组（图 23-12），形成了以政府为主导，职能部门齐抓共管的管理格局，有效畅通了智慧城管工作的指挥与协同。对成员单位设置科学考核指标，实行月度通报、年度评先评优制度，考核成绩列入兰溪市委市政府年终目标责任制综合考核，切实提高成员单位主动参与城市管理的积极性。

图 23-12　兰溪市智慧城管工作领导小组

（二）平急转换机制

在日常管理中，平台主要围绕市容秩序管控做好长效管理，一旦发现城市管理问题及时上报系统，通过平台流转实现快速交办、反馈。在水管破裂、路面塌陷、防汛救灾、冰冻雨雪恶劣天气等应急情况下，迅速实现"平急转换"，第一时间上报街面动态、突发事件等，并通过举手之劳的方式快速处置部分微小问题。对于上报的突发事件，智慧城管负责人第一时间赶赴现场，并充分利用 51 家成员单位行政与物质资源，通过应急专线快速统筹各种资源，及时有效解决应急类事件。如图 23-13 所示。

图 23-13　深夜处理遗撒案件

（三）先行整治机制

对于群众反映强烈但主体责任不清的问题，如盘山公路破损、小游园健身设施损坏、文化墙倒塌等问题，发挥智慧城管监管职能，对疑难问题进行兜底处置。目前，已启动"先行整治"行动 127 次，处置疑难问题 135 起，建立长效管理机制 7 项。如图 23-14 所示。

图 23-14　"先行整治"解决线缆杂乱、小游园健身设施损坏问题

（四）协调督办机制

针对职责不清、部门推诿的问题，以城管委名义下发督办单，并适时由城管委召集成员单位召开现场协调会议。通过现场甄别梳理，形成城市管理合力，及时将问题化解在萌芽状态。如图 23-15 所示。

图 23-15　分管副市长主持召开智慧城管工作推进会

四、突出问题导向，发挥智慧监管作用

（一）发挥好智慧服务职能

坚持以问题为导向，以服务群众为目标，实时发布各类信息便利市民生活，开发停车诱导系统缓解市民停车难题，以大数据分析为依托助力政府部门决策。

1. 信息发布。与供水、供电、供气以及气象等多部门实现信息互通，通过"e 通兰溪"便民公告、微博、微信等方式及时发布便民信息。在汛期，兰溪市智慧城管中心通过信息采集、视频监控等渠道，以"小数播报"方式，第一时间发布城区积水点信息和兰江水位信息，做好市民安全出行的预警、预报工作，防患未然。如图 23-16 所示。

图 23-16　实时发布水情动态

2. 停车诱导。为缓解市区停车难题，智慧城管开发了停车诱导系统（图 23-17），基于电子地图数据，及时发布泊位动态信息，便于车主查找车位。在兰江大桥、李渔路等城市主干道设置二级诱导屏，显示目的区域路段空余泊位数，方便市民及时调整路线，节省寻找车位时间。

图 23-17　停车诱导屏

3. 辅助决策。在繁琐的"立案—派遣—处置"过程中，智慧城管系统蕴藏着宝贵的城市管理大数据，为提高城市管理水平，实现科学化、精细化、智能化城市管理提供有力支持。通过对系统内 2859 起井盖类和积水点信息进行数据分析，锁定暴雨后积水点 33 处、高发性移位井盖 20 个，并统一汇总交办至市建设局。市建设局对问题进行了原因分析，采取疏通处置及积水点改造等措施，及时消除了安全隐患。

（二）发挥好智慧监管职能

针对城市治理中的突出问题，新增了智慧环卫、智慧养犬、渣土运输管理等监管应用系统，进一步拓宽管理服务平台功能。

1. 环卫管理智能化。根据环卫行业人多、车多、设施多、保洁面积广等实际，打造了智慧环卫二级子平台，创新建立环卫智能管理系统（图 23-18），内含综合调度指挥、环卫设施管理、车辆作业监管、公厕监管、垃圾收运管理、焚烧厂管理、垃圾填埋监管、作业人员监管、转运站监管、考核管理等十大功能，真正实现了环卫管理数字化、精准化、智能化。自 2017 年 1 月在城区重点区域的 10 座公厕安装臭气监测设备以来，共接收臭气预警信息 450 次，时间集中在 6：00～8：00，通过系统信息通知公厕管理员及时处置，确保公厕环境整洁无异味。

图 23-18　智慧环卫系统

2. 养犬管理智能化。为规范犬类管理，开发了智慧养犬管理系统，开展犬只集中免疫办证，配发二维码准养牌，并将犬只的照片、免疫信息、养犬人信息等统一录入系统，实现犬只身份智能化管理，有效遏制流浪犬泛滥、犬只伤人无法找到主人等问题。如图 23-19 所示。2019 年 5～8 月集中免疫登记期间，全市共登记犬只 2.5 万余只，城区挂犬牌 3 千余只，查处违规养犬 353 起，处罚金额 2.5 万余元，收容犬只 856 只，有效规范了养犬秩序。

图 23-19　二维码准养牌采集犬只信息现场办证

3. 渣土运输管理智能化。完善渣土运输管理系统，将城区范围 94 辆通过核准的渣土运输车辆 GPS 定位、车载监控信息全部接入智慧城管平台，实时掌握车辆所在位置和运行轨迹，实现可视化管理。共享建设局智慧工地系统，监管车辆覆盖、轮胎冲洗等情况，从源头严防车辆遗撒问题。2019 年上半年，通过视频监控倒查、轨迹回放，兰溪市综合行政执法局共查处建筑垃圾偷倒、道路遗撒问题 25 起，并从严从重处罚，起到了有效震慑作用，规范了渣土运输秩序。如图 23-20 所示。

图 23-20　渣土运输管理系统车辆轨迹回放功能示意

（三）发挥好智慧执法职能

为强化执法队伍内部管理，智慧城管中心开发了执法办案系统，推进无纸化办公，规范办案流程，为量化考核提供依据，有效提升工作效能。依托智慧城管平台，实现人员定位及巡查轨迹回放，强化工作纪律，有效推进网格精细化管理，助力精品城市管理、省文明市创建等重点工作。

1. 违建管控。通过多来源信息采集方式收集违法建设信息，统一录入系统，以图表形式实现可视化管理。2017 年 8 月，开启"天眼"巡查模式，借助无人机航拍功能，解决高层住宅违法建设发现难、取证难等问题。2019 年 1 月，依托无人机，发现并集中拆除下金新村高层楼顶违建拆除 40 处，拆除面积达 1400 多平方米，拆除后该小区成为兰溪市真正意义上的"无违建小区"，得到了全国多家媒体的报道。《公平拆 依法拆 合理拆——兰溪市创新治理模式破解"高层违建"处置难题》的做法受到浙江省分管副省长和金华市分管副市长的肯定。如图 23-21～图 23-23 所示。

2. 市容管控。借助智慧城管平台组建"水陆空"三位一体城市管理智能监控体系，实现对城区街面市容的不间断监管，一旦发现流动摊贩、出店经营等问题，即刻立案并派往中队进行处置。同时，利用智慧城管协同平台，及时固定违法事实证据，破解占道经营、随意堆放垃圾等违法行为调查取证难题，为零口供办案提供有力证据支撑。如图 23-24 所示。

图 23-21　无人机采集

图 23-22　航拍图

图 23-23　违规建设拆除

图 23-24　高清视频监控助力街面市容秩序管控

3. 违停管控。通过高清视频监控摄像头，对机动车人行道违停进行自动抓拍。通过制定违停规则，建立违停区域模型、设置抓拍时间，自动识别车牌信息，实时获取机动车违停证据，一旦发现车辆违法停车，系统将自动对该车的违停行为进行记录采集，经后台核查后实施处罚，提高静态交通管理效率。如图 23-25 所示。2019 年 6 月份实施自动抓拍系统以来，共抓拍人行道违停车辆 3 千余辆，抓拍识别正确率达 90% 以上，实现 24 小时不间断抓拍，降低执法人工成本，提高执法效率，有效规范人行道停车秩序。

图 23-25　车辆违停信息采集

展望未来，兰溪智慧城管中心将不断强化技术创新，结合云计算、物联网、人工智能等高新技术不断提升智慧城管系统信息化、智能化水平；借助综治服务中心大平台，不断融合公安、工商、8890 便民服务中心等信息资源，实现共建共享；深化现有运行机制，提升平台应用的深度和广度，为开创一条富有兰溪特色的智慧城管建设之路而不懈努力。

第二十四章

平度市数字城管实践案例

（平度市数字化城管中心　供稿）

专家点评

平度市作为一个县级市，在城市管理方面，能够立足本地实际情况，充分发挥数字化城管中心的作用，有步骤、有针对性地开展专项整治提升行动，使城市管理实现了由粗放型向精细化的转变，给市民营造出了一个"净、序、畅、美"的生活环境。平度市数字化城管中心，在建设和开展数字化城市管理工作方面，运用有限的财政资金，建设完成了符合国标和部标要求的数字化城管信息系统。形成了以"条块结合，职能监管"为主线，"一级监督，二级指挥，三级处置"的"大城管"的工作架构，有效地解决了各职能部门之间因职能、工作边界不统一引起的案件推诿问题，使数字化城管工作得到了长足发展。

一、平度市概况

平度市是青岛的三个县级市之一，下辖 5 个街道、12 个镇，总面积 3176km²，约占青岛市的 1/3，是山东省面积最大的县级市；人口 138 万人，占青岛市的近 1/6。平度置身中国经济强劲增长的环渤海湾经济圈、山东半岛制造业中心地带，是青岛"全域统筹、三城联动"的咽喉之地。在大青岛未来发展格局中，平度将成为青岛纵深发展的最大腹地，是中国最具发展活力和企业聚集的重要地区之一。2018 年 10 月，平度入选 2018 年全国农村一二三产业融合发展先导区创建名单。11 月，入选 2018 年工业百强县（市），入选中国县级市全面小康指数前 100 名。12 月，入选全国县域经济综合竞争力 100 强。2018 年，全市实现地区生产总值 895.9 亿元。如图 24-1 所示。

平度市数字化城管系统以"节俭实用"为方针，以"实景三维"技术为依托，整合原有城建"12319"热线，严格按照国标和部标进行建设。2013 年 6 月建设完成并运行。现采集覆盖范围为西到柳州路、东到青啤大道（三城路）、北到天津路、南到阳光大道的围合区域，面积 48km² 范围（含 5 个街道办事处，31 个社区，划分为 3917 个万米单元网格）。数字城管中心基本情况见表 24-1 所列，网格划分如图 24-2 所示。

图 24-1　秀美宜居山水田园城市——平度市

平度市数字化城管中心基本情况　　　　　　　　　表 24-1

	单位名称		平度市数字化城管中心			
基本概况	建成区面积（km²）	48	数字城管覆盖面积（km²）	48	数字城管建成投运时间	2013.6
	1. 2016 年有效上报数 13337 起，结案率 99.97%，按期结案率 94.24%。 2. 2017 年有效上报数 44453 起，结案率 99.99%，按期结案率 97.20%。 3. 2018 年有效上报数 64474 起，结案率 99.94%，按期结案率 94.57%。 4. 2018 年度部件覆盖数 64 小类，事件覆盖数 100 小类					
工作职责	1. 负责数字化城管问题的信息采集、案卷的立案、审核、分类派遣，及处置结果的核查等工作。 2. 负责"12319"城建服务热线的受理、登记、派遣等工作。 3. 负责对各类城管案件的统计、分析、整理、汇总工作，并形成报告。 4. 负责对各职能部门的技术指导及人员培训等工作。 5. 完成市委、市政府交办的其他工作事项					

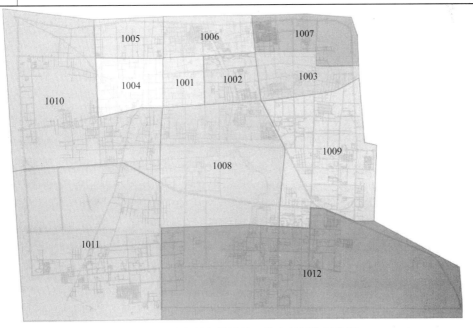

图 24-2　平度市数字化城管工作责任网格划分图

平度市数字化城管系统从 2013 年 6 月 25 日上线运行至 2019 年 8 月 30 日，累计受理各类城市管理问题 244002 件，处理办结 240454 件，结案率达到 98.55％，其中：部件类（井盖缺失、破损、配电箱、交接箱污损等问题）案卷 22983 起；事件类（超范围经营、乱贴小广告等问题）案卷 221019 起；涉及存在安全隐患（井盖缺失、电力交接箱破损、立杆断裂等问题）案卷 9979 起。

二、按照"节俭实用、突出重点、务求实效"的原则进行建设

平度市数字化城管项目建设之初，按照"突出重点、务求实效、量力而行、逐步推进"的建设思路和"节俭实用"的原则进行建设。在制定建设方案时，采取了"集中建设"的方式（即不自建平台，而是依托青岛市市级数字化城管平台，只进行数据采集，相关数据部署在青岛市级平台数据库中，平度市通过远程访问方式进行工作），不建豪华指挥大厅，不建大型显示屏，将资金重点用在信息采集上，在青岛市率先实现"实景三维影像"的采集与应用。在采集方案确定时，通过与采集公司多次协商，最终把工业区中的封闭厂区、建城区中未开发的空闲地块等从采集面积中进行扣除，实际数据采集覆盖面积达 78km^2，比合同采集面积多了 30km^2，节省了财政资金，项目一期仅投入 208 万元。

三、由"小城管"到"大城管"，数字化城管工作稳步发展

数字化城管系统建设完成后，如何发挥作用，推动城市管理的各项工作由粗放型向精细化转变是篇大文章。平度市数字化城管中心立足本职，踏实工作，得到了相关单位、部门的认可与肯定，数字化城管工作业务范围也由"小城管"拓展到"大城管"，得到了稳步发展。

（一）发挥数字化城管技术优势，逐项展开专项整治行动，让数字化城管工作"站住脚"

平度市数字化城管工作开展之初，仅限于城管执法的工作范围之内，主要是市容、市貌和经营秩序方面。

数字化城管工作模式科学、严谨、高效，但由于未实施前的历史原因，工作初期，面对工作量巨大、处置难度大、效率低等问题，各执法中队对数字化城管工作抵触情绪较大。

如何破解难题，在短时间内改变城市市容环境，平度市数字化城管中心配合市综合行政执法局，按照先"清出底子"，再进行"常态化管理"的方式开展了各类专项整治行动。在每项整治行动开展前，充分发挥数字化城管信息采集专业优势，对相关问题进行专项普查"摸清底数"，并按照各执法中队工作管理范围进行分配，保证各执法中队能够全面掌握任务工作量、分布地点等信息，做到"心中有数"。然后根据整治行动时间要求，配合各中队细化安排工作进度，做到"工作有序"；整治行动开展中，每天安排信息采集员分片跟进采集，做到问题逐一销号，工作留痕，确保整治标准"不走样"。

1. 窗花贴字整治行动。沿街门店的门窗一旦贴上广告，就让人眼花缭乱，变为"视觉污染"。然而因窗花贴字广告的违法成本低、数量多、清理困难、容易反复，一度成为

城市管理的"顽疾"。针对此问题，平度市以"打造无窗花贴字广告门店建筑立面"为目标，按照宣传先行、集中清理、全面监控、市民参与、长效管理的思路，探索出一条窗花贴字广告治理的有效途径，遍布大街小巷的窗花贴字广告乱贴现象基本消除，有效提升了城市环境形象，如图24-3、图24-4所示。

图 24-3　清理窗花贴字 1　　　　　　　图 24-4　清理窗花贴字 2

通过一系列整治措施及长效机制的建立，平度市窗花贴字清理工作由点及面，实现城区各主次干道沿线门店全覆盖。现如今，大街小巷的门店门窗玻璃上除有一条警醒路人防止碰撞的窄窄的广告"腰线"之外，其他窗花广告基本不复存在，各店铺门窗玻璃整洁干净，门店建筑立面形象显著提升，如图24-5所示。

图 24-5　窗花贴字整治行动后的效果

2. 广告牌匾专项整治提升行动。为提升城市形象，平度市对沿线路段进行建筑立面整治工作。一是高标准，"一把尺子量到底"，对所有大型墙体广告、一店多牌进行拆除，如图24-6所示。二是统一设置集中升级，建筑立面改造升级工作严格按照"一店一牌"的要求，采取"边拆边改"的方式，对沿街所有门头牌匾进行了集中改造升级；三是提升夜景亮化，开展"夜景亮化专项整治行动"，设置各式各样霓虹灯装点，打造特色灯光夜景，如图24-7所示。

3. 占路摊点、流动摊点整治行动。平度市是农业大市，城中村、村中城相互交错，瓜农、菜农及各类务工人员多。整治前占路经营现象严重，多条"马路市场"严重影响交通秩序和市容环境，被戏称为"血栓路"。为此，平度市牢固树立"为人民管理城市"的理念，执法、管理、服务齐头并进。

图 24-6　拆除超标准设置广告牌

图 24-7　沿街门头亮化效果

（1）用执法来治。平度市先后用强有力的执法手段对南京路、扬州路、南关街市场等多年以来的占路经营难题开展攻坚战，一举解决了困扰平度市多年的老大难问题，现在城区没有一处"马路市场"和占路早夜市，流动摊点基本消除。

（2）用管理来控。平度市在城市管理体制机制改革中，大胆尝试政府购买城市管理服务，引入市场机制，招聘 300 多名巡管员，每天从早到晚不间断巡查城区市容市貌，如图 24-8 所示。在劝导游商小贩、占道经营、店外作业以及"六乱"等影响市容市貌的行为时，巡管队员按标准和要求开展日常劝导、规范，坚持微笑服务和文明劝导，赢得了经营业户的认可和接纳。

图 24-8　日常工作巡查

（3）用服务来疏。平度市充分考虑市容秩序、摊贩利益和市民便利性三者之间的关系，在彻底治理占路经营后，通过实地调研，在综合考虑公共秩序和群众生产生活需要基础上，对城区 15 处农贸（海鲜、肉食）市场进行了规范，并设置 14 处便民摊点群，将占路摊贩规范疏导至就近的农贸市场和便民摊点群内，保障了摊贩收入和市民需求，如图 24-9 所示。

图 24-9　规范设置便民市场摊点群和民生摊点

各类专项整治工作完成后，平度市将市容秩序管理工作正式纳入数字化城管监管，将城区划分为 12 个采集工作区，每天最少安排 18 名采集员密集巡查，信息采集做到不间断、无缝隙、全时段。对发现的问题，通过数字化城管系统流转到各执法中队进行处置，并对各执法中队处置情况进行周通报、月考核，保证工作成果守得住。通过扎实有力推进，数字化城管让城市管理变得正规化、高效化，有效调动起各执法中队积极性，城市管理水平明显提高，让数字化城管工作"站住脚"。

（二）聚焦热点、难点问题，主动担当，让数字化城管工作"走出门"

城区的检查井、窨井数量大、分布地广、涉及单位多、监控难度大，如何及时处置检查井盖缺失、损毁、高低不平等问题，一直是全国城市管理中的难点问题，更是一项关乎民生的重要问题。平度市数字化城管中心成立之初，便接到了市领导一项艰巨的工作任务——开展问题检查井的专项整治工作。

面对难题，平度市数字化城管中心主动担当，经过反复研究，决定工作首先从充分发挥数字化城管的技术优势入手，安排信息采集员对市区范围内设置、处置不规范检查井的位置、存在问题、归属单位等详细信息进行专项普查，并汇总成问题检查井盖责任清单。通过数据普查，共发现各类损坏、缺失的问题检查井 343 处，涉及维护、管理的单位、街道办事处等共 23 个。

平度市数字化城管中心安排工作人员，根据问题责任清单，分组负责，逐一登门联系，与各责任单位工作人员一起，逐个对问题检查井进行处置（图 24-10），并建立"平度市问题检查井盖处置群"微信群进行信息传递（因当时数字化城管系统在政府内网——金宏网运行，多数企业不具备接入资格，无法接入数字化城管系统）。

为切实提升各产权单位对问题检查井盖的处置效率，平度市数字化城管中心提请市城管办召开专门会议，制订并印发了《平度市城区问题检查井盖处置方案》，要求各单位改变以往"被动发现、逐级汇报、一事一批、各管各家"的井盖问题处置模式，建立"前端牵头负责、物资灵活使用、现场协调处置"的新机制，实现了检查井盖问题平均 1.5 小时内得到妥善处置，难点问题处置不过夜的"平度模式"。

图 24-10　处置检查井问题

为解决各处置单位在检查井处置过程中互相推诿的问题，要求各单位在检查井内壁设置明显的标识信息，如图 24-11 所示。采集员对出现问题的检查井进行采集时，重点对问题检查井标识拍照确定，各产权、维护单位也对检查井归属一目了然，无争议、推诿理由。截至目前，各产权单位已设置完成井内标识 3921 处。

图 24-11　在检查井内壁设置标识

针对雨水、污水等检查井较深，易造成严重人身伤害的问题，要求各责任单位安装防坠网，如图 24-12 所示。目前，平度市公用事业服务中心（市政公司）已安装防坠网 2187 个，平度市兴平热电有限公司安装防坠网 122 个。

通过问题检查井的处置工作的开展，平度市数字化城管工作形成了较为完善的工作机制，收到较好成效。平度市数字化城管中心的工作也得到了各级领导及各单位的肯定，数字化城管的工作方式在短时间内得到了大家的认可，数字化城管工作真正"走出门"，为构建"大城管"工作创造了良好的局面。

图 24-12　安装防坠网

（三）参与开展美化提升行动，为城市增光添彩

1. 协调推进美化提升行动。市容秩序管理提升了，城市干净有序了，原来不为人注意的老旧墙体及各类弱电箱体与日新月异的城市建设相比，显得越来越不协调。为提升城市形象，平度市城市管理委员协调各街道（开发区）以及设施产权单位开展了残垣断壁及箱体等设施的整治美化行动。

数字化城管中心对各单位工作进展进行实时跟踪，每天汇总各单位工作进度，并及时整理，利用"为人民管理城市"微信公众号发布工作动态，营造舆论氛围。各单位高度重视，积极、快速开展整治美化工作，掀起了城区美化热潮，通过美化行动，将城区范围内原本外观单调、涂满各种涂鸦和小广告的残破墙体、箱体，变成风格迥异、与环境紧密协调的风景画墙。减少了视觉污染，丰富了市民文化生活，提升了城市景观效果和视觉品位，如图 24-13、图 24-14 所示。

图 24-13　平度市街头墙体美化后的效果图

图 24-14　弱电箱体美化效果图

2. 协助开展绿化提升，见缝插绿行动。数字化城管中心对市区面积较大的卫生死角、垃圾场等，进行专项普查，并将周边环境照片等信息进行分类整理，为园林部门进行建设改造提供第一手资料。园林部门按照"因地制宜、见缝插绿"原则，邀请专业绿化公司科学设计，合理布局，栽植各类苗木 1200 余株，绿化裸露土地 2000 余平方米，将杂乱不堪的荒地改造成绿意盎然的口袋公园。既消除了污染源，又为周边居民增加了健身休闲场地，如图 24-15 所示。

图 24-15　改造后的口袋公园

（四）实施对环卫保洁作业的动态监督，保证作业质量

近年来，平度市围绕打造"全省最干净城市"目标，不断提升环卫精细化保洁水平。

探索出了"45度冲洗法""对向冲洗组合"等一系列新的保洁作业模式，在解决保洁短板上发挥了积极的作用，收到了明显效果。目前，城区主次干道已全面实现"洒水＋湿式机扫＋高压冲洗＋人工流动捡拾"的"湿法"保洁模式，通过"洒、扫、冲、洗、喷"作业，有效抑制了保洁作业扬尘，提升了保洁作业效能和质量，如图24-16所示。城区72条主次干道机扫覆盖率达到100％，洒水冲洗覆盖率达到90％以上。

图 24-16　环卫"湿法"保洁作业

平度市环卫保洁采用市场化运营，由3家环卫保洁公司承担5个街道办事处的环卫保洁工作。数字化城管中心承担起了对各环卫公司保洁质量的实时监督任务。将环卫保洁作业过程及保洁质量纳入数字化城管采集监督范围，在不增加专业监督人员的情况下，实现对保洁作业的全时段、全区域监督，并为相关职能部门提供考核数据，确保各环卫公司的保洁质量，给市民创造了洁净的环境。

四、顺应技术发展，调整工作流程，构建起"大城管"的工作架构

在平度市，环卫、执法、园林、市政等行业，根据各自工作需要和管理方式进行工作边界划分，与各街道办行政边界不一致，造成一个部门一张图，职责、工作边界不统一。平度数字城管在没有实行"条块结合，职能监管"为主的工作方式前，单靠中心坐席员派遣，很难保证准确率，且各单位之间对管辖权有争议时，中心无法进行快速界定，被解决推诿问题占用大量工作精力。

2018年5月，平度市数字城管系统顺利完成"智云系统"升级。系统升级完成后，没有简单的沿用原处置流程，而是根据智云系统功能特点，对原数字化城管工作流程进行科学调整，形成了以"条块结合，职能监管"为主线，按照各主管单位工作职能，设置了5个数字化城管指挥分中心（市公安局、市综合执法局、市公用事业服务中心、市环卫园林服务中心、市房产管理服务中心），33个二级处置单位（各街道办、开发区管委的具体工作部门及供热、供气企业等）。市中心对采集案件，按职能派遣至各指挥分中心，各指挥分中心再按工作责任，派遣至各网格（处置单位），构建了"一级监督，二级指挥，三级处置"的新架构。这种工作流程，充分发挥了各行业主管部门职能监管作用，有效减少了因职能边界不统一而引起的推诿案件的发生，如图24-17所示。

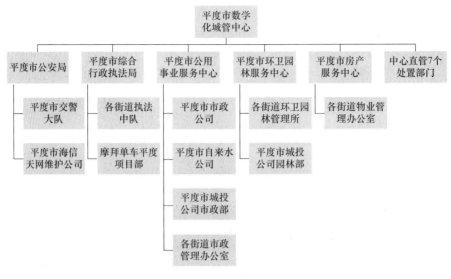

图 24-17　工作流程图

另外，根据"智信"系统实现数字化城管系统通过互联网接入，不受"金宏"网络（政府内部办公网）限制，并可通过手机 APP 实现灵活接收、查看、回复处置等功能特点，将原来因技术原因未接入数字化城管平台的 7 个单位（移动、电信、联通、广电、铁塔、国信、自来水），作为一级处置单位接入数字化城管智云平台管理，代替了原来通过微信群转发问题信息的工作方式，真正实现数字化城管派遣案件信息"扁平化"，实现了数字化城市管理工作"全区域覆盖，全要素采集，全时段运行"。畅通了数字化城管采集问题出口，实现数字化城管工作相关单位"全覆盖"，真正构建起了"大城管"的数字化城管模式。

在改进数字化城管工作流程的同时，中心还注重对问题信息来源的完善与整合，为各职能部门（环卫、园林、市政、房管等）日常监督巡查人员配置了具有信息采集员权限的专用智信账号。督查人员发现的问题信息，通过"智信"系统，实现了与数字化城管平台的无缝对接，数字化城管信息来源实现了"行业监督＋信息采集"的组合，有效补充和完善了数字化城管信息采集的种类和数量。既保证了各职能部门日常监督工作的落实与留痕，又利用数字化城管平台功能，使各行业主管部门对本行业有关数据进行汇总统计，统筹掌握有关情况，对积累数据进行科学分析，实现"用数据说话"，充分发挥出"大数据"的工作指导与辅助决策作用。

五、开拓进取，加快推进智慧化升级

平度市将着重从四大方面对数字化城管系统进行智慧化升级：一是对信息采集手段进行升级，共享公安"天网"及"雪亮"工程的 1 万路视频监控探头，和新增无人机自主巡查采集等方式，通过人工智能技术对视频进行分析，自动抓取各类违反城市管理法规的行为，有效提高信息采集效率，弥补信息采集员休息时间的监管空档。二是建设公共在线监测系统，实现对城区供热、供气、供水等方面的智能在线实时监测，对达不到标准设置要求的问题自动生成数字化城管案件，派遣至相关单位及时处置。三是建设环卫保洁车辆作业监测系统，实现对环卫保洁车辆作业轨迹、作业效果的实时监测。四是整合建设建筑工地在线实时监测系统，通过监控摄像头和噪声监测仪、扬尘监测仪等设备，自动发现夜间施工、场尘污染、工地管理、车辆运输等方面违法行为，并自动生成数字化城管案件，全面提升平度市数字化城管的智慧化水平。

三、发展篇

第二十五章

苏州市数字化城市管理实践案例

（苏州市城市管理监督指挥中心　供稿）

专家点评

　　苏州市委、市政府高度重视数字化城市管理工作，努力构建"共建共治共享"的社会治理新格局，以"智慧苏州""城市数据大脑"建设为契机，进一步推动数字城管工作的机制创新，积极发展行业监管及民生服务的智慧应用。在数字城管平台的基础上，相继建成了环卫生活固废监管、餐厨垃圾监管、建筑渣土监管、互联网＋垃圾分类管理、农村垃圾分类管理、智慧停车综合管理、地下管线协同监管、路桥信息管理、智慧城管大数据、苏州微城管等一批信息化系统，提升了城市管理与服务水平，在数字城管向智慧城管发展的道路上探索并创新出一些实践经验。

一、基本概况

　　苏州位于长江三角洲中部、江苏省东南部，东傍上海，南接浙江，西抱太湖，北依长江，总面积 8657.32km²，其中市区面积 2742.62km²。苏州市下辖张家港市、常熟市、太仓市、昆山市四个县级市以及吴江区、吴中区、相城区、姑苏区、苏州工业园区、苏州高新区（虎丘区）六个市辖区，总人口超过 1300 万人，是长江三角洲重要的中心城市之一。2018 年苏州实现地区生产总值 1.86 万亿元，GDP 总量位居全省第一位，全国第七位。苏州是我国历史文化名城和重要的风景旅游城市，先后获得"国家卫生城市""中国优秀旅游城市""国家环保模范城市""国家园林城市""全国文明城市"等多项荣誉称号。

　　在应对城市经济飞速发展、城市规模快速扩张、人民群众对城市环境质量要求不断提高的挑战上，苏州市委、市政府利用科技力量，创新驱动，将数字城管作为城市管理工作的龙头和抓手，不断健全长效管理机制，努力提升城市管理水平，积极探索智慧化城市管理之路。

二、数字城管建设与运行

苏州市严格按标准建设数字城管信息系统，以"两级政府、三级管理、重心下移"的管理原则，实行"两级监督、两级指挥"运行模式。在苏州市级层面建立"服务市民、服务基层、服务部门"的市级数字城管综合服务平台，在各市辖区层面建立相对独立运行的数字城管系统平台，两级数字城管平台相互对接、上下联动，形成了市区数字化城市管理问题办理的双通道。苏州市以六个基础支撑夯实数字城管的建设与运行。

（一）遵循网格化管理标准

苏州市数字城管在 6 个市辖区、58 个街道（乡镇），918 个社区（自然村）划分 29320 个万米单元网格（图 25-1），实施精细化管理，并随着社会综合治理联动机制建设，市区数字城管问题办理的覆盖范围从建成区的 475.88km²，逐步拓展延伸至 1536.7km²，基本实现了区域全覆盖、城乡一体化。

图 25-1　苏州市单元网格划分（姑苏区部分）

（二）实施事部件分类管理

苏州市数字城管以国家相关标准为基础，并根据实际适当进行规范拓展，共明确了128 类管理部件，90 类管理事件，并在全市范围实现问题办理标准的统一。部件普查图层如图 25-2 所示。

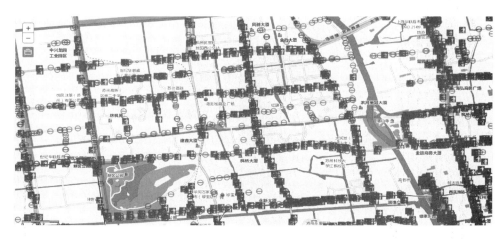

图 25-2　部件普查图层

（三）加强部门资源整合

苏州市数字城管共享"12345"便民服务热线的呼叫平台、规划部门的基础地理信息平台、文明办志愿服务平台、城管部门业务监管平台等部门资源，完成了公安部门的视频监控、地址地名、网络舆情、机动车辆等数据信息在数字城管中的共享应用（图 25-3），加强了与"12345"热线、公安"110"接处警、文明办志愿者队伍的工作联动。

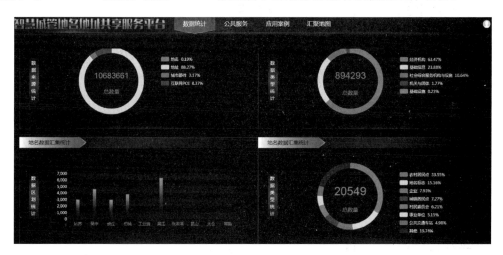

图 25-3　地名地址共享服务

（四）开展多样化信息采集

苏州市数字城管在各区组建专、兼职监督员队伍或以政府购买服务等方式建立信息采集监督员队伍，开展各类城市管理问题信息采集的基础上，市级数字城管在市区范围内建立 8 个督查网格，通过政府购买服务方式建立市级督查员队伍，主要负责市级数字城管工单核实核查、330 条主要道路及窗口地区信息采集的督查和查漏补缺、城市管理问题专项采集、城市部件数据的普查补录等工作。此外，市级数字城管平台进一步拓展信息采集渠道，将巡查上报、苏州微城管、"12345"便民服务热线、"110"接处警、视频监控、领导督察、政务微博、来信来访、网络舆情等各渠道反映的城市管理问题全部纳入系统平台跟踪办理，形成全方位、多渠道、多形式的信息采集机制。如图 25-4 所示。

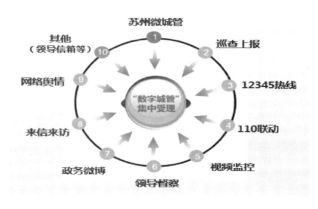

图 25-4　数字城管问题采集来源

（五）建立常态化分析研判

苏州市数字城管坚持问题导向，建立了每日信息播报、每周分析研判、每月绩效考核、每季通报奖励等工作机制，如图 25-5 所示。市城管委办公室定期召开研判会，通报数字城管运行工作情况，及时协调处理热点难点问题，对于无法落实解决的难点问题，提交市城管委领导在市城管委工作例会上进行协调解决。

图 25-5　月度综合分析通报

（六）实行科学化绩效考核

苏州市数字城管以市民群众对城市管理满意度作为绩效考评的出发点与落脚点，按照市政府印发的《苏州市数字化城市管理绩效考评办法》，将问题的解决、市民的满意、处理的效率作为考核各区各部门的主要内容，重点考核问题结案率、回访满意率、一次完成率三项指标，分别占 50%、30%、20% 分值。另外，增设了投诉率、拒绝超时、推诿、回复不实等情况的加减分考核。

三、创新数字城管监管功能

（一）建立城市管理公共服务平台

为发动和鼓励市民群众参与城市管理，苏州市城管委办公室于 2014 年 11 月推出了"城事大家管"APP，进一步提升了市民群众参与城市管理的便捷性。2016 年 11 月，推出了"苏州微城管"微信公众号和 APP，整合了"城事大家管"问题报送功能和其他城市管理服务，涵盖了"全民共管""信息惠民""政务办事""市民互动""宣传窗口"等 5 大类 20 多项实用功能，充分利用政务大数据资源，打造了"一体化、窗口式"公共服务应用平台，为市民群众提供全面、统一、敏捷、主动、精准的城市管理公共服务，如图 25-6 所示。

图 25-6　"苏州微城管"公共服务平台

市城管委办公室根据市民报送有效问题的积分及排名情况，进行微信红包实时积分奖励以及月度排名奖励，年度评选"热心城管好市民"并予以通报表彰。市民通过"苏州微城管"应用可以注册成为"苏州志愿者"，每报送 6 条有效信息记录为 0.5 小时志愿服务时长。多重奖励方式提高了市民参与城市管理积极性，拓展了数字城管全民"共建共治共享"的新模式。截至 2019 年 7 月 31 日，"苏州微城管"为市民累计服务超过 1496 万人次，注册城市管理志愿者人数 19041 人，累计受理市民上报的有效城市管理问题达 391518 件，办结率达 99.92%，市民回访满意率 99.84%。

（二）推进社会综合治理联动机制建设

近年来，苏州大力推进社会综合治理联动机制建设。苏州下辖 10 个县市（区）中的 7 个县市（区）已经将数字城管、"12345"便民服务、社会综合治理从机构、人员、职能各方面进行了充分整合。苏州市级层面完成了数字城管综合服务平台与公安"110"接处警平台的系统对接和工作联动，进一步完善市级数字城管综合服务平台与"12345"便民服务平台的系统对接和工作联动，通过统一处办标准、统一工作流程、统一平台运行时间、加强业务指导考核等，建立了市级平台工作联动机制，从市级层面积极指导各县市（区）数字城管与便民服务、社会综合治理的深度融合。通过社会综合治理联动机制建设，进一步完善了各地统筹协调、高位监督等工作机制，显著提升了数字化城市管理的工作效率和服务水平。

（三）构建视频可视化指挥体系

苏州市数字城管建立了视频可视化指挥体系（图 25-7），确立了数字城管指挥中枢作用，直接监管和应急指挥呼叫一线工作人员，全市 1000 余名监督员、200 多辆执法车辆工作轨迹信息全部上线。视频可视化指挥体系以分析研判、工作指挥、应急处置、线上教学、讯息广播、人员管理等多场景应用提供了精准有效地直连式管理途径，通过与相关业务系统的结合，能够实现人、事、物等在一张图的展示，提高处置效率，形成工作合力。视频指挥系统高效整合公安部门高清视频监控资源，实现共享监控在政务网络的安全运用，为市、区、街道三级部门分级分类管理场景应用提供了统一的调用通道，为指挥中心和一线执法人员基于精确定位调看相关监控图像提供了一体化解决方案，为各类城市管理问题智能管控提供基础资源支撑。

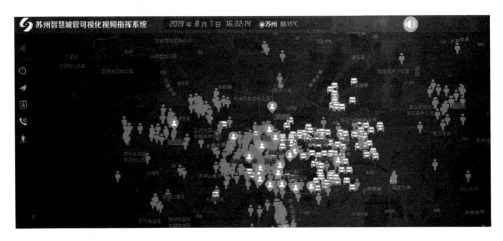

图 25-7　视频可视化指挥系统

（四）建设智慧城管 GIS 服务平台

GIS 服务平台提供全市城市管理各项业务系统基础电子地图应用和各类专题图层服务，目前已形成各类部件图层 128 个，兴趣点图层 81 个，分析图层 2 个。平台支持城市管理部件的自主采集更新，有效增强城市部件监管的现势性和可靠性，极大丰富部件基础要素，2019 年上半年累计自主更新入库部件数据 5346 个。平台实现了全市数字城管系统案件的汇聚展示和实时分析，自 2018 年 9 月到 2019 年 5 月，累计汇集全市数字城管案件 190 余万件，涵盖数字城管 218 类事部件问题，形成专题分析 3 项。GIS 服务平台如图 25-8 所示。

图 25-8　GIS 服务平台

四、扎实推进智慧城管建设

苏州市数字城管积极顺应新一轮科技革命和产业变革的发展趋势，发挥物联网撬动城市管理转型的支点作用，大力推进行业管理信息化建设，着力提升管理实效，实现从事后监管向全过程监管的转变，扎实推进智慧城管建设。根据苏州"智慧城管"总体规划，坚持以需求为导向，按照"务实、管用"的原则，相继建成了一批专业应用管理子系统，进一步提升了城市管理行业监管水平。智慧城管整体框架如图 25-9 所示。

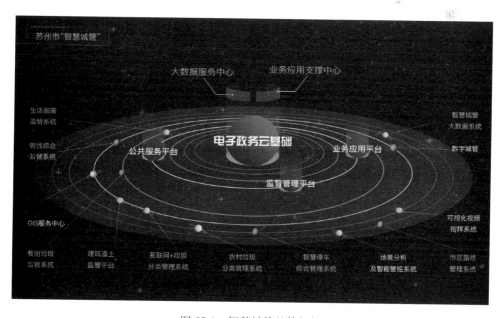

图 25-9　智慧城管整体框架

（一）生活固废监管系统

系统实现对市区 31 个垃圾转运站、305 辆运输车的实时监管，以及对各终端的精确计量。通过建立生活垃圾焚烧厂工况监管系统，实时采集焚烧厂运行工况、烟气、耗材等 340 多个指标，实现末端监管向全过程监管的转变，更好地服务于环境治理工作，为深层次综合分析评估及决策提供可靠依据。如图 25-10 所示。

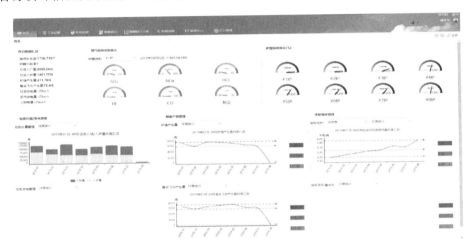

图 25-10　生活固废焚烧监管

（二）餐厨垃圾监管系统

系统实现对餐厨垃圾收集车辆、餐饮企业、垃圾桶收运的实时监管，实现对餐厨垃圾收集收运线路及处置过程的实时监管和动态监管。目前市区终端处理厂 4 座，总日处理餐厨垃圾能力突破 1000 吨，处置端及产物、废弃物综合纳入实时监管体系。如图 25-11 所示。

图 25-11　餐厨垃圾监管

(三) 建筑渣土监管系统

系统通过整合城管、住建、公安、环保等部门信息化资源，实现建筑渣土产生源—运输过程—消纳点—再生资源的全过程监管，建立了完整闭环管理模式。实现 44 家运输企业，1861 辆运输车的实时监管，避免超高、超载、撒漏等行为。实现问题发生取证上报、依法依据处理、联合整治的高效运转。如图 25-12 所示。

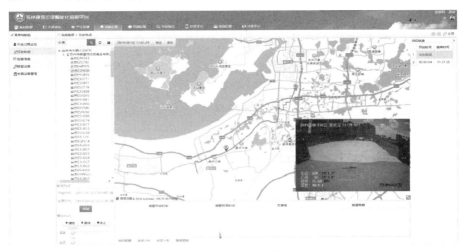

图 25-12　建筑垃圾运输监管

(四) 互联网＋垃圾分类管理系统

通过引流渠道、上门回收、消费渠道、跟踪评价四个环节，把基于移动互联网技术、全链条的信息系统作为项目运行的基础系统，贯穿项目运行的始终。从而实现互联网＋垃圾分类的有机结合，为市民群众提供可回收物、废旧家电、大件垃圾、装修垃圾等的上门收集服务。如图 25-13 所示。

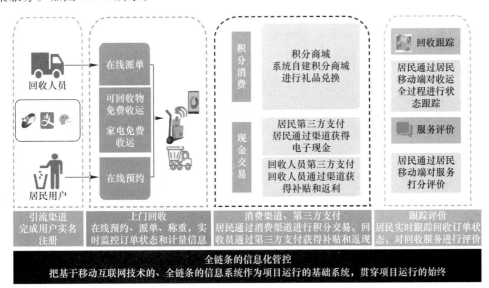

图 25-13　互联网＋垃圾分类管理体系

（五）农村垃圾分类管理系统

系统综合运用大数据技术进行多维度分析，以直观可视化的方式展示，对全市范围农村垃圾分类的各级部门参与度、分布情况、发展趋势、基础设施投入情况等全局掌控，辅助领导决策分析（图 25-14）。截至 2019 年 7 月，系统中已纳入了 848 个行政村、499640 户居民、就地处置终端 114 个，实现收集率达 70%。

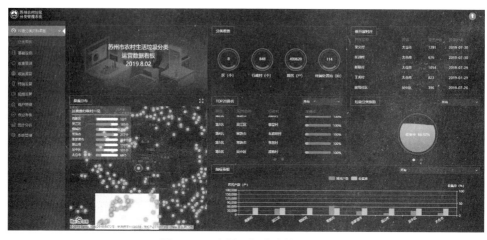

图 25-14　农村垃圾分类管理系统

（六）智慧停车综合管理系统

系统普查入库苏州市 2582 个各类停车场（库）、泊位 325029 个，其中实现动态数据传输的停车设施 324 个，共计 67525 个停车泊位，包括姑苏区 28748 个泊位，园区 22355 个泊位，已改造的 P＋R 停车场 5504 个泊位，以及其他区域 10918 个泊位。基于基础设施数据的联网，积极探索和推动"互联网＋停车"和车位共享新业态发展。如图 25-15 所示。

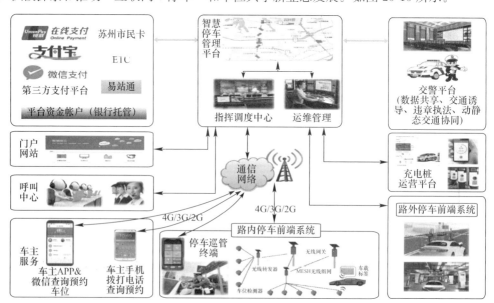

图 25-15　智慧停车管理体系

(七) 地下管线协同管理系统

系统通过整合地下管线信息资源，实现面向城市地下管线规划、建设、管理、维护各部门的协同管理（图25-16）。通过管线普查、工程竣工测量、区域补测等一系列措施，累计完成7249km地下管线的信息采集，实现了市区主次干道地下管线数据的全覆盖。为城市改造、轨道施工、市政道路建设、管线施工等各项重大城市建设项目提供管线查询核对，有效避免和减少建设改造施工过程中破坏管线事故的发生。

图 25-16　地下管线协同管理

(八) 市区路桥管理系统

系统通过建立道路、桥梁、高架、人行天桥、地下通道等市政设施数据库，以信息化手段实施对桥梁桥面系统、上下部结构及各类市政设施运行情况的检查。通过对道路平整度、弯沉、破损状况的采集，实时掌握路桥运行状况，定期对路桥的技术状况及整体设施完好度进行综合评价，掌握路桥运行状况及衰减趋势，确定最优养护方案，提高养护科学性。如图25-17所示。

(九) 智慧城管大数据系统

系统完成"1+10"苏州大市范围内城市管理信息资源深度整合共享工作，数据汇集量超1.3亿条，建设了大市范围14个城市管理数据集，实现城市管理数据"一网打尽""全域、全覆盖"，通过可视化、集约化的展示方式，让城市管理实时运行态势和体征指标一目了然地呈现，并承担与外部系统数据交换共享的主入口。如图25-18所示。

近年来，苏州市牢固树立"为人民管理城市"的服务理念，进一步加强部门信息资源的共建共享，大力推进社会治理模式的创新，充分借助物联网、大数据、云计算等技术手段，不断推动"数字城管"向"智慧城管"的转型升级，更加精准、更加广泛地反映城市

图 25-17　路桥设施运行状况监测

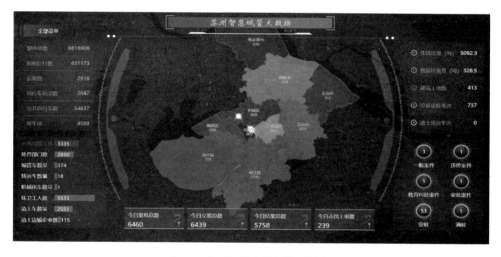

图 25-18　智慧城管大数据平台

运行状态信息，使城市管理工作能够更加及时、更加精准、更加高效，努力实现城市管理工作的"科学化、精细化、智能化"。

第二十六章

宜宾市兴文县数字城管实践案例

（兴文县公共信息管理中心　供稿）

专家点评

　　宜宾市兴文县作为西部边远欠发达县，信息化建设起步较晚，但以2014年建设数字城管为起点，迅速迈向智慧城管、智慧兴文的信息化建设快车道，走在了中西部乃至全国前列。一是立意着眼高，将信息化作为经济社会发展的重要内容和载体，融入一产、二产、三产各次产业和党的建设、社会建设、环境建设中。二是体制机制顺，党委政府一把手挂帅，常务副县长、纪委书记分管推进，成立直属党委政府的兴文县公共信息中心统管全县各级各部门的信息化建设，统一监督全县各行业信息系统运行，真正做到了信息化工作全县"一盘棋"，形成了"一张网"，不断充实了"一个大数据库"。

一、基本情况

　　兴文县位于川滇黔三省交界，面积 $1379km^2$，全县辖 8 个镇、4 个苗族乡，237个行政村，21 个社区，县域总人口 48.88 万人，其中县城人口 10.1 万人。系少数民族苗族聚集地，拥有世界级地质公园（兴文石海如图 26-1 所示），国家级风景名胜区"中国石海"。随着信息技术的迅猛发展和信息化与互联网的深度融合，兴文县委县政府高度重视民生工程建设，将智慧化技术和大数据建设纳入了县委、县政府的工作重点，并以智慧兴文综合监管服务平台建设为切入点，切实加大智慧城乡建设的力度。

图 26-1　兴文石海

二、建设和运行情况

（一）明确目标，明晰思路

目标：应用为王，差异定位，变革治理，智慧整合，技术支撑。

应用为王——干部能感受，群众能受益作为首要目标。用市场手段创造多样化个性化的应用，努力培育具有良好市场前景的新兴业态。

差异定位——注重以区域特色和比较优势智慧城市拓展为智慧城乡；根据城乡功能定位、资源优势、产业基础、历史文化的特点做好顶层设计。

变革治理——再好的信息化系统，必须要配套合适的体制机制，否则，就是浪费资金；同时信息化公司也会背黑锅。通过智慧城乡建设注重缓解日益严重的"重城镇，轻农村"的现象；推动城乡健康可持续发展。

智慧整合——在县级基层落实习近平总书记提出的"网络安全就是国家安全"科学论断。切实解决城乡运行中的资源分散、系统分建和管理分治的格局：网络孤岛→信息孤岛→数据孤岛→商业智能 BI →人工智能 AI。尊重客观现实，科学地智慧地循序渐进地推动网络→系统→数据→应用的平台整合共享。

技术支撑——务必充分利用云计算、大数据、人工智能、机器学习、神经网络算法等技术支撑基于网络与数据驱动智慧城乡是创新与应用。

持"四个统一"，突破"四个关键"，强化"四个整合"：

四个统一——统一领导、规划、标准、平台开放；

四个关键——突破体制、机制、观念、关键系统；

四个整合——整合人才、力量、资金、政策支持。

（二）严格依据标准，全面建设系统平台

智慧兴文综合监管服务平台项目，经过前期大量的调研、培训、立项、方案征集设计、论证审批等各项准备工作，项目于2014年2月启动建设，2014年6月底建成，2014年7月正式投入试运行，平台于2014年12月12日以97.5分的成绩通过了国家省市联合专家组正式验收，成为全国第二个按照住房城乡建设部数字城管标准组织验收的县级城市。验收现场如图26-2所示。

图26-2　验收现场

智慧兴文综合监管服务平台，覆盖一个县城中心区，两个景区，十五个乡镇，在全国范围内率先实现了县域智慧化城乡管理全覆盖，通过资源整合，在国家住房和城乡建设部规定的9个数字城管基础子系统基础上，整合拓展室外语音劝导系统（图26-3）、商铺店面联网报警系统（图26-4）、高空云台系统（图26-5）、政务环境远程监督系统（图26-6）等28个扩展子系统，打造了独具兴文特色的"9＋28"模式的智慧兴文综合监督管理平台。

图26-3　室外语音劝导系统

智慧兴文综合监管平台搭建了建设监管数据无线采集、监督中心呼叫受理、地理编码、基础数据资源管理、数据交换、应用维护等9个标准子系统，弥补城市管理中的信息盲区与管理盲点，运行以来，配置E通手机终端312部，E通电脑50台，及时全面地收集县城、乡镇、景区等实时情况，共排查录入人员信息479169条、房屋信息117387条、单位场所信息487条，真正实现了全区域的实时传输、信息共享、工作互动、无缝对接、数字覆盖，切实解决了城市管理覆盖不足、平台拓展不够、信息传输受限等问题。

图 26-4　商铺店面联网报警系统

图 26-5　高空云台系统

图 26-6　政务环境远程监督系统

（三）健全体制机制，保障系统正常运行

1. 体制

（1）成立了直属于县政府管理的兴文县公共信息管理中心（云计算与大数据管理中心），负责协调、监督和考核智慧城乡建设工作（图 26-7）；

（2）成立了以县委书记为主任、县长为第一副主任的兴文县智慧城镇综合管理委员会（图 26-8），智慧城管委下设"两个开放式的中心"，即：以县委常委副县长为指挥长的智慧城镇管理指挥中心，以县委常委县纪委书记为主任的智慧城镇监督中心。指挥中心主要是对兴文县境内的一些急办难办的较为重大的事件部件进行统一指挥，监督中心主要是负责对一些不履职的部件事件专业处置部门和乡镇人民政府进行追究和问责，并将案件处置情况纳入县委县政府目标考核（图 26-9）。

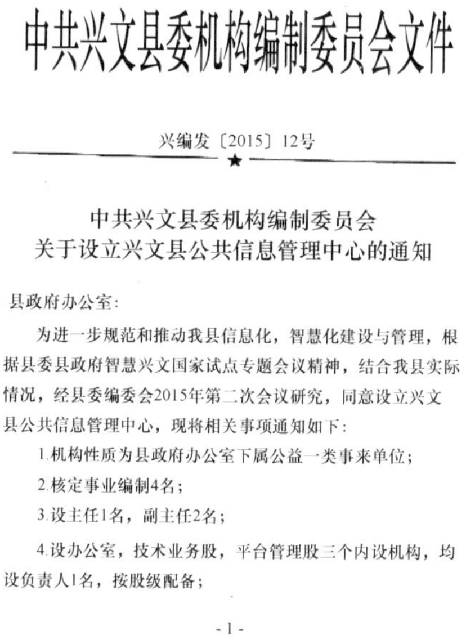

中共兴文县委机构编制委员会文件

兴编发〔2015〕12号
★

中共兴文县委机构编制委员会
关于设立兴文县公共信息管理中心的通知

县政府办公室：

为进一步规范和推动我县信息化，智慧化建设与管理，根据县委县政府智慧兴文国家试点专题会议精神，结合我县实际情况，经县委编委会2015年第二次会议研究，同意设立兴文县公共信息管理中心，现将相关事项通知如下：

1.机构性质为县政府办公室下属公益一类事来单位；

2.核定事业编制4名；

3.设主任1名，副主任2名；

4.设办公室，技术业务股，平台管理股三个内设机构，均设负责人1名，按股级配备；

-1-

图 26-7　成立信息中心文件

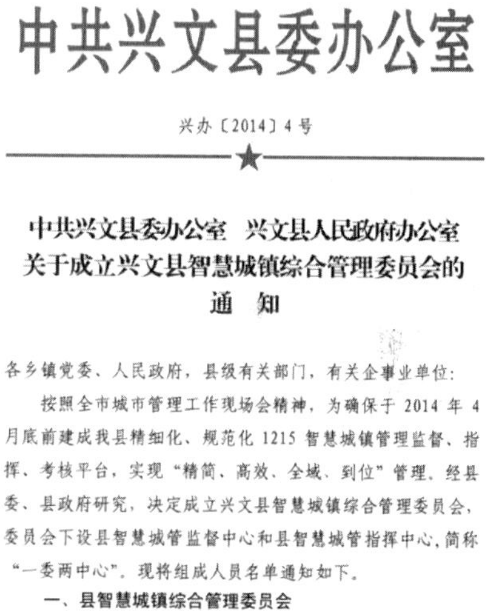

中共兴文县委办公室

兴办〔2014〕4号
★

中共兴文县委办公室　兴文县人民政府办公室
关于成立兴文县智慧城镇综合管理委员会的
通　知

各乡镇党委、人民政府，县级有关部门，有关企事业单位：

按照全市城市管理工作现场会精神，为确保于2014年4月底前建成我县精细化、规范化1215智慧城镇管理监督、指挥、考核平台，实现"精简、高效、全城、到位"管理，经县委、县政府研究，决定成立兴文县智慧城镇综合管理委员会。委员会下设县智慧城管监督中心和县智慧城管指挥中心，简称"一委两中心"。现将组成人员名单通知如下。

一、县智慧城镇综合管理委员会

图 26-8　成立城管委文件

2. 机制

（1）建立监督考核机制。制定《部件事件专业处置部门管理考核办法》《智慧监管平台案件处理处置目标考核办法》等管理办法，每月向全县通报智慧兴文综合监督管理平台案件办理情况，并对案件处置不及时、结案率低的单位进行约谈或督办；

（2）探索投入及运营机制。智慧兴文综合监管平台总投资1200余万元，采取社会资金投入，政府租赁使用，分年度给予支付，并由专业公司运营，实行市场化运作，取得了良好的效果。既减轻了财政压力，又确保了长期有效运营；

（3）探索人才支撑机制。为了解决人才短缺的问题，兴文县成立了兴文县智慧城乡研究会（图26-10），聘请国内智慧城市领域权威专家作为顾问，吸纳高新技术企业软硬件研发技术人员和县内部门业务骨干入会，吸纳国内专家的建议意见，提高智慧城乡研究水平和提升产业发展空间，为智慧城乡拓展建设和应用提供智力支撑；积极助推四川省智慧城乡大数据应用研究会成立，争取更多智力与政策资源，兴文县公共信息管理中心作为主要发起单位之一，积极参与国内首家省级城乡大数据应用研究组织——四川省智慧城乡大数据应用研究会（以下简称省大研会）的成立，该研究会聘请了国家文化旅游部、住房和城乡建设部、中科院、北京大数据研究院等33名领导或专家为战略咨询委员会委员，聘请中科院、北大、北航大、浙大、上海交大、电子科大、川大等95名教授为专家委员会专家，智力资源与政策资源丰富；（4）与高校合作，推动"产学研用"良性互动。兴文县智慧城乡研究会作为主要发起单位，积极参与四川省智慧城乡数据应用研究会的筹建，通过更大更宽的平台汇聚各方人才，有针对性聘请一些有意向的权威专家参与，并不断与国内高等院校、科研院所合作，有效推进"产学研用"项目的落地。

图26-9 纳入县委政府目标考核

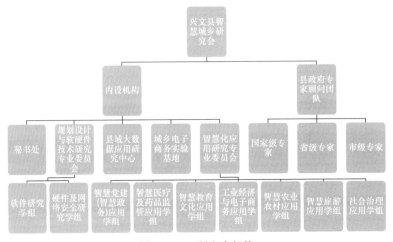

图26-10 研究会架构

（四）规范系统流程，高效处置各类问题

智慧兴文综合监管平台采取一级监督、一级指挥、二级考核、三级联动运行工作机制，工作业务流程按照行业标准，分为信息收集、案件受理、案件审核、案件派遣、任务处理、办理督查、案件核查七个环节并实行闭环运行（图26-11）。平台受理涵盖全县所有乡镇、部门、企事业单位的包括环境保护、机关作风、交通秩序、公共安全、民生需求等多方面案件，不仅限于城市管理。

图26-11　案件办理流程

将全县划分为322名村社区兼职网格员，实行"一格多员，一员多责"，实现了县域城镇乡村整体智慧化管理全覆盖，确保监管信息的全面采集和高效管理。通过市场化运作方式组建了闭合运行的两个机构，即：专职的监督巡查大队和监督管理指挥中心服务部，实行封闭式主动发现、全面受理、审核立案、核查处置、准确结案，原则上不受其他任何部门和个人的干扰，每日拿出各岗位各部门各乡镇完成任务情况的综合报表。系统运行以来，截至2019年8月，已受理各类案件30.16万件，结案率99.02%，按期结案率82.73%。平台运行报表如图26-12所示。

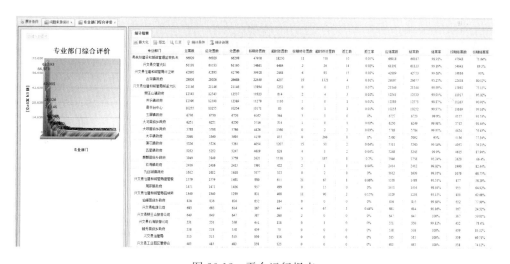

图26-12　平台运行报表

（五）多渠道案件上报，推动全员参与综合治理

除专门网格员采集各类信息案件外，设立"12319"城管热线，开通"智慧兴文资讯"公众监督上报功能模块（图26-13），研发市民通APP平台，整合"12345"市民热线案件，所有市民都可以随时通过多种渠道上报案件，"12345"、"12319"案件、社会公众监督APP、微信监督案件来源占整个案件来源的7%。

图 26-13　公众监督上报平台

（六）成效明显，得到社会各界高度肯定

利用视频资料协助公安机关、交管部门及其他执法部门查处违法违规案件 2.68 万余件次，找回走失小孩及高龄老人 28 名，找回市民丢失财物 650 次，挽救广大人民群众经济损失近 1.46 亿元。平台先后接待省内外参观考察 342 批次，外出交流 126 批次，并多次被省内外有关部门邀请作经验交流，2016 年 3 月 16 日 CCTV4 国际中文频道《走遍中国》栏目对市民通软件的应用进行近 30 分钟的专题报道，2017 年 11 月 18 日兴文县在全国智慧城市大会上获得 "2017 中国智慧城市最具潜力城市奖"（全国 8 个城市，兴文县是四川省惟一一个获此殊荣），2018 年 10 月 18 日参加 2018 博鳌新型城镇化发展大会获得 2018 中国智慧城市百佳优秀机构奖，在第四届中国（成都）智慧产业国际博览会中的数字四川·智慧城乡（文旅）数字生态专题现场会上获得四川省 2019 大数据融合应用最具潜力十佳单位奖。

三、拓展应用领域

（一）高标准建设信息基础设施，整合数据资源

兴文县于 2017 年元月建成云计算与大数据中心（图 26-14）并投入使用，根据《信息安全等级保护管理办法》要求，每年通过招标确定专业等保测评机构对中心进行物理安全、网络安全、主机安全、应用安全、数据安全与备份恢复、安全管理制度、机构、人员

安全管理、运维管理等方面进行测评，每次均顺利通过安全三级等保测评。县委县政府行文要求，部门除个性化设备外，不再另行购买服务器，不再新建机房，为打破信息孤岛，推动数据共享，惠民利民创造良好的信息化基础条件，为接入各类二级智慧化平台及其传统信息化平台提供基础，并为解决部门信息化资源重复建设、浪费资金的问题提供了资源保障。目前已经有 112 个大小应用系统，整合进入兴文县云计算与大数据中心，共享了计算资源与网络安全资源以及高标准机房资源，减少重复建设，提高运维效果，节约财政资金近 1800 万元。

图 26-14   大数据中心

（二）强化政务网络安全措施，打造智慧应用"一张网"

按照国家省市关于政务网络"非内即外、应通尽通"的原则，利用已建成的符合国家信息网络安全三级等保要求的云计算与大数据中心，整合广电、移动、联通、电信四家运营商网络设备与网络，依托国家电子政务外网，通过安全逻辑隔离技术打造县级"电子政务互联网"（图 26-15），为消除全县政务网络孤岛提供了基础条件；构建全县统一电子政务外网局域网，购买广电、移动、联通等几家运营商互联网主干网络出口带宽1G，组建县级电子政务外网局域网，运营商负责提供从云网中心至各单位政务外网链路，全面实现横向到边、纵向到底；通过网络整合、数据标准的制定，整合部门应用实现业务上云、数据整合共享、业务应用创新，消除网络信息孤岛，汇集了海量数据，从而推动县级区域块数据的积累，利用云计算与大数据技术，推动社会治理，惠民利民，产业转型。

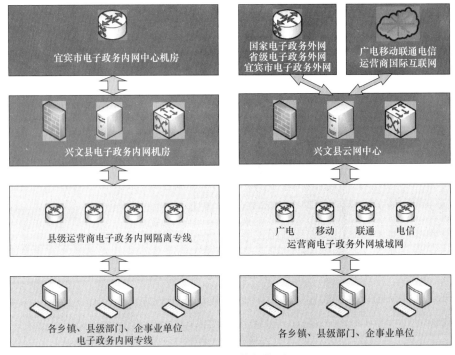

图 26-15　网络架构图

（三）开通便民服务平台，为市民提供方便

为让群众切实体验到智慧兴文建设带来的便利，把便民服务作为智慧城乡建设的重点，智慧兴文微信便民服务平台提供 18 项便民服务，从 2017 年 6 月至今，1263 万余人次参与体验，实现交易额近 5 亿元（其中水电气 260 余万单，收费 1.56 亿元）全县近 30 万人受益，实现"数据多跑路，群众少跑腿"，实时掌握水电气服务数据，数据统计分类分析、订单数据量分析、区域数据分析、历史数据分析、能源使用分布分析等，更加系统全面地掌握水电气能源使用分布情况，用户峰值预测预警。水电气分析系统如图 26-16 所示。

图 26-16　水电气分析系统

（四）居民帮扶数据采集监管与服务系统

开发居民帮扶数据采集监管与服务系统，通过开展"三联三同"党建帮扶活动，县乡镇村社区近三千干部参与，对全县 10 多万户居民数据实行动态采集与核实，党员干部带头参与，做到了实时动态监管、实时动态服务、实时动态提供精准高效决策数据，积极推动了扶贫工作的开展。智慧帮扶分析平台如图 26-17 所示。

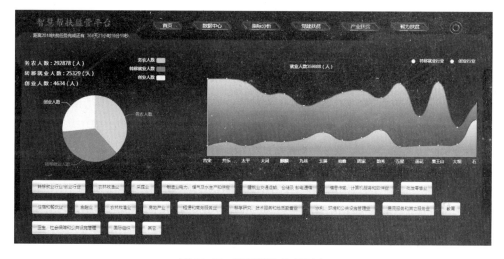

图 26-17　智慧帮扶分析平台

（五）宜长兴党建＋智慧农业平台

建成宜长兴党建＋智慧农业平台并投入使用，运用先进的数据挖掘和管理技术，将基层党组织、农户、市场的数据进行安全共享，有效发挥党建富民政策的指导作用，增加农户对生态种养市场的实时感知能力，提升生态种养效能。

（六）危岩监测系统

通过对各隐患点地质环境、类型、特征、历史地质灾害情况等进行监测，根据各隐患点的特点，建设相应监测站点。本次根据前端监测系统建议优先选择威胁大、群众反映强烈的太平山地质灾害点建设相应前端监测站进行监测，实现对危岩体裂缝位移、雨量和视频图像等重要数据进行实时采集、传输、存储、展示，掌握危岩体裂缝的变化情况。直观展示各项监测、监控信息数据的历史变化过程及当前状态，为滑坡区安全管理人员提供简单、明了、直观、有效地信息参考。有网络接入时实现滑坡安全监测系统的远程登录、远程访问、远程管理、远程控制和远程维护。多级管理平台工作模式，可方便实现滑坡体安全监测信息在县级相关领导、县国土局、县铁建办、乡镇村社区等多级管理与视频信息共享。